마음을 움직이는
피드백

마음을 움직이는 피드백

정은실 지음

inspiring feedback

좋은 피드백은 생각하게 하고
행동을 개선하게 만드는 힘을 갖고 있다

이 책을 만난 당신에게

리더의 자리에 서게 되면, 커뮤니케이션이 다양해지고 복잡해집니다.

나의 일을 수행하는 데 필요했던

상사 및 동료, 고객과의 소통도 만만치 않았는데

내가 맡은 조직 과제 수행과 관련된 소통,

개별 구성원의 과제 수행을 지원하기 위한 소통,

전체 구성원들의 상호 협력과 사기 증진을 위한 소통,

심지어 다양한 내부 외부 네트워크 구축을 위한 소통까지

나의 커뮤니케이션 영역으로 들어옵니다.

그간의 노력과 성취를 인정받았다는 기쁨도 잠시,

'뭐부터 시작해야 하지?', '어떻게 해야 하지?' 마음이 분주해집니다.

축하의 술자리에서 선배들은 시간이 해결해 줄 거라며

느긋하게 마음먹으라고 하지만

그 말은 잠시 위로가 될 뿐,

스스로 정리하지 못한 마음은 더 조급해집니다.

리더십에 대한 강연과 책들을 찾아보지만

고개가 끄덕여지는 말들 속에서 내 중심을 잡기란 쉽지 않습니다.

일단 내가 할 수 있는 것부터 하자!

팀 업무 상황을 파악하기 위해 자료를 보며 공부를 시작합니다.

옆에서 바라보던 동료나 후배의 일도

최종 책임을 져야 하는 리더의 위치가 되면

새로 배우며 이해해야 할 것들이 보입니다.

어제까지 동료였고 심지어 선배였던 구성원들 앞에서

회의를 주관하고 업무를 지시하고 성과평가 면담을 하는 일은

잘하려고 할수록 삐걱댑니다.

어떤 일이든 해내는 능력을 인정받아서

이제까지 해오던 익숙한 일을 떠나

새로운 조직을 맡거나 신생 조직을 이끌게 되면

그 부담은 더욱 커집니다.

시간은 부족하고 챙겨야 할 일은 많은 이 시기에

많은 리더들이 소통의 효율화를 목표로 소통을 줄이기 시작합니다.

꼭 필요하다고 생각하는 커뮤니케이션만 간명하게 하는 거지요.
이때 특히 많이 줄어드는 것이 '구성원 피드백'입니다.

'불필요한' 재논의와 수정 지시를 하지 않아도 되도록
상세하게 업무를 지시합니다.
'나와 구성원의 시간을 빼앗는' 회의는 최소화하고
불가피한 회의는 최대한 효율적으로 합니다.
'안 해도 문제가 되지 않을 말'을 줄이려고,
잘된 것은 넘어가고 잘못된 것을 세세하게 알려줍니다.
'불필요한' 관여를 하지 않기 위해,
각자 알아서 하도록 업무 밖의 일은 언급하지 않습니다.
'서로 불편한' 성과평가 면담은
구성원이 납득할 만한 합리적 근거를 준비하여 짧게 진행합니다.

퇴근 후와 주말까지 모든 시간을 쪼개 쓰며
한동안 조직은 잘 움직여 가는 듯했는데
몇 개월 후 날아오는 리더십 평가는 나의 기대 이하입니다.
내 역량을 인정하며 격려했던 상사와 인사팀은 이제 나에게
구성원들을 좀 잘 챙기라고 말합니다.
바쁜 시간을 쪼개어 팀 워크숍도 다녀오고

생일도 챙기고 대화량도 늘리며

나름대로 최선을 다해봅니다.

그래도 구성원들의 리더십 평가에는 변화가 없습니다.

심지어 할 일은 점점 더 늘어만 가고,

구성원들은 내 마음처럼 움직여 주지 않습니다.

도대체 여기에서 뭘 더 어떻게 해야 하는 거지?

내가 뭘 잘못하고 있는 거지?

밤잠을 설치는 날들이 늘어만 갑니다.

당신에게 이런 고민이나 불면의 시간이 있었다면

이 책은 당신이 현재의 고민을 해결하기 위해

지금 바로 실행할 수 있는

작고 즉각적이지만 강력한

그리고 일상에서의 반복적인 실천을 통해

당신의 리더십 도구로 내재화할 수 있는 스킬을 제안합니다.

바로 '피드백'입니다.

이 책은 당신이 업무 피드백이 지닌 의미를 새롭게 살펴보고

다양한 피드백이 필요한 순간을 잘 포착하여
주요 업무 장면에서 효과적으로 피드백하는 방법을 안내합니다.

리더십 여정에는 거쳐야 할 관문들이 많지만,
자기 역할을 인식하고 앞으로 나아가고자 하는 리더들이
어느 문보다 먼저 열어야 할 것은
구성원들과 함께 가기 위한 소통 리더십의 문입니다.
그리고 피드백은 소통 리더십의 핵심 스킬인
관찰하기, 질문하기, 듣고 반응하기, 말하기의 종합 예술입니다.
피드백의 수준이 곧 소통 리더십의 수준이지요.

리더로서의 시간과 경험이 얼마나 축적되었든
당신이 피드백을 지금보다 더 자유롭고 생산적으로 할 수 있다면,
피드백은 당신이 구성원에게 줄 수 있는 가장 큰 선물이 됩니다.
당신의 구성원도
'나 지금 잘하고 있나?', '어떻게 해야 하지?' 고민하며
자주 구덩이에 빠지고 있으니까요.
그리고 그 선물의 가장 큰 최종 수혜자는 당신이 될 겁니다.
당신이 바라고 바라던,
자발적이고 주도적이며 책임감과 동기를 지닌 채

창의적으로 자기 일을 수행하고

리더의 말에 귀 기울이는, 역량 있고 든든한 구성원들을

당신의 파트너로 만나게 될 테니까요.

물론 그런 멋진 날은 바로 다음 달에 찾아올 수도 있지만

여러 달 지나서 조금 천천히 올 수도 있어요.

하지만 피드백을 배우고 훈련하는 시간만큼

당신은 흔들림과 조급함을 벗고, 단단한 리더로 서게 될 겁니다.

한 장 한 장, 익숙한 내용도 자신에게 비춰 질문하며

천천히 읽길 권합니다.

이미 숙지하는 내용이라면 건너뛰어도 좋지만

각 장에서 권하는 활동은 꼭 해보며

그다음 장으로 이동하면 좋겠습니다.

적용해 보는 과정과 결과에서 생기는 질문이 있으면

이메일을 보내주세요.

현장의 고민이 담긴 당신의 피드백,

언제든 반갑게 받고 회신해 드리겠습니다.

특별히 감사를 드리고 싶은 분들이 있습니다.

오랜 교육과 코칭을 경험하며 만난 현장 리더분들의 고민과 질문이
이 책에 녹아들어 있지만,

특히 4~5개월간 진행된 리더십 개인 코칭에 참여했던 리더분들에게
감사드립니다.

구성원들과의 커뮤니케이션에서 리더들이 무엇을 고민하는지,

소통 리더십에서 피드백이 실제로 얼마나 큰 파급력을 지니는지,

피드백의 어느 부분에서 리더들이 실수의 구덩이에 빠지는지,

코칭 기간이 길지 않았음에도 불구하고

당신이 진솔하게 탐색하고 단단하게 실천하여,

개인적이고도 조직적인 변화로 입증해 주신 덕분에

이 책이 시작되었습니다.

그리고 소소한 성취들을 전해드리면

"잘했다", "그게 뭐냐?"라며 짧은 반응뿐이었지만,

귀 기울여 들으며 숨길 수 없는 기쁨을 미소로 담아 반응해 주시던,

이제 내 가슴속에 있는 아버지의 미소와 눈빛을 그리워하며

미처 다 표현하지 못했던 감사와 사랑을 전합니다.

"아버지 덕분에 세상에 두 발을 더 단단하게 딛고 설 수 있었어요."

이제는 딸의 이름도 얼굴도 잊으셨지만

세상에서 나를 가장 걱정하고,

공부하며 일하는 딸의 모습을 자랑스러워하셨던

어머니께도 감사와 사랑을 전합니다.

그리고 편찮으신 어머니 곁을 정성으로 지켜준 덕분에,

내가 이 책에 좀 더 집중할 수 있게 해준

동생에게 진심으로 감사합니다.

"어머니와 동생 덕분에 시간을 흘려보내지 않으며 더 의미 있게 몰
입할 수 있었어요."

언제나 나에게 최고의 지원자이자 안식처이며

아낌없는 피드백을 주는 남편 학수 님과

사랑은 빛처럼 그저 뿜어져 나오는 것임을 알게 해주는

두 아들 찬빈과 서웅에게 감사를 전합니다.

"그대들 덕분에 언제나 나는 좀 더 좋은 사람이 되고 싶습니다."

마지막으로, 오래 기다려 준 한언출판사 손성문 이사님에게 감사드립니다.

"가지고 있는 지식과 통찰을 남김없이 담아달라는 요청이 큰 힘이 되었습니다. 덕분에 더 깊이 정리하고 세상과 나누게 되었습니다."

내가 받은 모든 피드백에 감사하고,
내가 준 피드백들을 다시 성찰하며

정은실

CONTENTS

Chapter 1

피드백의 재발견

'이 말을 할까, 말까?', '어디까지 말해야 하고, 어디까지 들어줘야 하지?' 리더는 자주 이런 고민에 빠집니다.

리더는 함께 일하는 사람들에게 영향을 미쳐서 조직의 성과를 창출하고, 그 과정을 통해 구성원들과 자신의 성장을 도모하는 사람입니다. 그런 리더가 수행하는 커뮤니케이션은 누구나 경험하는 말하기와 듣기가 아니라, 매우 중요한 리더십 행동이자 리더십의 도구입니다. 규정과 시스템이 아무리 완벽해도, 그것을 해석하고 운영하는 것은 사람들이니까요. 합리적으로 이해하는 수준을 넘어, 내면의 깊은 동기까지 움직여야 구성원의 최선을 끌어낼 수 있습니다.

리더는 다양한 상황에서 다양한 주제로 커뮤니케이션을 하게 됩니다. 그리고 커뮤니케이션을 하는 대상도 천차만별이지요. 그처럼 다양한 커뮤니케이션 가운데 신임 리더에게 가장 부담스럽고 어려운 것, 그리고 아이러니하게도 업무 전문성이 높은 리더일수록 실패하기 쉬운 것이 구성원 피드백입니다. 리더가 수행하는 커뮤니케이션에서 가장 복합적인 역량을 요구하고 학습하기도 어려운 반면, 구성원 육성과 업무 성과 달성, 열린 조직문화 형성에 가장 빠르고 크게 영향을 미치는 것도 피드백이지요.

1장에서는 커뮤니케이션에서 사용하는 피드백의 일반적 의미를 알아본 후, 구성원을 향한 리더의 피드백에 초점을 맞추어 피드백의 정의와 유형, 효과 및 다섯 가지 수준의 피드백을 살펴보려 합니다.

피드백의 의미

원래는 공학 용어였던 피드백이 요즘 여러 분야에서 사용되고 있습니다. 커뮤니케이션에서 사용하는 피드백은 넓은 의미와 좁은 의미로 나눠볼 수 있습니다.

광의의 피드백은 커뮤니케이션을 하면서 상대방이 보낸 메시지에 반응하는 것을 말합니다. 다음 페이지의 커뮤니케이션 기본 모델에서 보듯이, 첫 발신자가 첫 메시지를 구조화하여 전달한 후에 발생하는 발신자와 수신자 사이의 모든 언어적·비언어적 반응이 피드백입니다. 상대의 이야기를 잘 듣고 있음을 보여주기 위해 가볍게 반응하기, 더 이야기를 지속하고 싶지 않다는 거부의 표정 짓기, 상대의 질문에 답변하기, 의미를 다시 확인하기 위해 되묻기, 상대의 말이나 행동에서 떠오르는 자신의 의견이나 인상을 말하기, 상대가 요청한 자료를 보내기 등 피드백은 다양한 형태로 나타나지요.

커뮤니케이션은 첫 발신자가 첫 메시지를 전달하는 것으로 시작하지만, 그 커뮤니케이션이 성공적으로 종결되게끔 하는 것은 피드백입니다. '상호 이해'라는 커뮤니케이션의 본질적 목적을 달성하려면 극히 단순한 상황들을 제외하고는, 명확한 내용 전달과 이해를 확인하는 수차례의 피드백이 필요하기 때문이지요. 피드백이 없거나 부족하거나 피드백의 방식이 효과적이지 못할 때 커뮤니케이션은 툭툭 끊어지고, 삐걱거리고, 오해나 혼란, 불충분한 이해로 종결됩니다. 이후 같은 사람과의 커뮤니케이션이나 유사한 상황에서의 커뮤니케이션을 시도하기가 망설여지고, 심지어 관계가 단절되기도 하지요.

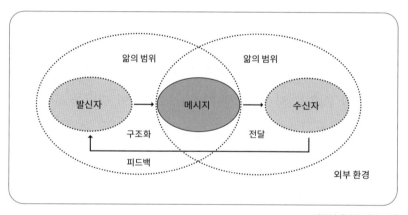

커뮤니케이션 기본 모델

- 발신자: 메시지를 구조화하고 전달하는 사람

- 메시지: 발신자가 전하고자 하는 바를 언어, 비언어, 이미지, 소리 등으

로 전환한 것

- 수신자: 발신자의 메시지를 받고 해석하는 사람

- 구조화: 발신자가 커뮤니케이션하려는 것(메시지)을 정리하는 과정

- 전달: 메시지가 수신자에게 전달·해석·이해되는 과정

- 피드백: 수신자가 메시지를 받은 후에 보이는 반응 혹은 반응하는 과정

- 앎의 범위: 지식과 경험의 범위. 메시지의 구조화, 전달, 피드백에 영향을 미침

- 외부 환경: 발신자와 수신자를 둘러싼 외부 환경. 공간, 시간, 소음, 주변 인물, 사건 등

협의의 피드백은 상대방의 행동이나 행동의 결과물에 대해 자기 의견을 제시하는 것을 말합니다. 협의의 피드백은 "이거 어때?", "피드백 좀 해주세요", "뭘 바꾸면 좋을까요?" 같은 상대방의 직접적 요청이나 피드백을 기대하는 상대방의 눈빛 같은 간접적 요청에 따라 하게 될 때도 있고, 자기가 받은 인상이나 의견을 말해주고 싶은 마음 혹은 역할에 따른 책임감 때문에 이루어지기도 하지요. 광의의 피드백과 비교하면 단순한 반응, 질문, 경청 등의 형태보다, 말이나 글로 자기 의견을 구체적으로 전달하는 형태로 나타납니다.

리더의 피드백

리더가 일터에서 구성원에게 수행하는 피드백은 위에서 살펴본 넓은 의미와 좁은 의미 모두를 포함합니다. 그리고 이 두 가지 모두가 중요하지요. 여기서 리더가 '이걸 해, 말아?', '어디까지 어떻게 말해줘야 이해를 할까?' 하고 고민할 때는 대개 후자의 피드백인 경우입니다.

협업에는 서툴고 자기주장이 강한 탓에 갈등을 유발하는 구성원에게, 쓸 만한 아이디어도 없고 고민한 흔적도 없는 기획서에, 성과도 근무 태도도 불량한데 자기 권리는 잘 찾아서 이용하려는 구성원에게, 성실하게 일해왔고 '이번에는 되겠지' 하며 기대했건만 승진에서 탈락한 구성원에게, 고생을 많이 했음에도 성과평가 등급을 박하게 매겨야 하는 구성원에게, 여러 번 조언해도 행동에 변화가 없는 구성원에게, 어떻게 말해줘야 하는지 난감한 상황에서 리더는 고민합니다. 들여다보면, 리더가 고민하는 피드백들은 주로 문제 행동이나 좋지 않은 결과에 대한 조언 혹은 개선안, 수정 지시가 필요한 경우들이지요.

이 고민을 해결하려면 리더는 협의의 피드백만이 아니라 광의의 피드백까지 다룰 수 있어야 합니다. 다시 말해, 리더가 어려운 피드백을 잘하려면 평소 다채롭게 반응하며 유연하게 소통하는 힘을 키워야 합니다. 일상에서 효과적으로 반응하며 양방향 대화를 이끌어가지 못하는데, 민감한 상황에서 상대방이 수용할 만한 피드백을 하기란 거의 불가능하니까요.

모든 커뮤니케이션이 그러하듯, 피드백의 효과 또한 언어의 논리성이나 기교가 아니라 '상대방이 내 메시지를 받아들이는가?' 혹은 '이 커뮤니케이션을 통해, 나와 상대방의 현재 생각을 넘어서는 더 나은 결론에 도달했는가?'로 판단합니다.

따라서 이 책은 리더가 협의의 피드백을 효과적으로 하는 방법에 초점을 맞추되, 일상에서 유연하게 반응하며 소통하는 역량을 개발하는 방법도 함께 다룹니다.

리더 피드백의 정의

구체적으로 정의하면, 리더의 피드백은 구성원의 행동이나 행동의 결과, 혹은 둘 모두에 대하여 리더가 객관적인 메시지를 구성원에게 제공하고 공유하는 것입니다. 이 정의에는 건강한 피드백의 기본 요소가 들어 있습니다.

첫째, 구성원이 지닌 삶과 일에 대한 가치나 태도가 아니라 '행동'에 초점을 두어야 한다는 것, 둘째, 리더 자신의 주관적 견해나 선호에 치우치지 않고 '객관적'이어야 한다는 것, 셋째, 일방적으로 강요하거나 설득하는 게 아니라 구성원과 '공유'해야 한다는 것이지요.

물론 때로는 피드백의 주제나 구성원과의 관계에 따라서, 가치나 태도 또한 이야기에 자연스럽게 포함될 수 있습니다. 또 리더도 인간인지라 완벽하게 객관적일 수는 없지요. 하지만 이 정의에 담긴 메시지는 피드백이 '변화 가능하고 의미 있는 내용'에 대하여 '상대방이 가장 잘 수용할 수 있는 방식'으로 수행되어야 한다는 것입니다.

리더 피드백의 유형

리더의 피드백은 그 성격에 따라 긍정적 피드백과 교정적 피드백으로 구분됩니다. 긍정적인 피드백은 칭찬, 격려, 인정, 지지 등의 표현으로 나타납니다. 건설적 피드백, 발전적 피드백 혹은 부정적 피드백으로도 불리는 교정적 피드백은 지적이나 조언의 형태로 나타나고요.

시기로 분류해 보면, 업무 상황에서 그때그때 하게 되는 수시 피드백이 있고, 성과평가 피드백처럼 분기나 반기, 연 단위로 하는 정기 피드백이 있습니다. 피드백의 주제로 나눠보면, 업무의 과정이나 결과물에 대한 피드백, 역량 개발 피드백, 경력 개발 피드백, 조직 시민 행동과 관련된 피드백 등이 있지요. 진행 시간으로 보면, 준비 없이 몇 마디 말이나 짧은 대화로 이뤄지는 일상적이고 가벼운 피드백이 있고, 리더 혹은 리더와 구성원 모두가 준비한 후에 긴 시간 진행되는 피드백 면담이 있습니다. 리더가 시작하는 피드백과 구성원의 요청에 따라 이뤄지는 피드백으로도 구분해 볼 수 있고요.

피드백의 유형이 달라지면, 각각의 피드백을 효과적으로 수행하기 위한 준비 여부, 담아야 할 내용과 순서, 스킬 등이 조금씩 달라집니다. 물론 '변화 가능하고 의미 있는 내용'에 대하여, '상대방이 가장 잘 수용할 수 있는 방식'으로 진행해야 한다는 건강한 피드백의 핵심은 그대로 유지되지만요. 앞으로 각 장에서 자세히 살펴보도록 하겠습니다.

리더 피드백이 필요한 순간

구성원과 커뮤니케이션하는 모든 순간에, 리더는 광의의 피드백, 즉 다양한 반응을 하고 있는 셈입니다. 하지만 구성원이 특정 사안에 대하여 리더에게 피드백을 바라거나, 리더가 피드백이 필요하다고 판단될 때는 칭찬, 인정, 격려, 조언, 의견 표명 등의 구체적인 피드백을 제공해야 합니다. 특히 '조직 성과에 영향을 미치는 구성원의 행동'을 관찰하게 되거나 '구성원의 노력, 변화, 성취, 성장 등이 보일 때'를 놓치지 말아야 합니다. 예를 들면 다음과 같은 경우들이지요.

※ 구성원이 세운 내년 업무 목표를 확인하고 조율할 때

※ 수시 · 정기 업무 보고를 받을 때

※ 회의 진행 중에 의미 있는 발언이 나올 때

※ 회의를 종료할 때

※ 성과평가 면담을 할 때

※ 신입 · 경력 입사자가 조직 적응에 어려움을 겪고 있을 때

※ 새로운 역할이나 업무를 맡은 구성원이 어려움을 겪고 있을 때

※ 구성원의 업무 몰입도가 떨어질 때

※ 자신은 물론 동료나 조직의 업무 수행을 방해하는 행동이 보일 때

※ 하부 조직이나 구성원 사이의 갈등이 관찰될 때

※ 구성원과 퇴직 상담을 할 때

※ 중요한 과제나 프로젝트가 종결되었을 때

※ 모범이 되는 업무 수행, 업무 협조 행동 등이 보일 때

※ 구성원이 이전보다 더 향상된 역량으로 업무를 수행하는 모습을 보일 때

※ 리더의 피드백을 받은 구성원의 행동에 크고 작은 변화가 보일 때

※ 구성원이 승급, 결혼, 출산 등 자기 삶에서 중요한 사건들을 경험하고 있을 때

리더의 피드백이 필요한 순간이 너무 많다고 생각되나요? 피드백은 리더가 시간이 날 때 하는 것이 아니라, 시간을 내서 최우선적으로 해야 하는 활동입니다. 좋은 소식은 지금 아무리 바쁘더라도 피드백을 위해 시간을 낼 때, 리더가 더 큰 시간과 노력을 쏟아서 해결해야 하는 일들이 점점 줄어들고, 리더 자신과 구성원들의 에너지를 정작 필요한 곳에 쓸 수 있게 된다는 것입니다. 실제로 피드백 방식을 바꾼 리더들은 한목소리로 말합니다. "구성원들을 피드백하며 챙기게 되면 내가 더 바빠질 줄 알았거든요. 그런데 시간이 남아요!"

리더 피드백의 목표와 효과

넓게 보았을 때, 다양한 순간에 다양한 형태로 나타나는 리더 피드백의 목표는 두 가지입니다. 긍정적 피드백을 통해서는 구성원이 바람직한 행동을 지속할 수 있도록 돕고, 교정적 피드백을 통해서는 문제 행동을 보이는 구성원이 더 나은 업무 행동과 조직 시민 행동을 선택하도록 돕는 것이지요.

리더 피드백의 효과는 어느 한 구성원의 특정 행동 강화나 교정에 그치지 않고 폭넓게 나타납니다. 사실 구성원 피드백을 통해서 가장 큰 혜택을 보는 사람은 리더 자신입니다. 효과적인 피드백을 통해 리더는 다음과 같은 것들을 얻습니다.

※ 일의 방향성, 성과 기준 등에 대한 효과적 공유

※ 더 바람직한 업무 및 조직 시민 행동 촉진

※ 구성원의 성과 달성 지원

※ 구성원에 대한 이해 확장

※ 구성원의 신뢰 확보

※ 구성원에 대한 영향력 강화

※ 조직 소통 활성화

리더의 효과적인 피드백은 구성원에게도 의미 있는 영향을 미칩니다.

※ 자기 행동이 조직과 타인들에게 미치는 구체적인 영향 이해

※ 의미 있는 목표 수립

※ 업무 수행에 대한 새로운 관점과 방법 습득

※ 상사의 관점과 기대 파악

※ 상사에 대한 신뢰 증진

※ 주도적 업무 수행과 책임감 증진

※ 일에 대한 동기와 자존감 강화

당연히 위와 같은 결과는 리더가 피드백을 효과적으로 수행할 때 발생합니다. 효과적이지 않은 피드백은 오히려 구성원의 업무 동기와 조직 성과를 떨어뜨리고, 조직 분위기를 해치며, 구성원과의 관계마저 단절시킵니다.

피드백의 다섯 수준

    구성원의 피드백 수용성과 그 효과를 기준으로, 리더의 피드백을 아래와 같이 다섯 가지로 나누어 살펴보겠습니다. 리더의 내면 상태, 상황의 시급성, 리더의 커뮤니케이션 패턴 등에 따라 하루에도 여러 수준을 오가는 모습이 나타날 수 있으나, 자주 머무는 곳이 나의 현재 수준입니다.

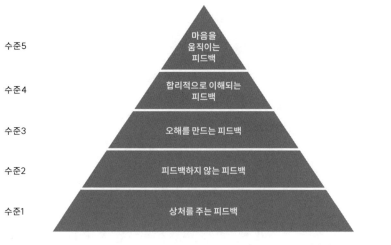

수준5 마음을 움직이는 피드백

수준4 합리적으로 이해되는 피드백

수준3 오해를 만드는 피드백

수준2 피드백하지 않는 피드백

수준1 상처를 주는 피드백

리더 피드백의 다섯 수준

수준 1: 상처를 주는 피드백

수준 1의 피드백을 하는 리더는 구성원이 저지른 실수나 문제 행동에 대해 심하게 비판하거나, 모욕적이고 냉소적인 언어, 화난 목소리, 쏘아보는 눈빛 등의 거친 비언어로 자기 생각을 쏟아냅니다. 감정을 절제하지 못하는 상태에서 격하게 화를 내기도 하고, 구성원을 통제하려는 의도를 갖고 전략적으로 몰아붙이기도 하지요.

스스로는 리더로서 가진 권리를 행사하며, 통제되지 않는 상황을 바로잡기 위하여 정당하게 화를 낸다고 생각합니다. 하지만 자기 뜻대로 움직여 주지 않는 구성원에 대한 분노, 해결해야 하는 일에 대한 압박감 등으로 통제 불능 상태가 되기 쉽습니다. 자기의 말에 구성원이 받을 타격이나 앞으로의 관계까지 고려할 여유를 갖지 못하기도 하고, 설령 그런 상황을 인지하더라도 신경 쓰지 않습니다.

이러한 수준 1의 피드백은 구성원에게 모멸감을 느끼게 하고, 업무 동기를 꺾어버리며, 리더에 대한 기대를 포기하게 합니다. 리더가 하는 말이 옳아도 구성원은 공격받는다는 느낌, 함부로 취급받는다는 느낌, 대답을 해봐야 소용이 없다는 생각에 말문도 마음도 닫습니다.

그 결과, 구성원의 마음에 두려움을 일으켜서 리더가 원하는 행동을 강제적으로 수행하게 만들 수는 있겠지요. 하지만 마음으로 수용하지 못한 상태이기 때문에, 구성원의 최선을 끌어내지는 못합니다.

마음이 여린 구성원들은 위축되고 성향이 강한 구성원들은 저항하여, 조직 분위기가 살얼음판이 됩니다. 리더의 공격을 피하는 수준에서만 수동적으로 일하게 되어, 조직의 성과는 리더의 기준을 넘어서지 못하고, 유능한 구성원들을 잃게 되지요.

수준 1의 피드백을 하는 리더들은 이런 생각을 많이 합니다.

※ 우리 구성원들에게 문제가 많으니 내가 이럴 수밖에. 나의 피드백은 정당해!

※ 이렇게 자극을 줘야 사람들이 오기가 나서라도 제대로 하지. 결과가 좋으면 다 좋아진다.

※ 내가 뒤끝 없는 사람이라는 건 다들 알 거야. 나중에 사석에서 격려하며 풀면 돼.

※ 리더 역할은 조직의 성과를 만들어 내는 거야. 리더는 강하게 밀어붙여야 해!

수준 2: 피드백하지 않는 피드백

수준 2의 피드백을 하는 리더는 피드백을 거의 하지 않습니다. '하지 않는 것'도 '하는 것'의 한 유형입니다. 필수적인 업무 지시나 정보 전달 말고는 구성원들과 대화하지 않거나, 편안한 대화는 나누면서도 정작 필요한 피드백을 분명하게 하지 않습니다. 특정 구성원의 문제 행동이 발생해도 오래 내버려 둘 때가 많지요. 그로 인해 다른 구성원들의 불만이 발생하거나 구성원들 사이에 갈등이 일어나도, 심각한 상황이 되기 전까지 신경을 쓰지 않으려 합니다.

수준 2의 피드백은 구성원을 배려하는 마음에서 나오는 행동일수 있습니다. 아니면 구성원과의 대화를 어려워하거나 갈등을 회피하는 마음이 일으키는 부작용일 수도 있지요. 혹은 피드백의 기능과효과에 대한 무지함 때문일 수도 있고, 리더로서의 자기 역할과 타인에 대한 무심함에서 나오는 행동일 수도 있습니다.

리더가 수준 2의 피드백을 지속하면, 일부 구성원은 리더의 간섭이 없음을 다행으로 여기고 자기 마음대로 할 수 있는 상황을 즐길것입니다. 하지만 다수 구성원은 업무 방향성과 기준을 잃고 혼란스러워하며, 리더가 조직과 구성원에게 관심이 없다고 느낍니다. 동기가 강한 구성원들은 각자도생의 길을 걷고, 동기가 약한 구성원들은방임 속에 안주하게 되지요. 그 결과, 조직의 힘이 흩어지고 문제 행동을 통제하지 못한 탓에 성과 달성에 실패합니다. 나아가 향후 성과 달성의 토대가 되는 구성원 육성이나 구성원과의 관계 강화에도실패하고 말지요.

수준 2의 피드백을 하는 리더들은 이런 생각을 많이 합니다.

※ 상사의 간섭을 좋아하는 사람이 어디 있나.

※ 내가 다 아는 것도 아니라서 해줄 말이 없다.

※ 굳이 안 해도 되는 말은 하지 않는 편이 낫지.

※ 놔두면 다들 알아서 한다. 구성원들이 알아서 하도록 판을 깔아주는 게 리더의 역할 아닌가?

수준 3: 오해를 만드는 피드백

수준 3의 피드백을 하는 리더는 피드백의 필요성을 알고 효과적으로 피드백하기 위해 노력합니다. 하지만 잘될 때도 있고 그렇지 않을 때도 있어서 '이렇게 하는 것이 맞나?' 하고 자주 혼란을 느끼곤 하지요. 리더가 서투르게 피드백을 할 때도 피드백을 전혀 하지 않을 때도 문제가 생긴다는 것을 알기 때문에, 구성원의 마음이 상하지 않게끔 피드백하려고 애씁니다.

일상적 피드백은 큰 문제 없이 그럭저럭 수행할 수 있습니다. 그러나 피드백으로 인해 중요한 문제가 발생하면 고민이 많아지고, 하고 싶은 말을 고민하다가 피드백할 시점을 놓치기도 하지요. 많이 고심하며 준비한 내용을 전하기에만 급급하다가 구성원의 관점을 미처 확인하지 못한 채 넘어가기도 하고, 예상치 못한 구성원의 반응에 당황할 수도 있습니다. 또는 자기중심을 잃고 지나치게 반응을 살피며 말하는 경향이 있어서, 이야기를 꺼내다 말거나 너무 길고 완곡하게 말할 수도 있지요.

리더가 수준 3의 피드백을 하면, 구성원은 리더의 피드백을 해석하고 나름대로 대처하느라 답답하고 피곤해집니다. 뭔가 말하고 싶어 하는 리더의 마음과 배려는 느껴지지만, 바쁜 와중에 불려 와서 긴 이야기를 듣고 있는 시간이 아깝다는 생각이 듭니다. 차라리 "~해줬으면 좋겠다"라고 딱 부러지게 말하면 시도라도 해볼 텐데, 리더의 의사를 명확하게 이해할 수 없어서 혼란스럽기만 합니다. 이 과정에서 리더의 이야기를 잘 이해하는 구성원은 리더의 노력을 알아차리며 긍정적 행동 변화를 보이지만, 그렇지 않은 구성원들은 리더를 신뢰하고 따르고자 하는 마음이 약해집니다. 의미를 잘못 파악함으로써, 불필요한 업무 노력이 발생할 수도 있고요.

수준 3의 피드백을 하는 리더들은 이런 생각을 많이 합니다.

※ 내키지는 않지만, 피드백은 해야 하는 일이다.

※ 날카롭고 직설적인 말은 상처를 줄 수 있으니 신중하게 표현해야 해.

※ 괜한 말을 꺼내서 상황만 더 나빠지면 어떡하지?

※ 업무를 추진하려면 리더는 구성원들과 좋은 관계를 형성해야 해.

수준 4: 합리적으로 이해되는 피드백

수준 4의 피드백을 하는 리더는 업무적 측면에서 피드백의 기능과 중요성을 잘 알고 있습니다. 합의된 조직 목표나 업무 기준, 변화된 업무 환경 등 객관적 정보에 기초하여, 리더가 말하는 내용과 이유를 구성원이 이해할 수 있도록 적시에 피드백합니다. 개인적 감정이 피드백에 담기지 않도록 이성적으로 조절할 수 있고, 구성원이 반론을 제기하기 어려운 '옳은' 피드백을 하지요.

당장 들을 때는 다소 불편하더라도, 정확하게 메시지를 전달하는 것이 중요하다고 여기기 때문에 에두르지 않고 분명하게 말합니다. 피드백에 대한 구성원의 관점을 확인하고, 합리적인 반론이 제기되면 자기 생각을 바꾸되 대개는 확신을 갖고 자신의 설득 논리를 견지합니다. 합리적 피드백에는 유능하지만, 공감적 피드백이 필요한 상황을 이해하지 못하거나 회피할 수 있습니다.

리더가 수준 4의 피드백을 하면, 구성원은 조직과 리더가 자신에게 기대하는 바가 무엇인지 알고 분명한 업무의 방향성과 기준을 잡을 수 있습니다. 합리적이고 명확한 피드백에서, 리더에 대한 신뢰를 느낍니다. 리더가 업무 전문성마저 겸비하고 있다면, 구성원은 업무에 대한 새로운 관점과 일을 다루는 방식 또한 체계적으로 배울 수 있겠지요.

하지만 이 수준은 구성원의 현재 상황에 대한 공감과 정서적 지지가 부족합니다. 따라서 구성원이 리더의 피드백을 이성적으로 수용하고 그에 따라 행동할 수는 있으나, 마음 깊은 곳을 자극받아 최선의 행동을 자발적으로 수행하는 수준에는 미치지 못하지요.

수준 4의 피드백을 하는 리더들은 이런 생각을 많이 합니다.

※ 피드백은 리더의 권리이자 의무다.

※ 합리적이고 논리적이면 설득할 수 있다.

※ 모름지기 리더라면, 일과 사람을 분리해서 효율적으로 관리해야지.

※ 리더는 공정하고 합리적으로 조직을 이끌어 가야 해.

수준 5: 마음을 움직이는 피드백

수준 5의 피드백 영역에 있는 리더는 구성원의 업무적 측면만이 아니라, 개인적 측면에도 피드백이 영향을 미친다는 사실을 알고 있습니다. 상황에 따라 수준 4의 업무상 피드백을 효율적으로 진행할 수 있고, 합리적 설득 이상이 필요할 때 빠르게 알아차림으로써 말하는 피드백에서 듣는 피드백으로 대화 상태를 전환합니다. 조직이나 리더 자신의 필요가 아니라, 구성원의 성장을 최우선에 두고 피드백을 진행하지요.

감정을 통제할 수 있으나, 필요하다면 자신의 감정을 진정성 있게 표현하여 구성원의 자기 개방을 촉진합니다. 피드백에서 오가는 메시지가 그다지 중요하지 않거나 구성원과 가까운 관계가 아니더라도, 인간적 존중을 바탕으로 오롯이 경청하고 고요한 마음 상태에서 자기 생각을 주장하지요. 리더의 관점에서 구성원을 회유하기보다 있는 그대로 비춰주는 객관적 거울이 되어, 구성원이 스스로 판단하고 더 나은 행동을 선택할 수 있게 돕습니다.

　리더가 수준 5의 피드백을 하면, 구성원은 조직과 리더의 기대를 명확히 알고 업무의 방향성과 기준을 잡을 수 있을 뿐만 아니라, 리더의 피드백을 통해 보다 명확한 자기 인식의 거울을 갖게 됩니다. 리더의 존중 속에 안전하게 마음을 열고 피드백을 경청하고 자기 생각을 표현하는 과정을 통해, 구성원은 자신이 현재 어떻게 일을 하고 있고 그것이 어떤 영향을 미치고 있는지 명료하게 이해하게 되지요. 자기만의 사고의 틀을 벗어나 이전에는 미처 생각하지 못했던 것을 스스로 발견하면서, 더 바람직한 방향으로 나아가고자 하는 자발적 동기를 갖게 됩니다.

　그 결과, 구성원은 피드백을 깊이 수용하고 리더가 기대한 것 이상의 행동 변화를 일으킬 수 있습니다. 그러한 건강한 피드백의 경험을 통해 다른 구성원들과도 향상된 피드백을 주고받을 수 있게 되어, 지속적인 조직 성과 달성에 필요한 창의적이고 생산적인 협력하는 조직문화가 구축되지요.

　수준 5의 피드백을 하는 리더들은 이런 생각을 많이 합니다.

※　피드백은 리더가 구성원에게 줄 수 있는 가장 큰 선물이다.

※　구성원을 중심으로 하는, 진정성 있는 피드백이 구성원의 마음을 움직이는 거야.

※ 일과 사람은 분리할 수 있는 것이 아니다.

※ 리더는 다양한 구성원들에게 영향력을 미치며, 목표한 바를 달성하면서, 함께 성장하는 사람이다.

지금까지 다섯 수준의 피드백을 살펴보았습니다. 어느 수준에서 자신의 모습을 많이 발견했나요? 여러 수준에서 자신의 모습을 보았다 해도, 자주 머무는 수준이 있었을 것입니다.

다섯 번째 수준의 피드백으로 이동하려면 정직한 자기 관찰과 단단한 결심이 필요합니다. 그리고 피드백의 마인드셋과 스킬이 온전히 나의 것으로 내재화될 때까지, 반복적인 적용과 성찰이 필요하지요.

수준 5의 피드백을 바로 시행하기란 어려운 일입니다. 조직, 일, 사람, 관계에 대한 관점, 그리고 오래된 나만의 커뮤니케이션 패턴이 영향을 미치고 있기 때문이지요. 작정하고 덤벼든다면 흉내는 내볼 수 있을 것입니다. 하지만 며칠 야근하는 것보다 더 힘든 일이라 '이건 한다고 되는 게 아니다', '지금 조직 상황에서는 안 되는 일이야', '내 성격으로는 못 해'라고 생각하며 포기하기 쉽습니다. 그러나 꺾이지 않고 지속적으로 시도하고, 시도하는 만큼 조금씩 나아지는 자신을 격려해 나아가면, 분명히 수준 5의 피드백이 주는 놀라운 효과를 몸과 마음으로 계속하여 체험할 수 있습니다.

수준 5의 피드백이 어쩌다가 경험하는 일시적 상태가 아니라 안정적인 수준으로 자리 잡고, 자연스러운 삶의 일부가 되어야 합니다. 그러기 위해서는 현재 수준에 따라 차이가 있겠지만, 적어도 1년 이상은 의식적으로 실천해야 합니다. 하지만 한 번의 시도만으로 '제대로 된 피드백의 힘이 이런 거구나!'라는 강렬한 체험이 일어나기도 합니다. 그 체험 덕에, 시간을 쪼개서라도 피드백을 제대로 해봐야겠다는 의지가 생기지요. 그렇게 3개월만 꾸준히 노력하면 구성원들이 리더의 노력과 변화를 인정하는 순간이 옵니다. '그러다가 말겠지 했는데, 우리 리더가 정말 달라졌네!' 그러한 구성원들의 인정은 리더의 변화가 허물어지지 않게 하는 단단한 지지대가 되어주지요.

다음 2장에서는 수준 5인 '마음을 움직이는 피드백'에 담긴 건강한 피드백의 요소를 알아보고, 그 요소들을 피드백의 언어로 구현할 수 있는 리더의 마인드셋과 스킬에 대해 다뤄보겠습니다.

1장 읽고 적용하기

1. 1장을 읽으며 떠오른 생각이나 기억하고 싶은 메시지는 무엇인가요?

2. 다섯 가지 수준의 피드백을 읽으며 파악한 나의 피드백 행동에는 어떤 것들이 있나요?

피드백의 다섯 가지 수준		나의 행동
수준 5	마음을 움직이는 피드백	
수준 4	합리적으로 이해되는 피드백	
수준 3	오해를 만드는 피드백	
수준 2	피드백하지 않는 피드백	
수준 1	상처를 주는 피드백	

3. 내 피드백의 특징은 무엇인가요? 그러한 피드백으로 인한 긍정적·부정적 영향
   에는 어떤 것들이 있나요?

4. 구성원에 대한 피드백과 관련하여, 내가 알고 싶은 것은 무엇인가요?

inspiring
feedback

Chapter 2

마음을 움직이는 피드백

inspiring

feedback

현재 어떤 피드백 수준에 있든 괜찮습니다. 건강한 방향으로 적용하고 성찰하기를 지속한다면, 구성원의 마음을 움직이는 수준 5의 피드백을 수행할 수 있게 됩니다. '마음을 움직이는 피드백'은 '합리적으로 이해되는 피드백'을 넘어섭니다. 다시 말해, 수준 5의 피드백은 구성원이 피드백을 이성적으로 받아들이고 리더가 말한 바를 이행하는 수준 4의 피드백을 뛰어넘지요. 수준 5의 피드백은 구성원의 마음을 움직입니다. 그래서 구성원이 리더의 피드백을 '기꺼이' 행동으로 옮기게 하거나, 바람직한 방향의 행동을 스스로 선택하여 주도적으로 일하도록 돕습니다.

바람직한 곳을 향해 주도적으로 행동하는 구성원은 누구나 함께 일하고 싶은 사람입니다. 조직에서 자기 자신을 잃지 않은 채, 삶에서도 일에서도 의미 있는 성장을 이뤄가고 싶은 조직인들이 원하는 자아상이기도 하고요. 따라서 수준 5의 피드백은 리더가 자기와 함께 일하게 될 좋은 사람들을 얻는 일이고, 그들이 일터에서 더 행복하게 일할 수 있도록 돕는 일입니다.

이번 장에서는 '마음을 움직이는 피드백'에 담긴 건강한 피드백의 세 가지 기본 요소들을 구체적으로 살펴보려 합니다. 그리고 그것들을 리더가 자신의 언어로 일터에서 효과적으로 구현하는 데 필요한 마인드셋과 스킬을 다뤄보겠습니다.

건강한 피드백의 기본 요소

1장에서 살펴본 바와 같이, 구성원의 수용성과 변화 가능성을 높이기 위한 건강한 피드백에는 다음 세 가지가 기본적으로 필요합니다.

---

① 삶과 일에 대한 가치나 태도가 아니라 '행동'에 초점을 두어야 한다

② 리더의 주관적 견해나 개인적 선호에 치우치지 않고 '객관적'이어야 한다

③ 일방적으로 강요하거나 설득하는 것이 아니라 구성원과 '공유'해야 한다

건강한 피드백의 기본 요소

① 삶과 일에 대한 가치나 태도가 아니라 '행동'에 초점을 두어야 한다

리더의 피드백은 구성원이 지닌 삶과 일에 대한 가치나 태도가 아니라, 그가 보이는 행동에 초점을 두어야 합니다. 개인의 가치나 태도는 그의 삶에서 유의미했던 사건이나 반복된 경험을 통해서 의식

적이거나 무의식적으로 형성되며, 타인에 의해 단기간에 변화되는 경우가 매우 드물기 때문이지요. 그리고 이미 자기 삶의 가치관이 확립된 성인들은 타인이 그것에 대해 평가하고 변화를 강요한다고 느낄 때, 마음을 열어 수용하려고 하기보다 반감을 갖고 방어하는 경우가 훨씬 더 많습니다. 또한 조직의 공유가치와 상호 합의된 행동 약속 등을 위배하지 않는 한, 구성원이 지닌 삶과 일에 대한 가치 및 태도는 있는 그대로 존중되어야 합니다. 피드백의 주제가 공유가치나 약속 위반과 관련된 것이라 하더라도 '행동'에 초점을 맞춰야 메시지를 더 쉽게 공유하고 수용할 수 있습니다.

보고서 제출 기한을 자주 어기는 구성원에게 피드백을 준다고 생각해 볼까요. 이때는 '약속을 지키지 않는 불성실한 업무 태도'에 초점을 맞춰서는 안 됩니다. '보고서 제출 기한을 어긴 행동'과 '기한을 지키지 못할 때 말없이 미루기만 하는 행동 대신 할 수 있는 대체 행동' 및 '제출 기한을 잘 맞출 수 있게 하는 새로운 행동 제안'에 초점을 두어야 하지요.

그 구성원은 보고서를 좀 더 잘 써보려고 애쓰다가 시한을 놓쳤을 수 있고, 보다 훌륭한 보고서를 작성할 수만 있다면 제출 기한을 약간 넘겨도 그다지 문제가 되지는 않으리라 생각했을 수도 있습니다. 어쩌면 기한을 어겨서 받게 될 질책보다, 보고서 내용이 부실할 때 받게 될 상사의 시선이 더 두려웠을 수도 있고요. 혹은 보고서 시한은 칼같이 관리하면서, 자기가 오래 고민하며 작성한 보고서 내용에 관해서는 도움이 될 만한 피드백을 해주지 않는 리더를 보며 성실하지 않은 사람이라고 생각할 수도 있습니다. '성실함'에 대해 사람마다 다르게 생각할 수 있으니까요.

행동에 초점을 두는 것은 위와 같은 교정적 피드백만이 아니라, 긍정적 피드백에도 필요합니다. 긍정적 피드백을 할 때는 구성원의 행동만이 아니라, 그 행동의 뿌리로 보이는 태도까지 언급하며 인정하는 편이 도움이 되지요. 그러나 태도에만 초점을 맞춘 막연한 칭찬이나 인정은 리더의 의도나 진정성을 의심하게 할 수 있습니다. 게다가 리더가 구체적으로 자신의 어떤 행동을 인정하는지 분명하게 전해지지 않아서, 바람직한 행동을 강화하기 위한 긍정적 피드백의 목표를 이루기가 어렵습니다.

가령 업무 계획에 없던 사내 행사를 맡아서, 열의 있게 준비하고 성공적으로 진행한 구성원에게 피드백을 주는 상황을 생각해 봅시다. 리더가 이렇게 칭찬합니다. "애썼어. 민우 씨는 어떤 일이든 열의를 갖고 하니까 이번에도 잘할 거라고 믿고 있었지. 지난번 외부 업체에만 맡겨서 진행했을 때보다 결과가 훨씬 더 좋아!" 리더의 칭찬에 민우 씨는 어떻게 생각할까요? 한편으로는 그 칭찬이 반가우면서도, 다른 한편으로는 '아, 앞으로 이런 일이 생길 때마다 계속 나한테 맡기려고 하는 건가?'라고 생각할 수 있습니다.

만약 민우 씨가 행사 기획 및 진행 업무를 좋아하거나 가치 있는 일로 여긴 게 아니라, 그저 책임감 때문에 열심히 일한 것이라면 이런 생각이 들 수도 있겠지요. '이건 연초에 잡힌 목표도 아니라서 성과평가에도 반영되지 않는 일인데! 내가 소소한 일까지 다 보고하지 않아서 그렇지, 이번에 준비하며 우여곡절도 많아서 진짜 힘들었다고! 아, 다시는 하고 싶지 않아. 내 일도 아닌데 열심히 하는 게 꼭 좋은 것만은 아니군.' 그런 마음이 들면 오히려 추가 업무에 대한 동기가 떨어질 수 있습니다.

구성원의 태도를 중심으로 막연히 칭찬하기보다, 구성원이 행사를 준비하고 진행하며 보여주었던 돋보이는 행동에 초점을 맞춰야 합니다. 그럴 때 구성원은 리더의 의도를 추론하지 않고 피드백에 좀 더 집중할 수 있습니다. 리더와의 대화 속에서, 정신없이 바빴던 탓에 정작 알아차리지 못했던 자신의 탁월한 업무 수행 행동과 그 영향을 찬찬히 돌아보며 자부심을 느끼게 되지요. 그리고 그것을 기억하여 향후 활용하게 될 가능성이 커집니다. 행사를 정리하며 뿌듯해하고 있을 때, 리더가 다가와서 유용한 피드백을 해주면 '리더가 내가 일하는 모습을 관심 있게 지켜보고 있구나' 하고 새삼 느끼게 되어 리더에 대한 신뢰와 고마움도 더 커지겠지요.

② 리더의 주관적 견해나 개인적 선호에 치우치지 않고
  '객관적'이어야 한다

  리더의 피드백은 객관적이어야 합니다. 객관적이지 않은 피드백을
받을 때 구성원들은 다음과 같이 생각하거나 언어적·비언어적으로
반응합니다.

❋ 그게 아닌데요. 내가 왜 그렇게 했는지 이유도 확인하지 않은 채 막무가내로 나무라
   지 않았으면 합니다.

❋ 왜 그렇게 해야 하나요?

❋ 그건 팀장님 생각이지요.

❋ 자기 방식만 고수하시네요. 팀장님 방식이 늘 더 나았던 건 아니잖아요.

❋ 왜 저한테만 그러시죠? 제가 그렇게까지 큰 잘못을 한 것 같지는 않은데요.

❋ 지난번에는 그렇게 말씀하지 않으셨잖아요?

  '객관적'이라는 것의 의미에 대해 잠시 생각해 볼까요? "지나가는
사람 열 명을 붙잡고 물어봐. 내 말이 맞나, 네 말이 맞나!" 이런 말
을 하거나 들어본 적이 있지요? '나만 그렇게 생각하는 게 아니다',
'내가 제대로 보고 있는 거다', '자기 생각에 사로잡혀서 고집을 부리
는 건 내가 아니고 너다' 하고 생각할 때 답답함에 나오는 말입니다.

실제로 지나가는 사람 열 명에게 그렇게 물어본다면 어떤 일이 일어날까요? 아마도 '10대 0'은 나오지 않을 겁니다. '대한민국의 수도는 서울이다'와 같이 진위를 따질 수 있는 명제가 아니라면, 다수가 동의하는 일은 있어도 모두가 동의하는 일은 드뭅니다. 누군가의 말이 객관적이라는 것은, 위와 같은 질문에 열 명 모두가 손을 들어준다는 것입니다. 즉 객관적이라 함은 인식하는 사람의 주관에 좌우되지 않고, 언제 누가 보아도 그러하다는 것이지요.

좀 더 엄밀히 그 뜻을 따져볼까요. '객관성'이라는 것은 주관의 영향을 전혀 받지 않고 '사물의 있는 그대로를 올바르게 드러내는 것'입니다. 그렇다면 엄밀한 의미에서 객관성을 갖는다는 것은 불가능한 일입니다. 우리는 자신의 인식 범위를 벗어나서 인식할 수 없습니다. 또 사물의 있는 그대로를 올바르게 보는 혜안을 누구나 가지고 있는 것도 아니지요. 그렇기에 다수가 옳다고 믿는 것이 꼭 옳은 것이 아닐 때도 많이 있습니다. 심지어 모두가 사실이라고 믿었던 것이 과학 기술과 도구의 발달로 사실이 아님이 밝혀지기도 하고, 일이나 직장, 경력 개발, 관계, 삶, 가족, 결혼, 행복 등을 바라보는 개인의 관점도 날이 갈수록 다양해지고 있으니까요.

그처럼 리더의 피드백이 온전히 객관적일 수는 없습니다. 리더는 구성원보다 좀 더 많은 정보와 넓은 안목을 지닐 수 있으나, 그 역시 인식의 한계를 지니고 여전히 성장 중인 조직의 한 구성원이기 때문이지요. 여기에서 나쁜 소식은, 구성원들이 리더에게 피드백을 받을 때 객관성을 중요하게 여긴다는 것입니다. 하지만 좋은 소식도 있답니다. 구성원들이 인식하는 리더 피드백의 객관성은, 대개 다음처럼 리더의 자기 성찰에 기반한 질문을 통해 확보할 수 있다는 것이지요.

※ 지금 내가 보고 있는 것은 사실인가, 아니면 나의 주관적 판단인가?

※ 사실이 아니라 나의 주관적 판단이라면, 내가 그렇게 판단한 근거는 무엇인가?

※ 이 사안이나 구성원에 대한 나의 선호가 피드백에 영향을 주고 있나?

※ 내 기분에 따라서 구성원에 대한 피드백이 달라지고 있는가?

※ 지금 나는 감정에 휘둘리지 않고 고요한 상태인가?

※ 나의 기준을 적용하여 과하게 점검했거나, 점검하지 않고 놓친 부분은 없는가?

이렇게 리더가 자기 의견, 선호, 감정 등에 휘둘리지 않을 때, 혹은 적어도 지금 자기가 그것들에 영향을 받음을 알아차리며 자기 마음을 챙길 수 있을 때, 구성원의 마음을 움직이는 피드백 대화가 가능해집니다.

③ 일방적으로 강요하거나 설득하는 것이 아니라
   구성원과 '공유'해야 한다

리더의 피드백이 구성원의 마음에 온전히 가닿아 행동 변화를 주
도적으로 일으키려면, 그 피드백이 구성원 자신의 것으로 공유되어
야 합니다. 효과적인 공유는 리더의 탁월한 수사가 아니라, 양방향
커뮤니케이션을 통해 일어납니다. 메시지를 주고받으며, 아직 불완전
한 의미의 조각들을 서로 채워주는 과정이 필요한 것이지요.

커뮤니케이션을 통한 공유의 중요성을 충분히 알고 있어도, 리더
가 종종 저지르는 실수들이 있습니다.

⁂ 구성원이 오해 없이 내 말을 잘 이해할 수 있도록, 혹은 반박할 부분 없이 내 생각을
   흔쾌히 받아들이도록, 메시지를 논리적으로 정리하여 체계적으로 말한다. 혹은 핵
   심을 명확히 하여 간명하게 말하고 구성원이 이해했는지 확인한다.

⁂ 구성원의 응답을 듣는 동안, 그 말의 논리적 허점이나 내 생각과 다른 부분을 찾아
   반론을 제기할 준비를 한다.

⁂ 구성원이 내 말에 수긍하지 않으면, 그가 알아들을 때까지 같은 말을 반복한다.

⁂ 그래도 구성원이 내 말을 받아들이지 않으면, 그의 이해력이 부족하거나 그가 나에
   게 이유 없이 저항하거나, 그의 수준에 맞춰서 논리적으로 말하는 내 능력이 부족
   하다고 생각하며 대화를 포기한다.

※ 그리고 다음에는 구성원이 내 이야기를 받아들일 수 있도록, 더 논리적으로 잘 준비하여 설득해야겠다고 생각한다.

이런 패턴이 몇 번 반복되면 일터에서 어떤 일이 일어날지 짐작이 되지요? 리더는 매번 더 많은 말을 하며 설득하려 들거나 지시하게 될 것입니다. 또한 구성원은 '내가 뭐라고 해도 어차피 리더의 생각은 변하지 않겠구나'라고 생각하며, 건성으로 수긍하거나 침묵하게 될 테지요.

이 악순환의 고리를 끊는 해법이 있습니다. 논리적으로 완벽한 메시지를 전하려고 애쓰지 않고, 서로의 상황, 견해, 근거, 요청, 이해, 의도, 감정 등을 표현하고 듣는 양방향 커뮤니케이션을 하는 것입니다. 그러한 양방향 커뮤니케이션의 과정을 거쳐 최종적으로 상호 공유되는 메시지는 리더가 애초 전하고 싶었던 내용일 수도 있고, 다른 내용으로 발전할 수도 있습니다.

예를 들면 "다음 업무 진행에 차질이 생기지 않도록 보고서 제출 기한을 지켜달라"고 하지 않고 "보고 지시를 할 때 명확한 방향성을 제시하고, 중간보고를 통해 중요한 사항은 사전에 함께 조율하며, 기한을 지키기 어려울 때는 늦어도 전날까지 말하자"처럼 메시지가 바뀔 수 있겠지요. 이렇게 리더와 구성원 모두의 필요를 충족할 수 있는 내용으로 더 바람직하게 변화될 수 있습니다.

'내 생각을 이해시키기 위해서는 우선 상대의 생각을 이해해야 한다'는 설득의 황금률을 넘어서, 상호 이해와 공유를 통해 한 차원 높은 공동의 해법을 얻어내야 합니다. 그럴 때 비로소 수용과 변화가 일어나지요. 그때의 변화는 일회성에 그치지 않고 오래 지속될 가능성이 큽니다. 어쩔 수 없이 강요된 것이 아니라, 스스로 원하고 선택한 것이기 때문입니다.

사안이 복잡하거나 서로의 신뢰가 약한 경우라면, 짧은 시간에 공동의 해법을 얻지 못할 수도 있습니다. 그래도 '아, 민우 씨는 이런 이유로 그렇게 생각하는구나', '내 생각을 비난하기보다 자기 생각이 옳음을 증명하고 싶은 거구나', '민우 씨도 이번 일을 중요하게 여기고 잘 해내길 원하고 있구나' 하며 상대를 좀 더 깊이 이해하게 된다면, 그것만으로도 의미가 있습니다. 상호 이해와 인간적 존중에 기반한, 좀 더 안정적인 커뮤니케이션의 토대를 마련하게 되었으니까요.

건강한 피드백을 위한 리더의 마인드셋

  그러면 리더는 어디서부터 시작해야 할까요? 구성원의 가치나 태도가 아니라 행동에 초점을 두고, 자신의 주관적 견해나 선호에 치우치지 않는 객관성을 갖고, 일방적으로 강요하거나 설득하는 것이 아니라 공유하는 방식으로 건강한 피드백을 하려면 어디서부터 시작해야 할까요? 바로 피드백에 대한 자신의 마음을 살펴보는 것입니다. 구성원에게 피드백하기는 그저 말하기가 아니라 다양한 커뮤니케이션 행위들을 포함한 리더십 행동이고, 다른 행동들과 마찬가지로 피드백하는 행동의 뿌리 또한 마음에 있기 때문이지요.

  리더가 구성원에게 피드백하는 내용의 초점은 구성원의 삶과 일에 대한 가치나 태도가 아니라 행동에 맞춰야 합니다. 하지만 리더가 구성원 피드백을 준비하고 시행하려 할 때의 시작점은 그 피드백에 대한 리더 자신의 마음입니다. 이때 리더에게는 다음과 같은 마인드셋이 필요합니다.

① 피드백은 시간이 날 때 하는 것이 아니라 시간을 내서 해야 한다

② 피드백은 잘못한 일보다 잘한 일에 더 많이 해야 한다

③ 피드백은 구성원을 돕고자 하는 마음으로 해야 한다

④ 피드백은 구성원을 비춰주는 거울이다

건강한 피드백을 위한 리더의 마인드셋

① 피드백은 시간이 날 때 하는 것이 아니라
   시간을 내서 해야 한다

피드백은 리더가 마땅히 수행해야 할 활동입니다. 시간이 생길 때 하는 것이 아니라 시간을 만들어서 해야 하는 일이지요. 바쁘다고 하여 생략하거나 대충하고 넘어가도 되는 것이 아니라, 사안별로 필요한 시간을 충분히 들여야 하는 일입니다. 일상적으로 반복해서 일어나는 사소한 활동에는 "오늘도 제일 먼저 제출했네. 수고했어"라고 말하는 2~3초로도 충분할 테지요. 하지만 여러 주 진행한 과업의 결과 보고서에 대해 피드백할 때는 20~30분 이상이 필요할 수 있고, 한 해의 성과를 돌아보며 개인 성과평가 면담을 하는 경우라면 적어도 60분 이상이 요구됩니다. 리더가 구성원 피드백에 필요한 시간을 아끼게 되면, 리더의 시간은 갈수록 더 촉박해지고 구성원의 시간은 갈수록 무의미해집니다.

② 피드백은 잘못한 일보다 잘한 일에 더 많이 해야 한다

피드백은 '잘한 일에도 하는' 것이 아니라 '잘한 일에 더 많이 해야' 합니다. 하지만 현실에서는 그 반대의 모습이 많이 보입니다. 구성원이 잘하고 있을 때는 별말 없이 지켜만 보거나 "고생했어"라는 한마디로 가볍게 넘어가고, 문제가 생겼을 때는 구성원을 불러놓고 조목조목 피드백하는 식이지요. 문제를 바로잡는 도구로만 피드백을 활용하는 리더들이 이런 실수를 자주 저지릅니다.

구성원이 애쓰고 성과를 낸 일은 당연하게 지나가고, 문제가 된 일에만 피드백을 집중하면 어떻게 될까요? '뭐 하러 열심히 일해? 질책을 받지 않을 정도만 하자'는 분위기가 형성됩니다. 많은 리더들이 '잘하는 사람은 그냥 둬도 알아서 잘한다'고 생각하지요. 하지만 성취 욕구가 높은 구성원일수록 '내가 지금 잘하고 있는 건가?', '내가 놓치고 있는 것은 없나?'라는 생각에 오히려 불안과 조급함을 많이 느끼고, 타인의 인정을 더 많이 바랍니다. 나름대로 노력했고 성과를 냈음에도 인정받지 못하면, 조직과 함께하는 성장을 포기하고 자신의 이익에만 집중하거나 현재의 조직을 떠나려고 합니다.

어느 리더가 최근에 겪은 일입니다. 퇴직을 하겠다는 한 구성원의 이야기를 듣고 많이 놀랐답니다. 왜냐하면 '다른 사람은 몰라도 저 사람만은 그만둔다는 말을 하지 않겠지'라고 여겼을 만큼, 그는 구성원 가운데 일에 대한 책임감도 강하고 일도 잘하여 든든하게 여기던

사람이었기 때문입니다. 잘 지내고 있던 사람이 왜 그렇게 결정했는지 이해되지 않고 속상한 마음에, 자신이 평소 생각하던 그 구성원의 우수한 역량과 성과, 일하는 모습을 언급하며 "그런 당신이 나간다고 하니 당황스럽다"고 말해주었답니다. 그 이야기를 들은 구성원은 이렇게 물었다지요. "왜 평소에 그런 이야기들을 해주지 않으셨어요? 진즉에 알았더라면 퇴사를 생각하지 않았을 텐데요." 때늦은 피드백으로 좋은 구성원을 잃은 이 리더의 사례는, 잘한 행동과 잘하고 있는 사람에게 피드백이 얼마나 필요한가를 잘 보여줍니다.

지금 내가 피드백을 잘못한 일에 더 많이 하고 있는지 잘한 일에 더 많이 하고 있는지, 리더 스스로 알 수 있는 간단한 방법이 있습니다. '구성원을 호출했을 때, 그 사람의 표정이 어떤가'를 관찰해 보는 것이지요. 평소에 긍정적 피드백도 많이 한다면, 리더의 호출을 받은 구성원들의 표정은 무겁지 않을 겁니다. 그렇지 않다면 '또 내가 뭘 잘못했길래 상사가 불렀을까?', '또 무슨 일을 시키려고 그러지?'라는 생각에, 구성원들은 불편한 표정으로 리더 앞에 서게 될 테고요.

③ 피드백은 구성원을 돕고자 하는 마음으로 해야 한다

'내가 지금 피드백을 하려는 이유가 단지 성과관리를 위한 것인가, 이 구성원을 돕기 위한 것인가?'라고 질문해 보세요. 피드백에는 중요한 요소들이 여럿 있지만 피드백을 성공시키는 단 하나의 마스

터키가 있다면, 그것은 진정으로 구성원을 돕고자 하는 리더의 마음입니다. 평가하거나 회유하거나 내 편을 만들려고 하거나 비난하거나 화풀이하거나 자기 지식을 과시하거나 리더 마음대로 통제하거나 윗사람으로서 가르치려는 마음이 아니라, 구성원의 성장에 도움이 되고자 하는 마음일 때, 리더는 구성원의 행동을 더 깊이 관찰할 수 있고 자기 주관에 휩쓸리지 않으며 고요한 마음으로 피드백할 수 있습니다.

'이렇게 하면 일이 잘 풀릴 테니까, 결과적으로 민우 씨에게도 도움이 되겠지'라는 마음이 아닙니다. '지금 내가 하려는 피드백이 민우 씨에게 도움이 될까?', '내가 그 어떤 의도보다 민우 씨를 돕는 것을 우선으로 여기고 이 피드백을 하려는 걸까?'라는 리더의 정직한 자기 점검이 필요합니다.

④ 피드백은 구성원을 비춰주는 거울이다

리더의 피드백은 구성원이 스스로 보지 못하는 자신의 강점과 약점, 일하는 모습, 자기 행동이 미치는 영향을 보게 합니다. 구성원에게 리더의 피드백은 거울 같은 역할을 하는 셈이지요. 누구에게나 더 나은 자기 자신이 되고 싶은 욕구가 있습니다. 그리고 자기 인식은 모든 성장과 변화의 출발점입니다. 거울에 비친 자기 모습을 보며 미소를 짓거나 옷자락에 묻은 얼룩을 닦아내듯, 현재 모습을 있는 그대로 잘 비춰주기만 해도 피드백은 그 효과를 발휘한답니다.

"셔츠 자락이 삐져나왔네요"라는 말을 길에서 지나치는 사람에게 일부러 다가가서 해주지는 않을 것입니다. 하지만 임원 보고를 하러 가는 구성원의 옷매무새가 흐트러져 있다면, 그냥 지나치지 않겠지요. 구성원의 거울이 되어주는 것은 리더의 역할이고, 지대한 관심을 요구하는 일입니다. 나아가 함께 일하는 동안 리더가 구성원에게 줄 수 있는 가장 큰 선물입니다. 조직에서 직속 리더만큼 구성원이 일하는 모습을 잘 비춰줄 수 있는 사람은 없으니까요. 또 피드백이 선물이라는 데 생각이 미치면, 리더는 지금 자신의 구성원들에게 어떤 선물이 필요한지를 살펴보게 됩니다. 그리하여 '괜히 이런 말을 해서 상황을 나쁘게 만드는 것은 아닌가?' 하는 염려를 내려놓고, 좀 더 가볍고 따뜻한 마음으로 그 선물을 준비하고 전할 수 있습니다.

건강한 피드백을 위한 열 가지 스킬

누군가와 사랑할 때, 이 사랑을 지키겠다는 마음만으로 사랑이 지속되지는 않습니다. 그 마음을 행동으로 표현해야 하지요. 또한 나로서는 최선을 다한 행동이 오히려 연인을 불편하게 하고 멀어지게 할 때도 있습니다.

리더의 피드백도 이와 다르지 않습니다. 바쁜 와중에도 시간을 할애하고, 긍정적인 면에 더 많이 주목하며, 구성원을 돕고자 하는 의도를 최우선으로 하여, 거울처럼 비춰주고자 하는 리더의 마음을 구성원에게 가닿게 하려면, 섬세한 스킬에 기반한 행동이 필요합니다. 그처럼 건강한 피드백을 위한 스킬에는 구체적으로 어떤 것들이 있을까요?

아래 열 가지 스킬은 성공적인 피드백에서 두루 나타나는 것들입니다. 열 가지 모두 다양한 피드백 상황에서 구분 없이 활용할 수 있는 공통적인 스킬이지요. 2~3초가량의 짧고 가벼운 내용의 피드백은 아래 열 가지 중에서 ①, ②, ③, ⑥ 스킬만 사용해도 충분하지만,

내용이 무겁고 긴 시간이 필요한 피드백일수록 더 많은 스킬이 요구됩니다. 각 스킬이 어떤 경우에 왜 필요한지 한 가지씩 살펴볼까요?

---

① 최적의 타이밍에 하기

② 구성원이 안전감을 느끼며 집중할 수 있는 공간에서 하기

③ 구체적 사실이나 행동을 먼저 공유하고 확인하기

④ 그 사실이나 행동이 미치는 영향을 말하기

⑤ 원하지 않는 행동을 말하는 대신 원하는 행동을 요청하기

⑥ 구성원의 반응과 이해를 확인하기

⑦ 초점을 잃지 않기

⑧ 건강하게 주장하기

⑨ 해법을 제공하기보다 함께 찾기

⑩ 구성원의 모든 반응에 감사하기

건강한 피드백을 위한 열 가지 스킬

---

① 최적의 타이밍에 하기

피드백하기에 적절한 타이밍은 너무 당연하여 자주 간과되는 중요한 스킬입니다. 피드백하는 시점에 따라서 메시지를 공유하는 수준이 달라집니다. 일반적으로 피드백의 적시는 '즉시'입니다. 우리는 어

떤 일이 발생하면 그와 관련된 생각과 감정을 일단 갈무리하고 다른 일로 넘어갑니다. 긍정적인 일도 부정적인 일도 그러하지요.

하지만 어떤 일이 현실에서 완료되었다고 하여 마음에서도 바로 마무리되는 것은 아닙니다. 성공적으로 완수한 프로젝트에 대한 뿌듯함, 예기치 못한 실수에 대한 부끄러움과 후회, 새롭게 습득한 기술에 대한 자부심, 말이 통하지 않는 고객과 미팅한 후의 답답함, 내가 지금 잘하고 있는가 하는 혼란 등이 길게든 짧게든 한동안 마음에 남고 정리되는 단계를 거치지요. 한 가지 일을 끝내면 마음을 비워낸 후 바로 다음 일로 넘어가는 사람들도 있습니다. 하지만 그들 또한 이 단계를 완전히 건너뛰는 것은 아닙니다.

일단 자기 방식으로 정리하거나 흘려보낸 일들을 이후에 다시 제대로 풀어서 살펴보기란 쉽지 않습니다. 기억에서 미화되거나 왜곡되기도 하고, 부분적으로 사라지기도 하기 때문이지요. 특히 현실 지향적인 사람들은 이미 지나버려 돌이킬 수 없는 일들을 굳이 다시 꺼내어 보는 것을 좋아하지 않습니다.

그런 이유로, 피드백하는 최적의 시점은 바로 '그때'입니다. 그 일이 아직 마음에서 완결되지 않고 진행 중인 바로 그 시점이, 어떤 일에 대해 사실 그대로를 공유하며 피드백하기에 최적인 때입니다. 단 '즉시 피드백'이 바람직하지 않은 몇 가지 경우가 있습니다.

- 리더의 마음이 고요하지 않을 때

- 객관적인 근거 없이 심증만 있을 때

- 일회성의 작은 실수일 때

- 주변 상황이나 공간이 적절하지 않을 때

- 구성원이 당장 발생한 일을 해결하느라 경황이 없을 때

- 구성원이 지나치게 감정적인 상태일 때

즉시 피드백이 바람직하지 않은 경우

즉시 피드백이 가장 적설하지 않은 경우는 리더의 마음이 고요하지 않을 때입니다. 이때 리더는 구성원을 앞에 두고 여과 없이 감정을 쏟아낼 위험이 있습니다. '나는 지금 화를 내는 게 아니야. 마땅히 할 말을 하고 있는 거지'라고 생각하지만, 실상 자기 마음을 통제하지 못하고 화를 내거나 짜증을 내게 되지요. 리더의 말이 옳다고 해도, 감정이 실린 말은 상처가 되어 구성원의 마음을 닫게 합니다. 사람들은 말의 내용보다, 그 말에 실린 기운에 더 예민하게 반응하기 때문이지요.

구성원을 바라보며 부정적 감정이 일어난다면 억누르거나 회피하지 말고 '내가 지금 저 사람한테 왜 이토록 화가 나는 걸까?' 하고 자문하며, 자기 마음을 들여다보는 시간을 잠시 가져보세요. 자리에

서 일어나 복도를 걷고 돌아오거나, 물 한 잔을 마시거나, 깊은 심호흡을 하고 나서 피드백을 하는 것이 도움이 됩니다.

또한 지금 하려는 피드백에 객관적인 근거가 부족할 때도 아직 피드백할 시점이 아닙니다. 그런 피드백은 구성원의 의문과 반감을 일으키지요. 심증만 있을 때는 구성원의 행동을 좀 더 관찰해 보아야 합니다. 시간을 다투는 일이라면 피드백을 진행하되, 심증에 근거하여 말하기 전에 당사자를 통해 사실부터 확인해야 합니다.

일회성에 그치는 소소한 실수를 봤을 때도 피드백할 시점이 아닙니다. 그 실수가 다시 나타나고, 개인이나 조직 성과에 영향을 미칠 때, 그때가 피드백할 적시입니다. 주변 상황이나 공간이 적절하지 않을 때도 피드백을 잠시 보류해야 합니다. 다른 팀과 함께 하는 회의에서, 문제가 될 만한 발언을 하는 우리 구성원의 행동을 지적할 수는 없지요. 구성원이 말한 의도를 잘 헤아려서 상황을 수습하고, 회의가 끝난 후에 따로 이야기를 나누는 것이 바람직합니다.

구성원이 당장 발생한 일을 해결하느라 경황이 없을 때도, 구체적으로 피드백할 시점이 아닙니다. 구성원 스스로 해결할 수 있는 일인지, 직접 해결하도록 놓아두는 편이 더 좋을지 아니면 지원해야 하는 일인지를 먼저 판단하는 것이 중요하겠지요. 일이 일단락된 후에 사실을 파악하여 구성원의 노력을 인정해 주고, 어떻게 하면 다시는 그런 일이 발생하지 않을 수 있는지 시간을 갖고 대화하는 것이 바람직합니다.

구성원이 지나치게 감정적일 때도 피드백하기가 어렵습니다. 리더의 피드백이 합리적이라 해도, 구성원이 감정적인 상태에서는 저항이 일게 마련이라 변명과 짜증으로 대화를 악화시킵니다. 그러므로 구성원의 감정이 가라앉을 때까지 기다렸다가 대화를 재개하거나, 구체적으로 피드백하기 전에 충분한 공감대 형성으로 그의 감정을 먼저 안정시킬 필요가 있지요. 사람은 우리가 생각하는 것처럼 이성적인 존재가 아닙니다. 평소 이성적으로 보이는 사람도 감정적으로 몰리면 일단 변명하고 회피하기 마련이지요. 사람마다 그 수위가 다르기는 하지만, 적어도 감정이 최고조가 아니어야 이성적 메시지가 들어갈 수 있는 공간이 생깁니다.

② 구성원이 안전감을 느끼며 집중할 수 있는 공간에서 하기

피드백하는 공간을 선택하는 일도 중요합니다. 일반적으로 교정적 피드백은 다른 사람이 듣지 않는 곳에서, 긍정적 피드백은 다른 사람이 듣는 곳에서 하는 것이 더 좋다고 알고 있습니다. 하지만 항상 그런 것은 아니랍니다.

가볍고 일상적인 피드백, 그리고 다른 사람이 들어도 별문제가 없는 피드백이라면 고민하며 장소를 따로 고를 필요가 없습니다. 그보다 '바로 지금 있는 그 자리'에서 하는 편이 좋습니다. 부담도 없고

효율적이니까요. "갑자기 요청했는데, 바로 보내줘서 고마워", "말하지 않은 것까지 챙겨줬네요!", "다음에는 급한 사안은 카톡 말고 곧바로 전화해서 보고해 줄래?" 이런 이야기에 공간을 고민할 필요는 없습니다. 오히려 그 정도 이야기를 하려고 장소를 옮기는 것이 어색하고 부담스러운 일이 될 테지요.

하지만 타인이 들었을 때 영향을 받을 수 있는 이야기라면, 당사자가 주변을 신경 쓰지 않고 안전감을 느끼며 집중할 수 있는 곳이 피드백하기에 최적의 공간입니다. 교정적 피드백뿐 아니라 긍정적 피드백을 할 때도 마찬가지입니다.

예를 들어, 유독 한 구성원만 리더가 자주 칭찬하는 바람에 다른 구성원들의 질시와 견제가 생긴다면 어떨까요? 그 구성원은 공개된 자리에서 칭찬받는 일을 안전하게 느끼지 못할 테지요. 구성원이 내향적인 사람이어도 마찬가지입니다. 아무리 좋은 이야기를 듣는다고 해도, 많은 사람의 시선이 쏠리는 일은 부담스럽기 마련입니다. 리더보다 나이가 많은 구성원이라면, 후배들이 있는 자리에서 어린 상사에게 칭찬받는 일이 불편할 수도 있고요. 게다가 리더의 칭찬이 순수하지 못하고 여러 이해관계자 앞에서 본보기를 위해 자신을 이용한다는 생각이 들면, 그 피드백은 온전히 전달되지 않습니다. 진솔한 이야기는 일대일의 자리에서 서로 집중하며 말하고 들을 때, 더 마음에 와닿는 것이니까요.

교정적인 피드백을 할 때는 공간을 좀 더 세심하게 선택해야 합니다. 일반적으로, 다른 구성원의 눈에 띄지 않는 분리된 공간에서 일대일로 이야기하는 것이 좋습니다. 공개된 자리에서 질책을 받게 되면, 그 질책이 얼마나 정당한가는 상관없이 오랫동안 잊지 못하는 상처로 남게 됩니다. 물론 그 상처를 씻어내기 위해 더 열심히 하는 사람도 있겠지요. 하지만 그가 자신에게 상처를 준 사람의 아군이 될 확률은 희박합니다.

분리된 공간이라 하더라도 방음이 잘 되지 않는다면 별 의미가 없습니다. 그런 곳에서 리더가 큰 목소리로 말하면, 구성원이 집중하지 못할 수도 있기 때문이지요. 유리로 된 회의실도 오가는 사람들이 보이기 때문에, 구성원이 복도를 등지고 앉게 하거나 블라인드를 살짝 내리는 등의 섬세함이 필요합니다.

따라서 "그 일과 관련해서 이야기를 나누고 싶으니, 시간을 내어 달라"고 요청하고 안전한 공간으로 이동할 때, 구성원은 리더의 존중과 배려를 느낄 수 있습니다. 그리고 리더는 이동하는 시간 동안 자신의 마음 상태를 살펴보고, 피드백의 의도와 메시지를 한 번 더 점검해 보는 부가적인 효과도 얻을 수 있지요.

③ 구체적 사실이나 행동을 먼저 공유하고 확인하기

피드백은 구체적인 사실이나 행동에서 시작하는 것이 자연스럽고 효과적입니다. 아래의 표에서 보듯이, 모호한 평가나 비난이 아니라 구체적 사실이나 행동을 말하면 구성원의 저항이나 부담을 최소화하며 이야기를 시작할 수 있습니다. 서로가 쉽게 공유할 수 있는 객관적 사실에서 출발하니까요. 그리고 구성원이 대화의 초점과 범위를 예측할 수 있어서, 좀 더 안전감을 느끼며 대화에 참여할 수 있습니다.

모호한 평가나 비난	구체적인 사실이나 행동 공유
동민 씨는 왜 이렇게 시간관념이 없어?	동민 씨, 좀 늦었구나.
동민 씨, 사전에 오타도 확인하지 않고 보고서를 올린 거야?	어제 동민 씨가 제출한 보고서 말이야. 아침 보고 중에 잘못된 수치가 나와서 본부장님한테 "이런 중요한 데이터에 오류가 있다니! 요즘 그 팀 업무 기강이 흐트러진 거 아니야?"라는 이야기를 들었어.
왜 자료를 아직 안 보내? 데이터 취합만 하면 되는데, 그게 그렇게 오래 걸릴 일이야?	지안 씨, 어제 오후에 요청한 자료가 아직 도착하지 않았네?
지안 씨, 왜 말을 늘 그렇게 해?	오전에 우리 아이디어 회의할 때 말이야. 팀원들이 의견을 낼 때마다, 지안 씨가 그 의견의 문제점을 구체적으로 언급해 줬잖아?

동민 씨, 내가 늘 든든하게 여기고 있는 거 알지?	아까 회의 때 다들 바빠서 어렵다고 했는데, 우선순위를 바꿔주면 동민 씨가 한번 해보겠다고 말했지?
역시 우리 팀 브레인이야!	다들 A와 C를 연결해 볼 생각은 하지 못했는데, 그런 아이디어를 내줬네!
동민 씨 덕분에 이번 워크숍 잘 마쳤어.	직장 동료들 앞에서 힘든 걸 말하기란 참 어려운 일이야. 그런데 동민 씨가 요새 무슨 고민을 하며 일하는지, 워크숍 첫날 오후에 이야기를 꺼내 줬지.

"왜 자료를 아직 안 보내? 데이터 취합만 하면 되는데, 그게 그렇게 오래 걸릴 일이야?"라는 비난 대신 "어제 낮에 요청한 자료가 아직 도착하지 않았네?"라며 리더가 인식한 사실에서 피드백을 시작한다면 어떤 일이 일어날까요? "죄송합니다. 내일 회의 자료를 먼저 챙기다가 좀 늦었어요. 30분 내로 보내드리겠습니다"라는 답이 올 수도 있겠지요. "아, 팀장님. 그 자료, 빨리 달라고 하셨잖아요. 오늘은 제가 다른 일로 많이 바쁠 것 같아서, 어젯밤에 미리 작업해서 보내 놓았습니다! 늦은 시간이라 발송 완료 메시지를 따로 보내지 않았어요"라고 반응해 올 수도 있겠고요.

전자의 응답을 받는다면 "내가 이 자료가 더 급하다는 말을 하지 않았구나. 회의 자료는 오늘 퇴근 전까지만 보내줘도 되니까, 이 자료부터 빨리 좀 작업해 줄래?"쯤으로 대화가 마무리되겠지요. 하지만 이후에도 업무의 우선순위를 구분하지 못하는 일이 반복된다면, 그 구성원에 대한 업무 지시 방법을 바꾸거나, 그 주제로 피드백을 해야 할 것입니다.

후자라면, 부정적 피드백으로 채워질 장면이 "아침부터 쌓여 있는 이메일이 많아서 내가 미처 보지 못했네. 늦게까지 작업했구나. 수고했어. 근데 오늘은 무슨 일로 그렇게 바빠?"라며 긍정적 피드백으로 대체될 것입니다. 그런 후 자연스럽게 서로의 업무 상황에 대해 정보를 나누는 장면으로 전환되겠지요.

섣부른 추론을 경계하고 그처럼 사실을 확인하는 과정을 거치는 것만으로도 피드백이 달라집니다. 서로의 감정 소모를 줄일 수 있고, 하지 않는 편이 더 좋을 불필요한 피드백을 방지할 수 있으며, 또 다른 소통의 문이 열립니다.

그리고 칭찬이나 조언을 덧붙일 필요 없이, 그처럼 구성원의 행동을 있는 그대로 비춰주는 것만으로 충분한 피드백이 되기도 합니다. 구성원이 자신의 행동을 알아차리고, 그 행동에 주목하는 리더의 의도와 바람을 파악하며, 도움이 되는 행동은 지속하고 문제가 되는 행동은 멈추는 선택을 할 수 있기 때문이지요.

'구체적 사실이나 행동을 먼저 공유하기'는 단순하지만 강력한 스킬입니다. 이 스킬을 잘 사용하려면 '내가 본 것이 항상 옳은 것은 아니다'라는 사실을 잊지 않아야 하지요. 그래야만 말의 내용뿐이 아니라, 표정과 목소리 같은 비언어도 평가, 판단, 비난의 기운을 띄지 않고 고요할 수 있습니다. 리더의 비언어는 언어보다 더 많은 정보를 구성원에게 전달합니다. 그리고 리더의 비언어와 언어가 상충할 때, 구성원은 리더의 비언어를 더 신뢰합니다.

④ 그 사실이나 행동이 미치는 영향을 말하기

구성원의 행동이나 행동의 결과를 있는 그대로 언급하는 것만으로는 충분하지 않을 때가 있습니다. 그것이 왜 중요한지, 어째서 문제가 되는지, 구성원이 명확히 이해하지 못할 때가 그러하지요. 각자가 지닌 지식과 경험, 그로 인한 견해와 선호 등이 다르기에 발생하는 일입니다. 그럴 때 필요한 것이, 그런 사실이나 행동이 미치는 영향을 함께 말하는 것입니다.

구체적 사실이나 행동 말하기	그 영향 말하기
어제 동민 씨가 제출한 보고서 말이야. 아침 보고 중에 잘못된 수치가 나와서 본부장님한테 "이런 중요한 데이터에 오류가 있다니! 요즘 그 팀 업무 기강이 흐트러진 거 아니야?"라는 이야기를 들었어.	다들 야근까지 하며 애쓰고 있는데, 그런 말을 다 들었네.
동민 씨, 좀 늦었구나.	동민 씨 발표가 첫 순서라 다들 기다리고 있었어.
동민 씨, 어제 오후에 요청한 자료가 아직 도착하지 않았네?	오늘까지 자료 취합을 마쳐야 하는데, 그 자료가 빠져서 아직 마무리를 못 하고 있어.
오전에 우리 아이디어 회의할 때 말이야. 팀원들이 의견을 낼 때마다, 지안 씨가 그 의견의 문제점을 구체적으로 언급해 줬잖아?	그런 일이 계속되니까 사람들, 특히 신입사원들이 말할 때 많이 조심스러워하더라고. 여러 의견을 자유롭게 나누는 시간이 되었으면 했는데, 회의 분위기가 좀 경직되더라.
아까 회의 때 다들 바빠서 어렵다고 했는데, 우선순위를 바꿔주면 동민 씨가 한번 해보겠다고 말했지?	동민 씨가 대안을 제시하는 모습을 보여주니까, 그때부터 해결안을 모색하는 쪽으로 회의 분위기가 달라졌지 뭐야.
다들 A와 C를 연결해 볼 생각은 하지 못했는데, 그런 아이디어를 내줬네!	지안 씨가 그렇게 해준 후로 기발한 아이디어들이 많이 나왔어.

직장 동료들 앞에서 힘든 걸 말하기란 참 어려운 일이야. 그런데 동민 씨가 요새 무슨 고민을 하며 일하는지, 워크숍 첫날 오후에 이야기를 꺼내줬지.	동민 씨 덕분에 다들 용기를 내서 자기 고민을 나누는 시간을 가졌어.

이처럼 자기 행동이 미친 구체적이고 실제적인 영향을 듣게 되면, 구성원에게 다음과 같은 일들이 일어날 수 있습니다.

※ 긍정적 영향일 때: 자신의 행동을 더 의미 있게 여기고 기억하게 된다.

※ 부정적 영향일 때: 자기 행동이 변화해야 한다고 느낄 가능성이 커진다.

※ 미처 생각하지 못했던 바를 듣게 되어 자기 자신, 일, 조직 등에 대한 관점이 확장된다.

※ 깊이 있게 헤아리며 말해주는 리더에 대한 신뢰가 커진다.

※ 리더가 중요하게 여기는 바를 이해할 수 있다.

구성원의 구체적 행동만이 아니라 그 행동의 영향까지 피드백에 담으려고 노력할 때, 리더 자신에게도 다음과 같은 도움이 됩니다.

※ 구성원의 기여를 더 의미 있게 만들어 줄 수 있다.

※ 성급하게 칭찬하거나 지적하지 않고, 더 설득력 있게 피드백할 수 있다.

※　구성원의 행동이 눈에 거슬려도, 그 부정적인 영향을 객관적으로 말할 수 없다면 피드백하지 않게 된다. 따라서 불필요한 피드백을 멈출 수 있다.

　　※　나의 주관적 견해나 선호에서 점점 자유로워지고, 나와 타인에 대한 이해가 깊어진다.

　　※　구성원의 행동이 미치는 영향을 더 잘 보게 되어, 리더로서 해야만 하는 피드백을 회피하지 않게 된다.

⑤ 원하지 않는 행동을 말하는 대신 원하는 행동을 요청하기

　구성원 피드백의 목표는 개인과 조직의 성장 및 성과에 필요한 행동을 장려하는 것입니다. 리더는 구성원의 긍정적 행동이 한 번의 우연에 그치지 않고 지속성을 갖게 하며, 문제 행동을 멈추는 데서 머무는 게 아니라 바람직한 방향으로 다른 행동을 선택할 수 있도록 영향을 미쳐야 합니다. 그 방법은 효과적인 시점에 리더가 구성원에게 원하는 행동을 요청하는 것입니다. 달리 말하면 구체적인 기대를 전달하는 것이지요.

　리더라면 이런 경험을 해보았을 겁니다. "다른 팀 사람들도 있는 자리에서 그런 표현은 좋지 않다"라고 말했더니 회의 중에 거의 말을 하지 않게 된 구성원. 수시로 휴게실을 들락거리며 자리를 비우기에 "물어볼 게 있어서 찾으면 자리에 없더라"라고 했더니 자리에 앉아 있긴 하지만 높은 업무 몰입도는 여전히 보이지 않는 구성원. "지각하지 말라"고 했더니 출근 시각은 지키되 곧바로 업무를 시작하

는 모습은 여전히 보이지 않는 구성원. 모두가 바쁜 와중에 혼자 아무 말도 없이 6시만 되면 퇴근하려 해서 "자네는 늘 정시 퇴근이네"라고 했더니, 5시 58분에 가방을 싸는 행동은 없어진 대신에 업무 속도가 느려지고 여전히 동료들의 일에는 관심을 보이지 않는 구성원. 무릇 리더라면 그런 유형의 구성원을 본 적이 있을 테지요. 리더가 구성원에게 '원하지 않는 행동'이 아니라 '원하는 행동'을 말해야 하는 이유를 보여주는 사례들입니다.

원하는 바를 요청하려면, 리더 자신이 구성원에게 정말 원하는 바가 구체적으로 무엇인지 분명히 알고 표현할 수 있어야 합니다. 자리를 자주 비우는 구성원에게 리더가 원한 것은 무엇일까요? 구성원이 업무에 더 집중하고 동료들의 요청에 보다 빨리 대응해 주는 것이지, 자리를 지키고만 있는 것은 아닐 테지요. 정시 퇴근을 하는 구성원에게 리더가 원한 것도 마찬가지입니다. 정시 퇴근을 하지 말라는 게 아니라, 자기 일만 챙기지 말고 바쁜 동료들의 일에도 관심을 보이며 일해주면 좋겠다는 것이겠지요.

앞서 나온 표의 사례를 통해서, 이 스킬을 어떻게 적용할 수 있는지 살펴볼까요? 회의에서 보인 구성원의 긍정적인 행동과 그 영향에 대해 말한 후에, 리더는 어떤 요청을 할 수 있을까요? 조직의 상황, 구성원의 위치와 업무 상황, 그리고 리더가 기대하는 바에 따라서 여러 가지 요청이 가능합니다. 다음은 몇 가지 예시입니다.

구체적 사실이나 행동 말하기	그 영향 말하기	리더가 원하는 행동 요청하기(기대 전달)
아까 회의 때 다들 바빠서 어렵다고 했는데, 우선순위를 바꿔주면 동민(지안) 씨가 한번 해보겠다고 말했지?	동민(지안) 씨가 대안을 제시하는 모습을 보여주니까, 그때부터 해결안을 모색하는 쪽으로 회의 분위기가 달라졌어.	

※ 요즘 다들 힘들어서 뭘 해보자는 분위기가 아니었잖아. 그런데 동민 씨 덕분에 분위기가 전환됐어. 신입사원인 동민 씨가 그렇게 말하니까 선배들이 더 많이 영향을 받더라고. 앞으로도 회의 중에 그런 발언 많이 기대할게.

※ 나도 일하느라 정신이 없어서 우선순위 조정을 해줄 생각까진 못했는데, 아차 했지 뭐야. 꼭 회의할 때가 아니더라도 언제든 찾아와서 필요한 이야기를 해주면 좋겠어.

※ 지안 씨가 외근으로 회의에 불참할 때가 있었잖아. 그런데 허리 역할을 해주는 지안 씨가 있으니까, 회의 내용도 분위기도 더 충실해지더군. 때로는 리더의 말보다 선배의 말이 더 영향력이 있는 것도 같고. 앞으로 일정을 잘 조정해서 팀 회의에는 꼭 참석해 주면 좋겠어.

어쩌면 그 구성원은 무심코 한번 말해본 것인지도 모릅니다. 하지만 자기의 발언이 도움이 되었음을 알고 리더가 기대하는 바를 듣는다면 어떻게 될까요? 그 구성원은 한 번의 에피소드에 그치지 않고,

자신의 행동을 반복하고 리더의 기대를 충족시키는 방향으로 나아갈 가능성이 커집니다.

이번에는 다른 사례로, 교정적 피드백의 경우도 살펴볼까요? 긍정적 피드백의 경우와 마찬가지로 조직의 상황, 구성원의 위치와 업무 상황, 그리고 리더의 기대에 따라서 여러 가지 요청이 가능합니다.

구체적 사실이나 행동 말하기	그 영향 말하기	리더가 원하는 행동 요청하기(기대 전달)
오전에 우리 아이디어 회의할 때 말이야. 팀원들이 의견을 낼 때마다, 지안 씨가 그 의견의 문제점을 구체적으로 언급해 줬잖아?	그런 일이 계속되니까 사람들, 특히 신입사원들이 말할 때 많이 조심스러워하더라고. 여러 의견을 자유롭게 나누는 시간이 되었으면 했는데, 회의 분위기가 좀 경직되더라.	

※ 문제점과 핵심을 잘 포착하는 건 지안 씨 강점이야. 우리가 업무 토론을 할 때 특히 도움이 되고 있지. 그런데 오늘처럼 아이디어 촉진과 공유가 중요할 때는, 문제점을 말해주기보다 "~한 의견이지요?"라고 그 사람이 말하고 싶어 하는 핵심을 포착해서 반응해 주면 어떨까?

※ 사실 지안 씨 이야기 자체는 생각해 볼 만한 것들이었어. 다들 끄덕끄덕하는 거 봤

지? 다만 그런 이야기를 할 때 지안 씨 언성이 많이 높아지고 표정이 딱딱해지거든. 그래서 답답하고 화내는 것처럼 들리기도 해. 언성을 좀 낮춰서 이야기해 볼 수 있겠어?

※ 그 프로젝트를 주도해야 해서 고민이 많았던 지안 씨에게 오늘 아이디어들은 많이 답답해 보였을 거야. 후배들한테 잊어버리지 않고 바로바로 말해주고 싶은 것들도 보여서 참고 있기 어려웠을 것 같기도 하고. 그럴 때는 바로 말하기보다 메모를 해두면 어떨까?

⑥ 구성원의 반응과 이해를 확인하기

리더는 피드백에 대한 구성원의 반응과 이해를 확인해야 합니다. 2~3초에 끝나는 일상적이고 가벼운 피드백이든, 20~30분이 걸리는 중요한 보고서 피드백이든, 60분 이상이 필요한 피드백 면담이든, 리더가 놓치지 않아야 할 것이 바로 피드백에 대한 구성원의 반응과 이해를 확인하는 일입니다. 피드백하는 가운데 나타나는 구성원의 언어와 비언어를 관찰하기, 구체적으로 질문해 보기, 듣고 반응하기 등의 방법을 사용할 수 있습니다.

구성원의 반응과 이해를 확인하는 일은 두 가지 이유에서 중요합니다. 하나는, 리더의 피드백이 제대로 공유되었는지의 여부를 파악하기 위해서입니다. 리더는 진심으로 칭찬했는데 구성원의 반응이 밝지 않을 수 있습니다. 또 리더 나름대로 심각한 조언을 했는데도 별다른 이야기 없이 "네, 알겠습니다"라고 말하는 경우도 있지요. 위

낙에 표정의 변화가 적고 과묵한 사람이 아니라면, 리더의 피드백을 온전히 수용하지 못했다는 신호입니다.

이때 리더는 먼저 자신의 피드백을 짚어보아야 합니다. 피드백 내용이나 방식에 아무런 문제가 없었을까요? 평소에 그런 피드백을 해준 적이 없어서, 구성원이 의아해하고 있는 건 아닐까요? 전자라면 오해가 없도록 다시 한번 피드백을 해주는 것이 좋겠지요. 후자라면 조급해할 일이 아닙니다. 리더에 대한 구성원의 관점이 달라질 때까지, 조금 시간이 필요할 뿐입니다.

만약 리더의 피드백에 문제가 없다면, 구성원에게 리더가 모르는 고민이나 어려움이 있을 가능성이 큽니다. 그럴 때 리더는 "잠깐 시간 괜찮아?" 하고 확인한 후 자리를 옮겨 차 한잔하며 "오늘따라 얼굴이 좀 어둡네. 무슨 일 있어?"라는 식으로 직접 이야기를 나눠보거나, 구성원이 일하는 모습을 며칠간 좀 더 주의를 기울여 관찰해볼 필요가 있습니다.

구성원의 반응과 이해를 확인하는 일이 중요한 두 번째 이유는, 리더의 관점에서 일방적으로 말하지 않고 피드백 사안과 관련된 구성원의 상황과 관점을 확인하며 이야기하기 위해서입니다. 여태까지 리더가 본 사실이나 행동이 전부가 아닐 수 있습니다. 그 사실이나 행동이 미치는 영향에 대해서도, 구성원은 리더와 다른 생각을 가질 수 있고요. 따라서 확인하는 과정이 꼭 필요합니다. 리더가 주목하는 행동과 그 행동의 영향에 대한 관점에 구성원이 동의하지 않는다면, 그에 기반한 행동 변화를 기대하기란 어렵습니다.

구성원의 반응과 이해를 확인하는 과정이 들어가면, 실제 피드백은 아래 A가 아니라 B 또는 C와 같이 구성됩니다.

A

① 구체적 사실이나 행동 말하기	② 구체적 사실이나 행동의 영향 말하기	③ 리더가 원하는 행동 요청하기(기대 전달)

B

① 구체적 사실이나 행동 말하기	② 구체적 사실이나 행동의 영향 말하기	③ 리더가 원하는 행동 요청하기 (기대 전달)	구성원의 반응과 이해를 확인하기

C

① 구체적 사실이나 행동 말하기	구성원의 반응과 이해를 확인하기	② 구체적 사실이나 행동의 영향 말하기	구성원의 반응과 이해를 확인하기
③ 리더가 원하는 행동 요청하기 (기대 전달)	구성원의 반응과 이해를 확인하기		

여기서 중요한 것은 공유하는 피드백입니다. 즉 피드백의 내용을 구성할 때 핵심이 되는 '사실이나 행동 말하기', '그 영향 말하기', '원하는 행동 요청하기'의 세 가지 스킬을 쓰면서, 자기 생각 속에서 독주하지 않고 주고받으며 공유하는 피드백을 하는 것이지요. 내가 본 사실을 말하되 놓친 것은 없는지 확인하고, 내가 생각하는 영향을 말하되 상대방도 그렇게 보는지 확인하며, 내가 원하는 바를 요청하되 상대에게 그것을 이행할 의향이 있는지 확인하는 것입니다.

'구성원의 반응과 이해를 확인하기'의 스킬을 잘 사용하면, 양방향 커뮤니케이션에서 효과적인 공유가 일어납니다. 그리하여 굳이 리더가 흐름을 주도하지 않아도 자연스럽게 사실 확인에서 그 영향의 검토로, 영향 검토를 통해서 더 나은 대안 행동을 모색하는 단계로 넘어가게 되지요.

구성원의 반응과 이해를 확인하기 위해서, 리더는 대화에서 빠른 것이 꼭 효과적이지는 않음을 알고 속도를 조절해야 합니다. 리더의 완결된 메시지를 듣고 나면 구성원들은 '아, 저렇게 생각하는구나. 내가 말한다고 뭐가 달라지겠어?' 하는 생각에 "네, 알겠습니다"라고 대답하며 그 자리를 피하기가 쉬우니까요.

또 리더는 구성원에게 온전히 주의를 기울여 그의 언어와 비언어를 섬세하게 감지할 수 있어야 합니다. 그래야 구성원이 뭔가 말하고 싶어 하는 기운을 감지하고, 말할 때와 들을 때를 조율할 수 있겠지요. 그리고 구성원이 별말을 하지 않아도 수긍하지 못하는 표정을 보이면, 다음 단계로 넘어가기 전에 "자네 생각은 어때?"라고 물어볼 수 있습니다.

⑦ 초점을 잃지 않기

건강한 피드백은 초점을 유지합니다. 프로젝트를 성공적으로 마친 구성원을 칭찬하다가, 관련된 다른 주제로 이야기가 번져버리면 칭찬과 인정의 빛이 바랩니다. 중요한 것들은 우리의 주의를 끌어당기기 마련이지요. 리더가 자기를 칭찬하다가 다른 이야기로 금방 주의를 돌리면, 구성원은 당연히 리더가 자신의 성과를 그리 중요하게 여기지 않는다고 믿게 됩니다.

피드백의 초점을 잃지 않는 것은 교정적 피드백에서 특히 중요합니다. "내가 이 말까지는 안 하려고 했는데 말이야", "이왕 말이 나왔으니까 하는 말인데", "내가 이번 일만 갖고 이렇게 생각하는 게 아니야"라며 그동안 첩첩이 쌓아놓았던 불만을 다 늘어놓는 것은 피드백에서 가장 피해야 할 일 가운데 하나입니다. 구성원이 리더의 조언을 잘 받아들이지 않고, 리더에게 다른 설득의 방안도 떠오르지 않으며, 리더의 마음에 평정심이 깨질 때 그런 일이 의외로 자주 벌어지지요.

참고 넘겼던 일들을 다 꺼내놓고 싶은 마음이 일어날 때, 리더는 그 마음을 알아차려야 합니다. 이번 대화에서 구성원을 이길 수 있는 정보를 총동원하고 싶은 마음을 알아차리고 '내가 이 피드백을 왜 해주려고 했지?'라며 초심을 기억해야 하지요. 그리고 말하기를 멈춘 채 작심하고 듣거나, 들을 수 있는 상태가 아니라면 마음이 안정될 때까지 시간을 갖는 것이 좋습니다.

타이밍을 놓친 피드백, 굳이 꺼내지 않는 편이 좋을 부가적인 정보는 오히려 피드백에 장애가 되고 관계마저 악화시킵니다. '뭐야, 난 기억도 안 나는 일인데? 그걸 마음에 담아두고 있었구나', '저걸 다 기록해 뒀단 말이야? 그렇게 중요하면 왜 이때까지 말해주지 않은 거야?', '그동안 저런 생각으로 나를 보고 있었나?'라는 생각이 든다면, 리더의 진정성에 의문을 갖기 쉽습니다. 그리고 구성원이 리더의 메시지를 공유하고 기억하고 실행하기에도, 한 번에 한 가지 사안을 다루는 편이 훨씬 더 효과적입니다.

⑧ 건강하게 주장하기

상대방의 이야기는 잘 들어주면서 정작 자기 관점은 분명하게 표현하지 않는 리더들이 있습니다. 경청의 중요성을 아는 리더가 자주 빠지는 함정이기도 하지요. '내 생각이 꼭 정답은 아닌데'라는 생각에 말하기를 주저하는 리더도 있고, 구성원의 눈치를 보느라 리더로서 응당 해야 하는 말을 하지 못하는 리더도 있습니다. 젊은 구성원들에게 '꼰대' 소리를 듣고 싶지 않은 리더들이 하고 싶은 말을 못 하기도 하지요.

어떤 이유가 되었든, 피드백에는 리더의 자기주장도 필요합니다. 경청만으로는 메시지의 상호 공유가 잘 이루어지지 않습니다. 갈등이 생길까 염려하여 반드시 해야 할 말을 하지 않는 것은 구성원에 대한 배려가 아닙니다. 리더의 자기 보호를 위한 회피 행동일 따름이지요.

'건강하게 주장하기'는 상대방을 존중하는 가운데 자기 생각을 명확하게 표현하는 것입니다. 리더가 자기 생각을 건강하게 주장하기 위해서는, 무엇보다 구성원에 대한 통제 욕구를 내려놓아야 합니다. 상대의 관점을 평가하거나 비난하지 않고, 자기 생각을 표현할 수 있어야 하지요. 피드백 사안과 관련하여 어떻게 느끼고 있는지 자기의 감정을 표현하는 것도 도움이 됩니다. 당연히 리더의 생각과 구성원의 생각은 서로 부딪힐 수 있습니다. 그러니 한 명의 승자와 한 명의 패자가 나오거나 적당한 타협에서 마무리되는 것이 아니라, 리더와 구성원 모두를 위한 더 나은 해법이 나올 수 있다는 믿음도 필요합니다.

다음의 표는 건강한 주장성에 도움이 되는 언어와 도움이 되지 않는 언어의 일부 예시들입니다. 리더가 자기 생각을 명확하게 표현해 주면, 구성원은 리더가 중요하게 여기는 바를 추론하지 않고 더 분명하게 이해할 수 있습니다. 변화를 강요하는 것이 아니라, 더 바람직한 방향으로 구성원의 성장을 도우려는 리더의 의도를 알아차리게 됩니다. 그리하여 자기방어의 벽을 낮추고 리더의 메시지에 귀를 기울이게 되지요. 상대를 평가하거나 비난하지 않고 자기 관점을 건강하게 전달하기. 그러한 리더의 표현 방식은 구성원에게 모범이 되어, 더 건강하고 생산적인 커뮤니케이션을 할 수 있습니다.

건강한 주장성의 요소	도움이 되는 언어	도움이 되지 않는 언어
구성원에 대한 내 안의 통제 욕구를 내려놓기	(내면 언어) – 리더는 구성원을 돕는 사람이다. – 내 뜻대로만 한다면, 조직은 내 수준을 넘어설 수 없다. – 통제는 주도성을 해친다.	(내면 언어) – 리더는 구성원을 제압할 수 있어야 해. – 내가 옳다고! – 구성원은 나의 의견을 따르는 게 당연하다. 내가 리더니까!
구성원의 관점을 평가하거나 비난하지 않고 나의 관점을 말하기	– 내 생각은 ~야. – 내가 그렇게 보는 이유는 ~이다. – 내가 이번 일에서 중요하게 생각하는 점은 ~거든.	– 그건 아니지! – 지안 씨는 절반밖에 못 보는군. – 그러니까 지안 씨가 아직 ~한 거야. – 지안 씨는 항상 A만 생각하는구나!

내 마음을 표현하기	– 이 말을 해줘야 하나 고민을 좀 했지. – 나도 사실 지안 씨처럼 아무것도 안 하고 싶을 때가 있어. – 그렇게 말해주니 정말 고맙다.	– 마음을 표현하지 않음: 마음을 표현하기 어려워함. 특히 감정 노출은 공적인 자리에서 부적절하거나 취약하게 보인다고 여김.
'나'의 생각과 '너'의 생각을 넘어, 더 나은 '우리'의 해법에 도달할 수 있다는 믿음 갖기	– 함께 논의한다면 더 나은 해법이 나올 수 있다. – 나와 너의 생각에서 서로 일치하는 부분은 무엇인가? – 우리가 이 일을 통해 얻고자 하는 것이 무엇인가?	– 서로 다른 두 사람의 생각을 어떻게 일치시킬 수 있나. – 한 사람이 양보하거나, 중간에서 타협하는 수밖에 없다. – 답은 하나야!
강요하지 않고 요청하기	– 이렇게 해보면 어때? – ~해줄 수 있겠어? – ~해주면 좋겠어.	– 그렇게 하지 마! – 그렇게 해. – 선택은 지안 씨 몫이지. 하지만 A를 하겠다면 도와줄 수 없어.

⑨ 해법을 제공하기보다 함께 찾기

리더가 구성원에게 원하는 바를 바로 요청하기보다, 해법이나 대안 행동을 함께 찾는 것이 더 바람직할 때가 있습니다. 다음과 같은 세 가지 경우입니다.

첫째, 리더도 구체적인 해법이나 대안이 될 만한 행동을 아직 찾지 못했을 때입니다. 사안이 중요하다면, 완벽한 해법을 찾을 때까지 급한 피드백을 마냥 보류하고 있을 수만은 없을 테지요. 그럴 때는 구성원이 진행한 일이나 구성원의 행동 및 그 영향에 대한 리더의 현재 관점을 공유하며, 함께 해법을 찾는 것이 최선이 될 수 있습니다.

둘째, 리더가 해법이나 대안 행동을 제시하였으나 구성원이 기꺼이 동의하지 않을 때입니다. 그런 경우에는 "그럼 지안 씨 생각에는 어떻게 하면 좋겠어?"라고 질문하며 같이 해법을 찾아야 합니다. 리더가 생각하는 최선보다 구성원이 기꺼이 동의하는 차선이 더 훌륭한 해결안이 될 때가 많답니다.

셋째, 리더가 답을 갖고 있더라도, 구성원 육성 차원에서 구성원과 함께 해답을 모색해 보는 것이 유익할 때가 있습니다. 가령 구성원이 보고서에 몇 가지 대안을 담아 리더에게 의사 결정을 요청한다고 해봅시다. 이때는 리더가 생각하는 답을 곧바로 주기보다, 피드백을 통해 무엇이 최선인지 함께 검토하며 답을 찾아보는 것이 좋습니다. 구성원의 관점을 넓히고, 자기 업무에 대한 책임성과 주도성을 높이는 데 훨씬 효과적이기 때문이지요.

⑩ 구성원의 모든 반응에 감사하기

리더와 구성원의 관계는 짧게는 수개월, 길게는 십수 년 이상 계속됩니다. 그렇기에 리더의 피드백은 오디션 심사위원이 참가자에게 짤막하게 던지고 마는 피드백과는 다릅니다. 한 번의 이벤트로 끝나지 않고 다음 피드백에 영향을 미치지요.

피드백 대화를 하며 리더는 구성원에 대해 많은 정보를 얻게 됩니다. 타인의 피드백을 듣고 반응하는 방식은 그 사람의 격을 보여주지요. 그 못지않게 구성원 또한 피드백 대화를 통해 리더에 대한 정보를 갖게 됩니다. 리더가 어떤 방식으로 말하고 듣는 사람인지, 무엇에 주목하는지, 조직과 일과 사람을 어떻게 바라보는지, 문제를 어떻게 풀어가는지, 스트레스를 어떻게 다루는지, 자기와 무엇이 같고 다른지, 자기를 어떻게 바라보는지, 자기에게 진정으로 도움을 주고자 하는지 등을 리더의 말과 눈빛을 통해 느끼게 되지요. 그때 받는 인상은 반복되는 피드백 속에서 강화되며, 한 번의 피드백에서 생긴 결과물보다 더 크고 더 오래 구성원에게 영향을 미칩니다.

리더 또한 수많은 생각과 감정이 오르내리는 사람이므로, 피드백 대화의 모든 과정에서 일어나는 자기 반응을 온전히 다스릴 수는 없습니다. 그렇기에 대화의 모든 순간이 좋을 수는 없으나, 다행히 그 모든 순간을 의미 있게 만드는 방법은 있습니다. 바로 대화의 끝맺음을 잘하는 것이지요. 그 구체적인 방법은 감사로 마무리하는 것입니다.

피드백에 대한 구성원의 긍정적인 반응에만 감사하는 것이 아닙니다. 감사하기의 대상은 구성원의 모든 반응을 포함합니다. 그런 '감사'에는 어떤 것들이 있을까요? 아래 내용은 감사하기를 실천하는 리더들이 발견하는 것들입니다.

※ 시간을 내준 것에 감사

※ 나의 말을 경청해 준 것에 감사

※ 나의 관점을 이해해 준 것에 감사

※ 나의 요청을 기꺼이 수용해 준 것에 감사

※ 행동의 변화를 보여준 것에 감사

※ 자기 상황과 관점을 나에게 이해시키기 위해 노력해 주어서 감사

※ 자기 고민과 불만을 솔직하게 표현해 준 것에 감사

※ 내가 심각하게 여기지 않았던 팀의 이슈에 주목하게 해주어서 감사

※ 내 주장에 반론을 제기하여 새로운 시각으로 나를 자극해 주어서 감사

※ 내가 어떤 단어나 태도에 화가 나는지 알게 해주어서 감사

※ 그간 단답형 답변만 했었는데 말문을 열어준 것에 감사

※ 사람에 대한 내 이해를 넓혀준 것에 감사

※ 리더로서 내가 더 해야 할 역할이나 개발해야 할 역량이 무엇인지 알게 해주어서 감사

※ 다음 피드백에서 어떻게 달리 해야 할지 알게 해주어서 감사

※ 바쁜 와중에도 구성원에게 주의를 기울이고 있는 나에게 감사

※ 아직 뜻대로 잘 되진 않지만 조금씩 피드백 스킬에 변화가 보이는 것에 감사

　어떨 때는 구성원에게 감사하는 마음을 직접 표현해 주는 것이 좋습니다. 또 어떨 때는 리더 스스로 피드백을 돌아보고 정리하는 시간 동안, 감사의 마음을 음미해 보는 것이 도움이 됩니다. 감사하는 마음이 자연스럽게 일어나지 않을 수도 있겠지요. 그럴 때는 '이 시간을 통해 내가 무엇을 경험하고, 얻고, 배웠는가?' 하고 스스로 질문하며 의도적으로 찾아보아도 좋습니다.

　감사하기는 어떤 상황에서도 높은 수준의 긍정 에너지를 일으킵니다. 삶이 다양한 형태로 보내주는 선물들을 놓치지 않고 알아차리며, 더 깊은 에너지로 깨어나게 하지요. 신비롭게도 그 에너지는 마음으로 전달되어, 구성원이 더 큰 신뢰와 기대로 다음 피드백에 마음을 열고 참여할 수 있게 합니다.

1. 2장을 읽으며 떠오른 생각이나 기억하고 싶은 메시지는 무엇인가요?

2. 건강한 피드백의 기본 요소, 마인드셋, 스킬과 관련하여 나의 현재 수준을 점검해 봅시다.

구분	No	항목	현재 수준
건강한 피드백의 기본 요소	1	삶과 일에 대한 가치나 태도가 아니라 '행동'에 초점을 두어야 한다.	상 중 하
	2	리더의 주관적 견해나 개인적 선호에 치우치지 않고 '객관적'이어야 한다.	상 중 하
	3	일방적으로 강요하거나 설득하는 것이 아니라 구성원과 '공유'해야 한다.	상 중 하
건강한 피드백을 위한 마인드셋	1	피드백은 시간이 날 때 하는 것이 아니라 시간을 내서 해야 한다.	상 중 하
	2	피드백은 잘못한 일보다 잘한 일에 더 많이 해야 한다.	상 중 하
	3	피드백은 구성원을 돕고자 하는 마음으로 해야 한다.	상 중 하
	4	피드백은 구성원을 비춰주는 거울이다.	상 중 하

건강한 피드백을 위한 열 가지 스킬	1	최적의 타이밍에 하기	상	중	하
	2	구성원이 안전감을 느끼며 집중할 수 있는 공간에서 하기	상	중	하
	3	구체적 사실이나 행동을 먼저 공유하고 확인하기	상	중	하
	4	그 사실이나 행동이 미치는 영향을 말하기	상	중	하
	5	원하지 않는 행동을 말하는 대신 원하는 행동을 요청하기	상	중	하
	6	구성원의 반응과 이해를 확인하기	상	중	하
	7	초점을 잃지 않기	상	중	하
	8	건강하게 주장하기	상	중	하
	9	해법을 제공하기보다 함께 찾기	상	중	하
	10	구성원의 모든 반응에 감사하기	상	중	하

3. 위의 항목에서 가장 먼저 실천해 보고 싶은 것은 무엇인가요?

일터의 일상을 바꾸는
스몰 피드백

'리더의 피드백에는 이런 의미가 있구나', '이미 내가 잘하는 것에 몇 가지만 보완한다면, 나에게도 구성원들에게도 더 유익한 피드백을 할 수 있겠는걸!', '내 피드백을 한번 바꿔볼까?' 앞의 내용을 읽으며 이런 마음이 일어나고 있나요? 이번 3장은 이러한 마음에 다다른 리더가 자신의 일터에서 지금 바로, 건강한 피드백을 시작할 수 있도록 돕기 위한 장입니다.

스킬 하나를 온전히 자기 안에 녹여 자연스럽게 사용하려면, 적용과 성찰의 시간이 필요합니다. 그 시간을 잘 관리하지 못하면, 쉽사리 초심을 잃고 피로감을 느끼며 과거 상태로 돌아가게 되지요. 몸과 마음에 아직 배어들지 않아서, 의식적으로 기억하고 실행하기까지 에너지가 많이 들어가기 때문입니다. 심지어 원래 상태로 돌아가는 것이 아니라, 해내지 못했다는 마음이 더해져서 새로운 것을 배우고 시도하기를 회피할 수도 있습니다. 이전보다 더 나쁜 상태가 되는 셈이지요. 자기가 바라는 미래가 눈에 보여도, 심지어 해결해야 하는 과제를 앞에 두고도 '아, 뭐, 지금도 나쁘지 않잖아? 해봐야 별 소용도 없을 거야'라며 스스로 합리화하게 됩니다. 익숙한 현재가 주는 편안함에 머무는 것이지요.

다른 스킬과 마찬가지로, 피드백 스킬 또한 내재화하는 과정에서 다음 네 가지가 도움이 됩니다. 첫째, 배운 것을 부분적이나마 매일 적용해 보는 것입니다. 매일 하는 훈련은 초심을 기억하게 하여 실행동기를 유지하는 데 도움을 주지요. 둘째, 유의미하고 시도하기 쉬운 것에서 일단 시작하여 '아, 이게 되는구나!' 하고 작지만 뿌듯한 성공의 경험을 갖는 것입니다. 셋째, 즐거움을 느끼면서 하는 것입니다. 즐길 수 없는 일을 오래 지속하기란 어렵고, 억지로 계속한다고 해도 그러한 방식은 도움이 되지 않습니다. 자기 안의 최선을 끌어내기 어렵고, 지금 이곳에서의 경험을 충만하게 누릴 수 없으니까요. 넷째, 내재화 과정은 수개월 이상이 걸리므로 조금씩 나아지고 있음을 확인할 수 있어야 합니다. 다이어터가 체중계 눈금을 확인하듯, 바람직한 결과를 직접 눈으로 볼 수 있을 때 계속하고 싶은 마음이 커집니다.

리더가 이 네 가지 요소를 적용하여, 피드백 스킬을 자기 몸과 마음에 장착하는 가장 효과적인 방법이 있습니다. 이미 일터에서 발생하고 있는 구성원들과의 의미 있는 접촉 장면을 찾고, 그곳에서 스몰 피드백부터 실행해 보는 것이지요. 이는 시행착오를 줄이며 피드백 스킬을 효과적으로 체화하는 방법인 동시에, 작은 시도만으로 일터의 에너지를 끌어올리는 방법이기도 합니다.

3장은 앞에서 다룬 건강한 피드백에 필요한 리더의 마인드셋과 스킬을 체화하기 위해 마련했습니다. 구성원들과의 관계에서 의미 있는 접촉 지점 찾기, 바로 적용할 수 있는 스몰 피드백 스킬 이해하기, 그리고 매일 발생하는 일터의 일상적 커뮤니케이션 장면에 스몰 피드백을 적용하는 방법을 살펴보도록 하겠습니다.

구성원들과의 의미 있는 접촉 장면

본격적인 내용으로 들어가기 전에 잠시 시간을 내어, 구성원들과의 의미 있는 접촉 장면을 찾아볼까요? 당신의 하루를 한번 떠올려 봅니다. 출근부터 퇴근까지 일터에서의 하루 동안, 언제 어디에서 어떻게 얼마나 구성원들과 접히고 있나요? 출퇴근길 주차장, 엘리베이터 안, 사무실, 당신의 자리, 휴게실, 회의실로 이동하는 복도, 회의실, 식당, 흡연 공간, 출장지로 가는 자동차 안, 화상회의실 등의 여러 장소가 떠오를 것입니다. 또 티타임, 업무 지시 및 보고, 회의, SNS, 이메일, 회식, 면담, 워크숍, 교육 등의 다양한 상황들도 머릿속에 그려질 테고요.

그 가운데 당신과 구성원 모두에게 의미가 있고, 매일 혹은 적어도 매주 반복적으로 커뮤니케이션이 일어나는 장면들을 두세 개 찾아보도록 합니다. 조직 환경 및 문화, 맡은 업무, 리더인 당신의 가치관과 커뮤니케이션 방식 등에 따라, 서로 다른 장면들이 떠오를 겁니다.

대다수 구성원이 외근 때문에 자리를 지키지 않는 영업팀이라면, 업무를 시작하기 전에 함께 모이는 티타임이나 주간 미팅, 정기적으로 성과를 공유하고 피드백하는 회의 등이 다른 조직보다 더 중요하겠지요. 업무 지시 및 보고 시간은 어느 조직에서나 중요하지만, 새로운 일들이 수시로 발생하는 조직이라면 더 의미가 있을 테고요. 여러 팀에서 모인 구성원들로 신설된 팀이라면, 팀의 정체성을 만들어 가기 위한 회의와 상호 소통의 시간이 무엇보다 중요할 것입니다. 각자의 연구 목표와 주제는 명확하나, 원팀으로서의 응집력과 지속적인 기술 역량 강화가 필요한 연구 조직이라면 어떨까요? 일주일에 한 번 실시하는 정기적인 기술 공유 세미나와 같은 시간이 중요한 접촉 장면이 되겠지요.

자, 두세 개의 장면을 찾았나요? 중요도가 다소 떨어지더라도, 매일 발생하는 커뮤니케이션 장면을 하나 이상 포함하도록 합니다. 매일매일 실천해 보며 피드백 근육을 만들어야 하니까요. 이제 찾아낸 장면별로 현재의 모습을 떠올려 봅니다. 서로 마주할 때 사람들 사이의 거리, 표정, 눈빛, 어조, 오가는 대화의 빈도와 밀도, 웃음소리, 그 공간에서 느껴지는 기운을 관객이 영화를 관람하듯 그려보세요. 그곳에서 리더인 당신이 주로 경험하는 감정, 자주 떠올리는 생각, 실제로 하는 행동, 말하고 듣는 모습도 그려봅니다. 어떤 온도, 어떤 빛깔, 어떤 에너지가 느껴지나요? 만약 현재 모습이 머릿속에 잘 떠오르지 않는다면, 일주일쯤 시간을 갖고 주의 깊게 구성원들과의 접촉 장면들을 관찰해도 좋습니다. 그간 미처 보지 못했던 것들이 눈에 들어올 겁니다.

이제 그 장면들에서 스몰 피드백을 시작해 봅니다. 너무 거창하게 시작할 필요는 없습니다. 그동안 수차례 조언을 해주었음에도 별 성과가 없었을뿐더러 관계마저 소원해진 구성원과 작심하고 피드백을 위한 자리를 따로 만들겠다거나, 이번 주 안에 모든 구성원과 피드백 면담을 끝내버리고 말겠다는 야심 찬 계획일랑 잠시 옆에 접어놓으세요. 가벼운 반응부터 시도해 봅니다. 당신은 이미 어려운 피드백 상황을 다룰 수 있는 역량을 갖추고 있다고요? 그렇다 해도 작지만 강력한 스몰 피드백으로 당신의 피드백 근육을 더욱 섬세하게 다지고, 매일의 일터에서 구성원들의 에너지를 높이는 방법을 알고 싶지 않은가요? 그렇다면 3장과, 이어지는 4, 5장의 내용을 찬찬히 살펴보시기 바랍니다.

일터의 일상에 적용하는 스몰 피드백

    지금부터 소개하는 스몰 피드백은 가볍고 짧은 피드백입니다. 스몰토크는 대화의 윤활유 역할을 하고, 더 깊은 대화로 들어가는 입구가 되며, 때로는 그것만으로도 충분히 즐거운 대화가 됩니다. 마찬가지로, 스몰 피드백은 상대방의 참여와 이야기를 이끌어 내어 대화를 촉진하고, 관계를 구축하며, 그 자체로 의미 있는 피드백이 되기도 합니다. 깊고 무겁게 들어가지 않고 공기처럼 가볍게 터치하는 마음으로 주고받는 피드백이라, 하는 사람도 받는 사람도 부담 없이 나눌 수 있지요. 하지만 그 효과는 쏟은 시간과 에너지 이상으로 크답니다. 작은 꽃망울이 만개한 꽃송이의 모든 부위를 품고 있듯, 건강한 스몰 피드백은 앞서 살펴본 건강한 피드백의 특성들을 다 담고 있습니다.

    일터의 주요 접촉 장면에서, 리더가 크게 힘들이지 않고도 수시로 실행해 볼 수 있는 스몰 피드백 스킬은 다음 세 가지입니다. 그 의미와 방법을 하나씩 살펴볼까요?

① 주요 단어, 문장, 비언어 반사하기

② 이야기 요약하기

③ 상대방의 이야기가 나에게 일으킨 생각이나 감정을 표현하기

스몰 피드백의 세 가지 스킬

① 주요 단어, 문장, 비언어 반사하기

'주요 단어, 문장, 비언어 반사하기'는 구성원이 말한 내용에서 한 두 단어나 짧은 문장을 그대로 반복해서 말하거나, 구성원의 비언어를 비춰주는 것입니다. 리더의 해석이나 새로운 정보를 추가할 필요 없이 그저 거울처럼 반사해 주면 됩니다. 특히 다음과 같은 상황에서 유용하지요.

* 상대방과 끊어짐 없이 자연스럽게 대화를 이어가고 싶을 때

* 그다지 관심이 가는 주제는 아니지만 대화를 끊고 싶지 않을 때

* 상대방의 말에 동의할 순 없지만, 동의하지 않는다고 말하기가 적절하지 않을 때

* 상대방의 말에 응답할 만한 적절한 표현이 떠오르지 않을 때

* 좀 더 들으면서 상대방의 메시지를 명확히 이해하고 싶을 때

* 상대방의 이야기를 더 깊이 듣고 싶을 때

위와 같은 상황에서 반사하기를 하면, 말하는 사람은 상대방이 자기 이야기를 경청하고 있음을 알고 좀 더 편안한 마음으로 이야기를 계속할 수 있습니다. 듣는 사람은 반사하기를 통해 말하는 이의 의도와 내용을 더 명확하게 파악한 다음 더욱 적절하게 응답할 수 있지요.

어느 월요일, 휴게실에서 마주친 리더와 민우 씨의 대화를 살펴볼까요? 리더가 어떻게 반사하기를 사용하는지 주목하며 읽어보세요.

리더: 주말 잘 쉬었어?

민우: 못 쉬었어요! 부모님이 농사 좀 도우라고 또 호출하셨지 뭐예요.

리더: 부모님이 또 호출을 하셨어?

민우: 네, 저희 집이랑 30분 거리라 가까워서 그런지 수시로 부르시네요.

리더: 부모님 댁이랑 30분 거리야?

민우: 네. 두 분 연세도 있고 제가 외동이라 멀리 살면 마음이 편치 않아서요.

리더: 민우 씨가 외동이구나?

민우: 네, 팀장님은 외동 아니시지요?

리더: 내가 외동이 아닌 것 같아?

민우: 네. 저희랑 나이 차이도 많지 않은데 늘 잘 챙겨주시잖아요. 어려운 일이 생기면 앞장서 주시고요. 지난주에도 영업 팀장님이 오셔서 한바탕할 때, 저희를 쉴드 쳐주셔서 얼마나 감사했는지 몰라요. (목소리가 촉촉해진다)

리더: 쉴드?

민우: 네, 든든하게 보호해 주셔서 감사했어요. 저희가 그런 이야기를 들을 정도로 영업팀에 잘못한 건 아니었거든요.

리더: 아, 나 칭찬받는 거 쑥스러워하는데! (웃음) 민우 씨가 쉴드 쳐줘서 감사하다고 말하고 목소리까지 촉촉해지는 거 보니까 진심이 느껴져서 고맙네. 사실 미리 보고해 준 덕에 내가 상황을 잘 알고 있었으니까 그렇게 대응할 수 있었지. 아, 물론 사전에 몰랐더라도 난 일단 우리 구성원들을 믿었을 테지만. 앞으로도 지금처럼만 해줘. 나도 우리 팀의 좋은 방패막이가 될게.

'주요 단어, 문장, 비언어 반사하기'가 눈에 잘 들어오나요? 뭐라고 적절히 응답해야 할지 몰라서 그냥 어색하게 침묵하거나 "아, 그래?", "정말?"처럼 '영혼 없이' 하는 말로 들릴 수 있는 단순한 반응을 하거나 "뭐라는 건지 모르겠네. 좀 정확히 말해봐", "근데 나한테 그 이야기를 왜 하는 거야?" 하는 식의 면박을 주는 듯한 표현들과는 다르지요? 마음에 물꼬를 트듯 대화가 막히지 않고 흐르게 하며, 경청하는 모습을 보여주고, 관심이 있음을 느끼게 합니다. 말하는 사람이 강조하는 단어나 문장을 반사하게 되면, 그 대화는 더 원활하게 촉진됩니다. 비언어까지 반사하게 되면 대화가 한 단계 더 깊어지지요. 어느 부분을 반사하느냐에 따라서, 대화를 자연스럽게 다른 흐름으로 이끌 수도 있습니다.

같은 이야기를 듣고도 반사하는 부분을 다르게 할 때, 위에서 본 리더와 민우 씨의 대화 흐름이 어떻게 달라지는지 한번 살펴볼까요?

리더: 민우 씨, 주말 잘 쉬었어?

민우: 못 쉬었어요! 부모님이 농사 좀 도우라고 또 호출하셨지 뭐예요.

리더: 농사 도우라고 호출을 하셨어?

민우: 네, 부모님이 사과 농장을 하시거든요.

리더: 사과 농장을 하셔?

민우: 네. 은퇴하시고 소일거리로 시작하셨는데, 이젠 품종까지 늘려서 제법 수확도 많이 하세요.

리더: 그래서 저번에 식당에서 사과가 나왔을 때, 품종 이야기를 그렇게 맛깔나게 했었구나. 그냥 돕기만 하는 게 아니라, 민우 씨도 사과 농장에 관심이 많은 거 같아.

민우: 그렇게 보이세요? 사실 갈 때는 좀 귀찮긴 한데, 일을 하다 보면 은근히 재미있고 보람도 있어요. (미소를 지으며 눈빛이 반짝인다)

리더: 민우 씨 그 이야기 하는데 지금 눈빛이 반짝이네. 갈 때는 귀찮은데, 뭐가 그렇게 재미있고 보람 있어?

민우: 아직 서툴러서 힘이 들긴 하는데요, 하고 나면 그 결과가 눈에 바로 보이는 게 좋아요. 부모님도 좋아하시고요.

리더: 결과가 눈에 바로 보이는 게 좋구나?

민우: 네, 제가 일할 때 그런 걸 좋아하더라고요.

반사하기를 하며 눈에 띄지 않게 대화를 이끌어 가는 리더의 모습이 보이나요? 불과 1분 남짓의 짤막한 대화인데도, 적지 않은 정보와 관심을 나눌 수 있지요? 시간이 된다면 이 대화에 연이어서 혹은 다음 대화에서, 두 사람 사이에 종래보다 더 편안하고 깊게 이야기를 이어갈 수 있는 마음의 공간이 생겨난 것도 느껴지나요? 작은 반사하기가 일으킨 큰 효과입니다.

반사하기를 효과적으로 하려면, 상대방의 언어와 비언어 모두를 경청해야 합니다. 그리고 대화의 초점을 나에게 맞추는 것이 아니라 상대방에게 두어야 하지요. 대화를 끊지 않고 지속하고자 하는 마음이 있어야 하고, 상대에게서 흘러나오는 이야기들을 궁금해하고 존중하는 마음도 필요합니다.

② 이야기 요약하기

'이야기 요약하기'는 대화를 하면서 상대방이 방금 말한 이야기 전체를 요약하거나, 주요 부분만 요약하는 스킬입니다. 다음과 같은 경우에 사용할 수 있습니다.

※ 상대방의 이야기가 길 때

※ 메시지의 초점을 확인하고자 할 때

※ 상대방의 메시지를 이해했음을 보여주고 싶을 때

요약하기의 스킬 역시 상대방이 자기 이야기를 주의 깊게 듣고 있다고 느끼게 합니다. 메시지가 잘 공유되고 있음을 확인할 수 있고, 리더가 요약해 준 덕분에 명료하지 않았던 자기 머릿속을 정리하는데 도움을 받기도 합니다. 제대로 이해하지 못하고도 별 관심 없이 "아, 그래"라고 건성으로 받아넘기거나 "그래서, 핵심이 뭐야?", "좀 간단히 이야기해 볼래?"라고 다그치듯 말하거나 아니면 곧바로 자기의 의견을 내는 것보다, 대화를 훨씬 더 효과적으로 이어갈 수 있지요. 말하는 사람이 상대방의 존중과 경청하는 자세를 느끼며, 편안한 상태에서 자기 이야기를 좀 더 풀어갈 수 있게끔 마음의 공간을 열어주기 때문입니다.

리더: 민우 씨, 업체 선정 건은 잘 돼가고 있어?
민우: 네, 팀장님. 내일쯤 정리해서 보고드리려고 했는데요. 제안서를 낸

열 곳 중에서 두 곳으로 좁혀봤어요. 선정 기준을 엄밀히 적용하면 A사인데, 이게 제출된 자료만 보고 판단하는 거라 마음에 좀 걸리는 게 있네요. A사가 나무랄 데 없는 제안서를 보냈고, B사 제안서는 눈에 잘 들어오지 않아요. 근데 잘 들여다보면 B사 제안서 내용이 꽤 괜찮단 말이에요. A사보다 규모도 작고 별로 알려진 곳도 아니고 자료도 세련되게 작성하지 못했는데, 왜 그런지 믿고 거래해도 되겠다 싶어요. 작년에 업체 관리에 얼마나 애먹었어요. 그래서 무엇보다 믿을 만한 곳을 선정하는 게 중요한 일 같아요. 이번엔 그리 큰 건 아니니 그냥 제안서 심사만 해서 선정하자고 하셨는데, 짧게라도 담당자 미팅이나 제안서 발표를 해보면 어떨까 싶거든요. 그런데 괜히 간단한 일을 번거롭게 만드나 싶어서, 팀장님께 어떻게 보고할까 고민하던 중이었어요.

리더: 두 업체로 좁혔고, 선정 기준만 놓고 보면 A사다. 하지만 민우 씨가 보기엔 B사가 뭔가 더 믿고 거래할 만하니, 직접 만나보고 결정했으면 좋겠다. 이거지?

위 예시에서는 리더가 이야기의 전체 내용을 요약했군요. 이 예시처럼 전체가 아니라, 리더가 포착한 주요 부분만 요약한다면 또 어떤 방식으로 나타날 수 있을까요?

※ 작년에 업체 관리에 어려움이 많았던지라, 무엇보다 믿을 만한 데를 선정하는 게 중

요하다는 거지. 그래서 제안서로만 평가할 게 아니라 직접 사람들을 만나보고 싶은 거구나?

※ B사가 A사보다 규모도 작고 별로 알려진 곳도 아니며 자료도 세련되게 작성하지 못했는데도, 왜 그런지 믿음이 가는구나?

※ 제안서로만 평가할 게 아니라 담당자 미팅이나 제안서 발표를 해보고 싶은데, 일을 괜히 키우는 건 아닌가 해서 고민 중이로군?

※ 그리 큰 사안이 아니라 해도 제안서 심사만 하는 건 문제가 있다고 보는구나?

이처럼 여러 가지 표현이 가능하겠지요. 간혹 '내가 제대로 핵심을 짚지 못하면 어쩌지?'라고 생각하며 요약하기를 부담스러워하는 경우가 있습니다. 하지만 이해하는 척했다가 나중에 오해가 생기는 것보다, 차라리 약간 오류가 있을지라도 요약하기를 하는 편이 커뮤니케이션에 도움이 됩니다. 리더가 구성원의 메시지를 경청하며 확인하고자 하는 노력을 보여줄 수 있기 때문이지요. 그리고 정확히 요약하지 못했을 때는 "아, 제가 말씀드리고 싶었던 건 제안서 심사만 하는 데 문제가 있다는 게 아니고요, 더 믿을 만한 업체를 놓치고 싶지 않다는 겁니다"라며 구성원이 자기 의사를 좀 더 정확하게 표현할 기회를 갖게 되어, 메시지를 효과적으로 공유하는 데 도움이 됩니다.

③ 상대방의 이야기가 나에게 일으킨
　생각이나 감정을 표현하기

　대화에 온전히 집중해 보면, 언어와 비언어를 통해 우리가 서로에게 얼마나 많은 영향을 미치는지 알 수 있습니다. 그 사실을 알아차릴 때 자기가 하는 말의 내용과 방식에 더 책임감을 느끼고, 좋은 영향을 주고받을 수 있는 건강한 사람과 공간을 바라게 됩니다. 그 바람이 깊어지면, 여러 시행착오 속에서 어느 날 알게 되지요. '내가 먼저 그런 사람이 되어야 하는구나' 하고요. 리더는 구성원과의 대화에서 '상대방의 이야기가 나에게 일으킨 생각이나 감정을 표현하기'를 함으로써, 자신의 일터에서 위와 같은 선순환을 시작할 수 있습니다.

　스몰 피드백의 이 세 번째 스킬은 말 그대로 상대방의 이야기를 듣고 나에게 떠오른 생각이나 감정을 말해주는 것입니다. 리더가 이 스킬을 효과적으로 사용하면, 구성원은 자신이 끼치는 영향을 새삼 알아차릴 수 있습니다. 그리고 좀 더 깨어 있는 의식으로 리더와의 커뮤니케이션에 집중하게 되지요. 다음 세 가지는 이 스킬을 효과적으로 사용하는 방법입니다.

　첫째, 상대방의 이야기 가운데 어느 부분에서 내가 그러한 생각이나 감정을 느꼈는지 먼저 표현합니다. 상대방 이야기의 주제나 특정 단어를 언급하며 "~라고 이야기하니까", "~라는 말을 들으니까"라고 해당 부분을 짚어준 후에, 지금 마음에 떠오르는 이야기를 시작합니다. 상대방의 말이 한두 문장 정도로 짧았다면 "그 이야기를 들으니까"라고만 말해도 되겠지요. 하지만 제법 긴 이야기였다면, 이야기의 주제나 특정 표현을 언급하는 편이 좋습니다. 그리고 짧은 이야기였다 하더라도, 가능하면 상대방의 표현 그대로 언급하는 편이 훨씬 더 효과적이지요. 상대방은 자신의 이야기가 일으킨 반향을 새삼스레 알아차리고, 자기 앞의 사람이 주의를 기울여 경청하고 있음을 알게 될 것입니다. 이어지는 대화에서 그 또한 상대방의 이야기에 자연스럽게 귀를 기울이고 반응하게 될 테고요. 경청과 피드백의 선순환이 일어나는 것이지요.

둘째, 자칫 자기 이야기에 빠져서 상대방 이야기의 흐름을 끊을 수 있으므로, 한두 문장 정도로 짧게 말합니다. 이야기를 이어가지 않아도 괜찮은 상황이라면, 상대방은 자기 이야기를 멈추고 듣기 시작할 것입니다. 그렇지 않다면 하던 이야기를 계속 이어갈 테지요.

민우: 팀장님은 외동 아니시지요?
리더: 왜, 나는 외동이 아닌 것 같아?
민우: 네, 왠지 동생이 두세 명 있는 큰형같이 보여요.
리더: 동생이 두세 명 있는 큰형같이 보인다고 하니…. 내가 사무실에서

팀원들에게 어떤 모습인지 궁금하네.

민우: (아무 말 없이 웃으며, 이어지는 상대의 말이 궁금한 표정이다)

리더: 내가 아직 팀장 1년 차잖아. 민우 씨 이야기 들으니까, 내가 우리 팀원들한테 좋은 형인가 아닌가 하는 생각이 들어서 말이야.

민우: 늘 잘 챙겨주셔서 감사하게 생각하고 있어요. 어제 회의에서도 그러셨고, 어려운 일에도 먼저 앞장서 주시잖아요. 그래서 팀장님 따르는 사람이 많은데, 모르셨어요?

리더: 그렇게 말해주니 고마워. 힘이 나는군. 그리고 어제 회의 이야기가 나왔으니 말인데, 신규자들이 다들 그 일을 정말 그렇게까지 어렵다고 생각하는 거야?

셋째, 일어나는 생각과 감정을 솔직하게 알아차리고 표현하되 상대방에 대한 평가나 비난이 될 만한 공격적 언어는 사용하지 않습니다. 평가나 비난의 언어를 대체할 만한 말이 없다면, 내 생각이나 감정을 표현하기는 잠시 보류합니다. 그리고 '반사하기'나 '요약하기'를 하며 상대방의 이야기를 좀 더 들어보도록 합니다. 대부분의 이야기는 충분히 듣고 보면, 동의할 수는 없을지라도 이해할 수는 있습니다. 게다가 상대가 어째서 그렇게 말했는지 이해하고 나면, 평가하고 비난하는 마음을 내려놓을 수 있게 되지요. 2장에서 건강한 주장성을 다루며 살펴본 '구성원의 관점을 평가하거나 비난하지 않고 나의 관점을 말하기'와 같은 맥락입니다. 아래에 몇 가지 예시들을 살펴볼까요?

평가하거나 비난하기	구성원을 평가하거나 비난하지 않고 내 생각이나 감정을 말하기
지안 씨처럼 말하는 사람은 처음이야!	~라는 이야기는 금시초문이라 좀 놀라운데!
지안 씨는 절반밖에 못 보는구나.	지안 씨가 하는 C 이야기를 듣다가, D 생각이 났어.
지안 씨는 항상 A만 생각하는구나!	협업 문제가 발생할 때, 지안 씨는 A에 대해서 자주 말하는 것 같아.
이게 최선이야? 이렇게밖에 안 돼?	지안 씨는 이게 최선이라고 말하는구나. 하지만 난 지금 지안 씨가 말한 이유를 충분히 이해할 수 없어서 마음이 좀 답답해. 조금 더 구체적으로 이야기해 줄래?
그러니까 지안 씨가 아직 그 수준인 거야.	나는 지안 씨가 그 생각만 고집하면서, 다른 건 해보려고도 하지 않고 그 자리에 머물러 있는 게 안타까워.
그건 아니지!	지안 씨 생각은 ~라는 거지? 나는 지안 씨와 같은 결과를 원하지만, 추진 방식에 대해서는 생각이 달라. 내가 생각하는 방식은 ~야.

지금 그런 게 중요한 건 아니지.	C에 대해 말하는 거야? 나는 지금 D에 계속 초점을 맞춰서 좀 더 이야기를 해보고 싶어.
답답하네, 정말. 가르쳐 준 것도 못 해? 못 하는 거야, 안 하는 거야?	~을 하지 않았다는 거지? 중요한 일이라 사전에 충분히 방법을 알려줬는데, 안 했다니 실망스럽네. 그 이유도 궁금하고. 왜 하지 않은 거야?

 리더에게 중요한 구성원 접촉 장면은 일터마다 다를 수 있습니다. 하지만 어느 일터에서나 일상적으로 일어나고, 그 파급력마저 지대한 대표적인 커뮤니케이션 장면이 있습니다. 바로 비공식적 커뮤니케이션 장면, 업무 지시 및 보고 장면, 그리고 회의 장면입니다.
 지금부터는 그중에서도 비공식적 커뮤니케이션 장면을 중심으로 스몰 피드백을 적용하며 훈련하는 방법을 살펴보려 합니다.

비공식적 커뮤니케이션 장면에서의 스몰 피드백

  일터의 건강함은 무엇보다 구성원들의 표정과 커뮤니케이션을 통해 쉽게 읽을 수 있습니다. 긍정적 에너지가 흐르는 일터, 일하기 좋은 일터일수록 구성원들의 눈빛이 생생하고 서로의 커뮤니케이션이 살아 있습니다. 각자 해야 할 일들, 각 과제의 의미와 우선순위, 효과적인 수행 방법, 그리고 자신의 책임과 권한을 잘 알고 있어서 맡은 일에 굉장히 집중하고 몰입하는 모습이 보입니다.

  각자의 목표와 역할이 분명한 동시에 조직의 새로운 일들에도 개방적이어서, 공동 과제 해결을 위해 생산적으로 커뮤니케이션하며 협업합니다. 필요한 사람들이 모여 효율적으로 회의를 하고, 각자 투자한 시간의 가치를 능가하는 결과물을 만들어 내지요. 업무 지시 및 보고 시간은 리더의 고민을 구성원에게 떠넘기거나, 구성원의 결과물을 리더가 혼자 평가하고 수정하는 시간이 아닙니다. 함께 커뮤니케이션하며 서로의 역량을 성장시키는 시간이지요. 상하 업무에서 열린 피드백이 일어나고, 리더는 업무 관리나 구성원 관리 차원이 아니라 구성원의 성장을 돕기 위해 피드백 면담을 진행합니다.

위와 같은 공식적 커뮤니케이션을 생산적으로 진행하는 데 윤활유 역할을 하는 것이 바로 비공식적 커뮤니케이션입니다. 일터에서 비공식적 커뮤니케이션은 일정한 시간이나 주제, 방식에 얽매이지 않고 자유롭게 일어나는 업무 외적 대화입니다. 업무를 시작하기 전에 일어날 수도 있고, 휴식 시간의 휴게실, 회의 시작 전의 회의실, 삼삼오오 함께 하는 식사 자리나 전체 회식 자리, 동행 출장을 가는 차 안, 출퇴근길 복도 등 일터의 여러 장소에서 일어날 수 있습니다. 평소의 조직문화, 이야기를 나눌 때의 조직 내외 상황, 인원 구성이나 인원과의 관계 등에 따라서 대화의 주제나 대화를 나누는 깊이가 달라지지요. 비공식적 커뮤니케이션은 일터에서 구체적으로 다음과 같은 기능을 합니다.

■ 서로에 대한 이해를 넓힌다

좋은 조직일수록 개인의 총합을 능가하는 높은 성과를 낼 수 있습니다. 바로 시너지가 일어나기 때문이지요. 구성원들이 서로를 더 깊게 신뢰하고 더 많이 이해할수록 시너지는 더 크게 나타납니다. 비공식적 커뮤니케이션을 통해, 자유로운 주제와 방식의 대화 속에서 서로의 모습을 더 다양하게 드러낼 수 있습니다. 그럼으로써 '민우 씨에게 저런 면도 있구나', '지안 씨가 그런 생각으로 회의 중에 그렇게 말했겠구나' 하고 새삼 이해하게 되지요.

■ 뜻하지 않은 정보를 얻는다

조직의 일들은 서로 연결되어 있습니다. 상대방의 근황을 듣다가, 진행하는 업무 이야기와 주변 팀들의 이야기가 자연스럽게 나오기도 하지요. 그 속에서 자기 업무에 도움이 되는 정보나 관련된 사람 등을 알게 되어, 업무 추진에 도움을 얻는 일이 빈번하게 발생합니다.

■ 유레카의 시간이 된다

창조성 전문가들의 견해에 따르면, 기존의 사고를 뛰어넘는 발상이나 잘 풀리지 않는 어려운 문제의 답은 다음 두 단계를 거쳐서 얻게 됩니다. '오로지 그 문제에만 집중하는 것', '잠시 그 문제를 놓아두고 이완하는 것'입니다. 왕이 낸 문제를 붙들고 고심하다가 목욕탕에서 "유레카!"를 외치며 뛰어나왔다는 아르키메데스의 사례가 아니더라도, 잠시 이완하는 가운데 아이디어를 발견하게 되는 경험은 누구에게나 있습니다. 여러분도 고민하던 문제를 다른 사람에게 이야기하다가 스스로 답을 찾거나, 잠시 쉬는 참에 다른 주제의 책이나 영화를 보다가 업무 아이디어를 얻은 경험이 여러 번 있을 테지요. 비공식적 커뮤니케이션에서의 휴식과 이완은 일터에서 종종 유레카의 순간을 가져다줍니다.

■ 업무 관계 이상의 인간관계를 형성할 수 있다

일터에서의 관계에는 다양한 층이 있습니다. 전혀 이야기를 나누지 않는 관계, 의례적으로 인사만 나누는 관계, 필요할 때 업무상의 대화를 나눌 수 있는 관계, 수시로 찾아가 업무적 고민을 터놓고 상의할 수 있는 관계, 그리고 조직 생활의 애환까지 허물없이 나눌 수 있는 관계 등 다양한 층이 보이지요. 고민과 애환을 터놓을 수 있는 관계를 많이 맺을수록, 조직 생활이 즐거워지고 업무적 논의가 활발해집니다. 일터에서 그러한 관계는 공식적인 자리에서 시작될지라도 비공식적 커뮤니케이션을 통하여 강화됩니다.

위와 같은 중요한 기능들에도 불구하고, 리더가 비공식적 커뮤니케이션을 촉진하기란 쉽지 않습니다. "차 한잔하자 말하는 게 왜 이렇게 어렵지요?", "언제든 찾아오라고 말했는데, 왜 다가오지 않을까요?", "미리 만나 편하게 이야기하면서 쉽게 풀 일들을, 나중에 힘들게 만들어서 가지고 온다니까요!", "같이 밥 먹자는 말도 없이 자기들끼리 어울려서 나가요!", "서로 만날 수 있도록 회식을 하거나 티타임 같은 걸 해도, 구성원들이 이야기를 잘 하지 않아요!" 이런 하소연을 하는 리더들이 많습니다.

외향적인 리더들은 모이는 자리가 생길 때마다 대화를 70~80% 이상 독점하여, 구성원들이 같이 만나는 자리를 더 피하고 싶게 만듭니다. 반면 내향적인 리더들은 모임이 있기 전부터 할 말을 준비하느라 스트레스를 많이 받게 되어, 정작 자신부터 그러한 자리를 즐기지 못하기 일쑤고요. 리더가 일터에서 비공식적 커뮤니케이션을 촉진하려면, 그 시간과 공간과 사람에 대한 이해가 필요합니다. 특히 그 시간을 어려워하거나 좋아하지 않는 사람들의 마음을 헤아릴 수 있어야, 적절한 대응법을 찾기가 수월해지지요. 그런 마음들에는 어떤 것들이 있는지 한번 살펴볼까요?

---

① 너무 바빠서 이야기할 시간이 없어!

② 일하고 있는 사람에게 방해가 될 것 같아

③ 휴게실에 앉아 있으면 시간이 남아돈다고 생각하지 않을까?

④ 차 한잔하자고 할 사람이 없네

⑤ 이야기 나눌 만한 장소가 없어

⑥ 다들 담배 피우러 가는데, 난 흡연을 싫어하니 같이 갈 수가 없잖아

⑦ 혼자 근무하느라 대화할 사람이 없어

⑧ 쓸데없는 이야기나 하는 곳에 있고 싶지 않아

⑨ 무슨 말을 해야 할지 잘 모르겠어

⑩ 같이 있고 싶지 않아

비공식적 커뮤니케이션을 어려워하거나 좋아하지 않는 사람들의 마음

① 너무 바빠서 이야기할 시간이 없어!

마음속에서 '너무 바빠서 이야기할 시간이 없다'라는 소리가 들린다면, 꼭 해야 할 일 말고는 다른 것에 신경 쓸 시간적 여유나 마음의 여유가 없는 상태입니다. 구성원에게 이 상태가 여러 날 계속되고 있다면, 정신없이 돌아가고 있는 일의 바퀴를 의도적으로 잠시 멈추고 쉬어가게 도와야 할 때입니다. 차 한 잔의 온기와 잠시의 대화로 구성원이 일의 바퀴를 더 수월하게 돌리며 나아가도록 도와줄 수 있습니다.

편안한 대화 분위기를 만들면, 구성원이 업무를 수행하며 겪는 어려움을 자연스럽게 꺼내기도 하고, 말하면서 스스로 생각을 정리하기도 하고, 리더가 지원해 줄 수 있는 부분을 찾게 되기도 하고, 굳이 일의 바퀴를 그런 식으로 돌릴 필요가 없다는 것을 발견하기도 합니다. "고생한다. 이번 달까지만 달려보자", "아까 말한 건 내가 해결해 볼게. 내 도움이 필요하면 또 언제든지 말해"라는 리더의 인정과 격려, 작은 지원만으로도 구성원은 에너지를 회복하여 번아웃의 위험에서 벗어날 수 있지요.

이 상태에 있는 구성원에게는 "오후에 식사하고 잠깐 차 한잔할래?"라고 말하는 정도로, 시간을 확보하여 일대일의 가벼운 대화 자리를 만드는 것이 좋습니다. 그 구성원이 실제로 지금 바쁜 상태라면, 특별한 주제가 없는 여러 사람과의 모임이나 긴 시간 면담을 위해 리더와 함께 하는 자리가 더 큰 스트레스를 만들 테니까요. 다만 대화가 잘 이어져서 구성원이 충분히 집중하며 자기 이야기를 풀어놓는다면, 그 시간은 조금 더 연장하는 것이 바람직합니다. 혹은 따로 시간을 내야 한다는 부담을 주기보다, 보고가 끝난 후 잠시 시간을 내어 티타임을 갖는 것도 효과적이고 자연스럽습니다.

그리고 우회적인 이야기나 주변적인 이야기보다 "이 일 맡은 후로 몇 주째 정신없이 바쁘지?", "이제 세 단계 중에 한 단계 지났네. 어때?" 등과 같이 그 구성원과 밀착된 주제로 대화를 시작하는 편이 좋습니다. 또한 섣부른 칭찬으로 격려하거나 성급한 조언으로 문제해결을 돕기보다, 일단 충분히 반사하고 요약하며 구성원의 이야기를 들어주도록 합니다.

② 일하고 있는 사람에게 방해가 될 것 같아

구성원들과 대화를 해보면 "리더가 너무 바빠 보여서 찾아가기가 미안해요"라는 이야기가 빠지지 않고 나옵니다. 정작 리더들은 구성원들이 찾아오지 않아서 고민이라는데 말이지요. 동료들 사이에서도 마찬가지입니다. 잠시 쉬는 시간에 누군가와 편하게 이야기를 나누고 싶어도, 업무에 방해가 될지 몰라 "차 한잔할까?"라고 말하기가 어렵다는 이야기들을 합니다.

지나친 조심스러움도 커뮤니케이션의 한 장벽입니다. 거절에 대한 두려움을 내려놓고 먼저 다가가 보세요. 의도적으로 하루 두어 차례 하던 일을 멈추고 사무실을 둘러보며, 눈 마주치는 사람들에게 "차 한잔할래?" 하고 인사를 건네보세요. 먼저 말 꺼내주기를 기다렸다는 듯이 다가오는 사람이 있을 테니까요.

구성원들에게 다가서고 싶어 하는 리더의 마음을 알아차리게 되면, 부르지 않아도 리더의 자리로 찾아오는 사람이 늘어나기 시작합니다. "팀장님, 시간 괜찮으세요?"라며 내 자리로 찾아오는 사람이 있으면, 하던 일을 완전히 멈추고 눈을 마주치며 반갑게 맞이해 보세요. 시급히 처리할 일이 있는 것이 아니라면 말이지요. "언제든 찾아와서 상의해 달라", "나에게는 당신들이 중요하다"와 같은 말보다 그 온전한 주의집중이, 구성원들에 대한 당신의 마음을 보여주는 데 열 배 이상의 효과가 있습니다.

급한 일을 처리하던 중이었다면, 일단 구성원의 용무가 무엇인지 확인합니다. 그리고 그것이 내가 지금 해야 하는 일보다 더 시급한 일이라면, 구성원에게 시간을 할애합니다. 그렇지 않다면 "나 조금 이따 본부장님 보고가 있어. 한 시간쯤 후에 이야기해도 되겠어?"라고 양해를 구하면 되겠지요.

③ 휴게실에 앉아 있으면 시간이 남아돈다고 생각하지 않을까?

혹시 하루에 두어 번, 10~15분쯤 쉬면서도 남들의 시선을 의식하고 있나요? 그렇다면 자기 일에 대한 가치나 스스로의 집중도를 의심하고 있다는 증거입니다. 아니면 남의 눈치를 너무 많이 보고 있다는 뜻일 수도 있고요. 일터에서 구성원들의 집중과 이완, 일의 완급을 잘 조절하게 돕는 것도 리더의 역할 가운데 하나입니다. 리더가 비공식적인 커뮤니케이션 자리를 만들어서 그중 한두 번은 구성원들과 같이 쉬어가는 시간을 의미 있게 촉진한다면, 더 자유롭고 생산적인 조직문화를 만들 수 있습니다.

리더가 비공식적 커뮤니케이션을 촉진하여 구성원들이 그 효과를 체험하게 되면, 휴게실 담소 등에 대한 구성원들의 생각이 변화할 것입니다. 시간이 남아도는 사람이 하는 업무 외의 활동이 아니라, 시간을 들여서 해야만 하는 상호 이해, 연결, 정보 공유, 의미 있는 휴식과 창조의 활동으로 바라보게 될 것입니다.

리더의 비공식적 커뮤니케이션은 자기 조직 내부에 국한하지 않고, 외부까지 펼쳐나갈 필요가 있습니다. 바쁜 시간을 잘 관리해서 다양한 비공식적 커뮤니케이션 기회를 조성하여, 조직 내외로 상하좌우 건강한 네트워크를 만들고 업무에 활용해 보세요. 리더가 자기 자리만 지키지 않고 그런 모습을 보인다면, 구성원들에게 좋은 모범이 될 것입니다.

④ 차 한잔하자고 할 사람이 없네

차 한잔하자고 말을 붙일 만한 사람이 곁에 없다고 느끼는 경우도 있습니다. 신입·경력 입사, 파견근무 등으로 낯선 조직에 들어간 사람들이 초반에 느끼는 어려움이지요. 대개 시간이 해결해 주긴 하지만, 그동안 새로 들어온 사람들이 받는 스트레스가 만만치 않게 크고 협력 관계 구축에도 영향을 미칩니다. 내향적인 성향의 사람들에게는 이 스트레스가 특히 크지요. 이때 리더가 먼저 다가가서 교류의 기회를 만들어 주면 큰 도움이 됩니다. 아무 일도 없이 가까워지지는 않으니까요.

그리고 조직에 몸담은 지 오래되었다고 해도, 간혹 지나친 낯가림이나 거리 두기로 인해 타인과 어울리는 일을 유독 어려워하는 사람들이 있습니다. 일터를 잘 관찰하며 그러한 모습이 보일 때, 자연스러운 자리를 만들고 대화를 촉진해 보세요. 투자한 시간 이상의 가치를 그들에게 선물하게 됩니다. 다가서기 어려워하는 사람들은 자연스러운 관계를 만드는 법을 모르거나 불편한 관계를 피하고 싶은 것뿐이지, 하루 중 깨어 있는 시간의 절반을 보내는 일터에서 실질적으로 도움이 되고 긍정적 에너지를 얻을 수 있는 관계를 거부하는 것은 아니랍니다.

낯설거나 서로 거리를 느끼는 사람들과의 대화를 촉진할 때, 리더는 좀 더 섬세해질 필요가 있습니다. 그냥 모여서 밥을 먹고 차를 마시거나 술자리를 가진다고 해서 이해와 연결의 장으로 이어지는 건 아니니까요. 리더는 한 사람이 대화를 독점하지 않게끔 하고, 소외되는 사람이 생기지 않도록 화제를 관리하며, 참여자들이 적당한 수준에서 자신에 대한 정보들을 개방하여 서로를 이해할 수 있는 장이 되도록 촉진해야 합니다.

⑤ 이야기 나눌 만한 장소가 없어

마땅히 이야기를 나눌 만한 장소가 없는 것도 커뮤니케이션에 장애가 됩니다. 휴게실은 가장 이용하기 좋은 장소입니다. 휴게실이 없다면 구성원들이 자연스럽게 모일 수 있는 공간을 확보하거나, 다양한 공간을 이용할 수 있다는 것을 직접 보여주면 좋습니다.

사무실 안에 작은 원형 테이블을 놓거나, 하다못해 리더 자리 옆에 의자 하나를 놓는 것만으로도 변화는 생깁니다. 그렇게 함으로써 업무 시작 전후나 점심시간 후에, 한두 명과 가벼운 대화 정도는 나눌 수 있습니다. 날씨가 좋은 날에는 바깥에서 함께 식사한 후, 천천히 걸어서 돌아오는 길에 대화를 나눠도 좋습니다. 회사 주변에 괜찮은 길이 있다면 한 바퀴 같이 산책하는 것도 시선을 편안히 조절하며 대화를 나누기에 좋지요. 일을 배우고 있는 신입사원이라면 협력업체 미팅에 참석하게 하여, 오가는 차 안에서 대화를 나누는 것도 좋을 테고요.

어느 리더는 한 달에 한 번 정도, 사전에 상사의 양해를 받아 점심시간을 넉넉하게 잡은 후 좀 멀리 있는 곳으로 구성원들과 식사하러 갑니다. 당연히 차 한 대로 모두 함께 이동하지요. 시선을 전방에 두고 좁은 차 안에 같이 있을 때, 평소와 다른 이야기가 오간다는 것을 알게 되었기 때문이랍니다. 가는 길에 시작된 대화가 식사를 하면서 무르익고, 돌아오는 차 안에서도 계속 이어지지요. 그리하여 생각보다 훨씬 더 깊게 서로 이해하는 시간을 가질 수 있습니다.

⑥ 다들 담배 피우러 가는데,
  난 흡연을 싫어하니 같이 갈 수가 없잖아

예전보다 비흡연자가 더 많아지기는 했어도, 조직에 따라서 흡연자들끼리 삼삼오오 모이는 경우가 있습니다. 그 만남이 잦고 그들이 조직의 중요한 정보들을 가진 경우, 비흡연자들은 소외감을 느끼기도 하지요. 어떤 조직은 족구나 탁구 같은 운동을 하며 모임을 만들기도 하는데, 운동을 좋아하지 않는 사람들은 그 자리에 참여하지 못하거나 같이 즐기지 못합니다. 리더가 비공식적인 커뮤니케이션을 촉진하고자 한다면, 소외되는 사람 없이 누구나 모일 수 있는 자리를 만들 필요가 있습니다.

⑦ 혼자 근무하느라 대화할 사람이 없어

　잦은 출장과 파견근무, 자유 좌석제 등으로 구성원들이 한 사무실에 함께하는 시간이 거의 없는 조직이 있습니다. 공간적으로 떨어져 있으면 긴밀한 소통이 어렵게 마련이지요. 그리하여 정기적인 회의체를 운영하거나 순회 방문을 하는 것만으로도 힘에 부쳐서, 비공식적 커뮤니케이션에 신경을 쓰지 못할 수 있습니다. 일시적인 일이 아니라 조직 운영 형태가 그러하다면, 그 형태에 맞는 비공식적 커뮤니케이션 방식을 찾아야 합니다.

※　전체 구성원들과 한 주를 시작하는 인사, 마무리하는 인사 나누기

※　각 구성원에게 도움이 될 만한 정보를 적절한 간격으로 보내며 별도로 안부 묻기

※　정기회의를 시작하기 전에 시간을 할애하여, 자유롭게 개인의 근황을 나누는 시간 갖기

※　이메일 보고를 받고 난 후, 직접 이야기하듯 구어체로 구체적인 피드백 하기

※　주기적으로 전화 통화를 하며 직접 목소리 듣기

　어느 구성원은 여러 달 해외 파견근무를 하던 시절, 리더와 통화를 하다가 입은 마음의 상처를 오랫동안 지우지 못했습니다. 업무 이야기를 하다가 요즘 어떠냐는 리더의 질문에, 부모님이 몸이 안 좋으

신데 찾아뵐 수 없는 상황이라 마음이 힘들다고 대답했답니다. 그런데 리더가 의례적인 반응을 보인 후에 곧바로 다른 업무 이야기로 넘어갔다는군요. 그 일은 부모님에 대한 마음이 각별했던 그 구성원이 파견근무를 마치고 돌아와 얼마 지나지 않아 조직을 옮기는 데도 영향을 미쳤습니다. 멀리 떨어져서 근무하는 사람에게 리더는 다름 아닌 조직 그 자체입니다. 눈에 보이지 않아 소홀하기 쉬운 비공식적 커뮤니케이션의 역할이 더욱 중요해집니다.

⑧ 쓸데없는 이야기나 하는 곳에 있고 싶지 않아

어떤 구성원들은 모임의 목적이나 주제가 무엇이든, 사람들과의 교류 자체를 가치 있게 여기고 즐겁게 받아들입니다. 하지만 대다수 구성원은 일터에서 자기와 관련 없는 주제나 관심이 없는 이야기가 오가는 자리에 자기 시간을 쓰고 싶어 하지 않습니다. 물론 그들도 교류를 무가치하다고 여기진 않기에, 상황이 될 때 참석은 하지만 즐기며 어울리진 못합니다. 그 시간이 또 하나의 일이 되어버리는 셈이지요. 그런 상태에서는 그 공간에서 긍정적 에너지가 발생하지 않을 뿐더러, 이후의 공식적 커뮤니케이션에도 도움이 되지 않거나 심지어 부정적 영향을 미칩니다.

리더는 비공식적 커뮤니케이션이 일어나는 자리에서 구성원들의 역동을 잘 관찰해야 합니다. 어떤 이야기가 오갈 때 구성원들 개개인의 반응이 어떻게 일어나는지, 어디에 관심을 보이는지, 누가 더 대화를 장악하고 누가 대화에서 소외되는지 등을 살펴봐야 합니다. 그러면 정작 리더는 그 자리를 즐기지 못하고 피곤해지기만 하는 건 아니냐고요? 그렇게 생각할 수도 있지만, 개별 구성원과 조직 역동을 파악하고 배우는 기회로 활용하면 무척 흥미롭고 유용한 시간이 된답니다.

단지 현재 상태를 파악하는 데 그치지 말고, 한 걸음 더 나아가서 효과적인 스몰 피드백을 통해 개입해 보세요. 그럼으로써 특정 구성원이나 전체 장의 역동에 긍정적 영향을 미치는 방법을 경험하며 배울 수 있는 귀한 시간을 갖게 될 것입니다. 그 경험과 배움만으로도 리더에게는 의미 있는 소통 리더십을 실험하는 장이 됩니다. 그리고 구성원들에게는 좋은 비공식적 커뮤니케이션 장이 건네는 상호 이해, 정보 교류, 휴식, 즐거움과 관계 형성 등의 선물이 남고, 조직 차원에서는 이후의 공식적 커뮤니케이션이 그만큼 더 원활해지는 효과를 얻을 수 있습니다.

'쓸데없는 이야기나 하는 곳에 있고 싶지 않다'는 구성원의 마음속에 있는 긍정적인 의도를 잘 헤아린다면, 비공식적 커뮤니케이션의 혜택을 얻게끔 대화를 촉진해 주면 됩니다. 여러 방법이 있지만, 만약 리더가 딱 한 가지만 기억해야 한다면 '그 자리의 한 명 한 명이 주인공이 되게 하는 것'입니다. 커뮤니케이션이 일어나는 공간에서 한 명 한 명을 주인공으로 만드는 방법은 의외로 어렵지 않습니다. 누구나 자기 이야기를 꺼낼 수 있는 분위기를 만들어 주고, 어떤 이야기도 함부로 취급하지 않고 진심을 담아 귀하게 반응해 주는 것이지요. 다음을 기억하고 적용해 봅니다.

• 리더는 1/N 이하로 말한다

1/N 이하로 말하기는 리더들에게 쉬운 일이 아닙니다. 하지만 리더가 자기 이야기를 줄이지 않는다면, 구성원의 이야기를 들을 수 있는 공간은 만들지 못합니다. 많은 리더가 "내가 말하지 않으면 아무도 말을 안 하니까", "이럴 때 아니면 내가 언제 사람들한테 하고 싶은 말을 하겠어?" 등의 이유로 '구성원들이 리더의 이야기를 들어줘야 하는 시간'을 만들면서 본인만 그 사실을 모릅니다. 1/N 이하로 나의 발언을 줄이고 싶다면, 이 사실을 기억해 보세요. 누구나 자기 삶의 이야기를 소중하게 여기고 그 이야기를 잘 듣고 진심으로 반응해 주는 사람과 나누길 원합니다. 적어도 자기가 요청하지 않은 남의 이야기를 일방적으로 오래 듣는 것은 좋아하지 않습니다.

• 화제를 만들기보다 그 자리에서 관찰되는 것에서 이야기를 시작한다

굳이 '신박한' 화제를 찾아내려고 애쓰지 않아도 됩니다. 그보

다 바로 그 자리에 있는 사람들에게서 관찰되는 것부터 이야기를 시작합니다. 새로운 얼굴이 보인다면 그 사람에 대한 소개부터 시작해도 좋고, 여름휴가를 마치고 다들 충전된 모습이라면 각자의 휴가 이야기부터 시작해도 좋을 것입니다. 스타일이 확 달라진 구성원이 보인다면 그 변화에 대한 칭찬부터 시작해도 좋겠고, 프로젝트로 강행군 중이라 피곤한 모습들이 보인다면 '다크서클'에서 시작하여 노력에 대해 격려하는 이야기로 들어가도 좋겠지요. 또 이제 막 임원 보고를 마친 후 지쳤지만 이완된 모습의 구성원이 보인다면 "보고가 끝나니 마음이 어때?" 하고 그 마음부터 나눠도 좋을 것입니다. 이야기를 시작하기에 정해진 공식이 있는 것은 아니지만, 그 자리를 잘 관찰하면서 시작하는 것은 가장 자연스럽고 흡인력 있는 방법입니다.

- 공통 관심사를 꺼내거나
 "요즘 어떻게 지내?", "요즘 어때?"정도의 질문을 던져본다

드물지만, 그 자리의 사람들에게서 딱히 관찰되는 것이 없을 수도 있습니다. 그럴 때는 공통 관심사를 꺼내봅니다. 스포츠를 좋아하는 구성원들이 모였다면 "어제 8강전 봤어?"라고 말꼬를 틀수 있겠지요. 워킹맘들이 모인 곳이라면 "우리 애가 요즘 밤늦게까지 놀아달라고 해서 걱정이야. 우리 애만 이런가?" 등의 화제로

모두가 참여할 만한 대화를 시작할 수 있습니다.

공통의 화제로 삼을 만한 게 없다면 "요즘 어떻게 지내?"라고 말해봅니다. 짧지만 다양한 이야기를 끌어내어 주는 질문입니다. 일대일로 만날 때도 여러 명이 모였을 때도 이야기를 시작하기에 유용한 질문이지요. 상대방의 답변이 바로 나오지 않으면, 리더가 먼저 자기 근황을 짧게 말하는 것도 방법입니다. 혹은 말은 하지 않지만 그 질문에 웃으며 리더와 눈을 맞추는 구성원이 있다면, 그의 이름을 부르며 "민우 씨는 요즘도 주말마다 차박 하나?"라고 질문을 던져 먼저 이야기를 시작하게 해도 좋습니다. 질문으로 대화의 불씨를 키웠다면, 이제 리더의 역할은 스몰 피드백으로 그 불씨가 꺼지지 않도록 대화를 촉진하는 부지깽이가 되어주는 것입니다.

• 구성원에게서 나오는 모든 이야기에 반응한다

뭔가 이야기를 꺼냈는데 호응이 없으면 좀 민망하지요? 한 번쯤은 그럴 수 있습니다. 하지만 그런 일이 반복되면 어떤 사람은 더 존재감 있게 말하는 법을 배울 테고, 또 어떤 사람은 잘 호응해 주지 않는 사람들과의 자리를 피하거나 말수를 줄이겠지요. 어느 쪽이든 긴장을 발생시켜 비공식적 커뮤니케이션 자리를 불편하게 만듭니다.

구성원이 꺼내는 모든 이야기에 짧게라도 반응해 주면 좀 더 편안하고 안전한 대화 분위기가 형성됩니다. 상황이 여의치 않아서 누군가가 꺼낸 이야기가 충분한 호응 없이 묻혀버렸다면, 나중에 적절한 맥락에서 언급해 주도록 합니다. "아, 지금 민우 씨 출장 이야기 들으니까 아까 지안 씨가 첫 출장 때 했다던 실수담이 생각나네. 그래서, 지안 씨는 그걸 어떻게 잘 수습했나?" 혹은 모임을 마치고 흩어져 돌아가는 길에, 개인적으로 피드백을 해줄 수도 있습니다. "아까 지안 씨가 첫 출장 때 했다던 실수 이야기 말이야. 아까 말하려다 못했는데 나도 첫 해외 출장에서 똑같은 실수를 했었어. 덕분에 그때 생각이 났지 뭐야."

그 구성원이 화법이나 대화의 맥락을 읽는 데 문제가 있어서, 혹은 그의 주장성이 약하거나 구성원들 사이에 미묘한 갈등이 있어서 그와 같은 일이 반복적으로 일어날 수도 있습니다. 그로 인해 개인 성과와 조직의 협업에 문제가 발생하는 것이 보일 때도 있고요. 그렇다면 추후 진지한 피드백 면담 시간이 필요할 수도 있습니다.

• 특정 구성원이 대화를 독점하지 않게 한다

특정 구성원이 대화를 독점하는 모습이 보일 때, 리더는 개입할 필요가 있습니다. 적절한 때에 그의 이야기를 의미 있게 피드백해 주고 다른 구성원이나 주제로 주의가 옮겨가도록 촉진합니다. 한두 사람이 다른 사람들의 반응을 신경 쓰지 않고 대화를 독점하고 있다면, 당연히 빨리 주의를 전환해 주는 것이 좋습니다. 다른 사람들의 반응이 긍정적일지라도, 한두 사람이 이야기를 독점하도록 놔두는 것은 여러모로 그 자리에 도움이 되지 않습니다. 귀한 시간을 할애하여 모인 자리에서, 여러 사람이 교류하며 관점을 나누고 서로 이해하는 기회를 빼앗게 되기 때문이지요. 심지어 유려한 화술이나 재치 있는 입담으로 늘 말하기를 좋아하는 것처럼 보이는 그 구성원도, 사실 스스로 원치 않는데도 암묵적인 분위기에 호응하여 그러한 역할을 맡는 경우가 종종 있습니다.

• 말이 없는 구성원이 대화에 들어올 수 있는 기회를 열어준다

말이 없는 구성원에게도 자연스럽게 대화에 들어올 수 있는 기회를 만들어 주도록 합니다. 말없이 있다고 해서 커뮤니케이션에 참여하지 않는 것은 아닙니다. 말하는 역할보다 듣는 역할이 더 편한 사람도 있고요. 하지만 그처럼 역할이 고정되는 것은 조직의 소통에서 바람직하지 않습니다. 물론 그 구성원이 보고나 회의 등의 공식적 커뮤니케이션 자리에서는 자기 의견을 충분히 잘 피력한다면 큰 문제가 되진 않습니다. 하지만 어느 자리에서나 자기표현이 소극적이라면, 리더는 구성원 육성과 전체 조

직의 커뮤니케이션 활성화 차원에서 개입할 필요가 있습니다. 비공식적 커뮤니케이션 장면에서 리더가 쉽고 자연스럽게 개입하는 방법은 그리 어렵지 않습니다. 말이 없는 그 구성원이 다른 사람의 이야기에 고개를 끄덕이거나 미소를 보이는 등의 반응을 할 때 "아, 지안 씨가 문화인류학을 전공했지? 여기에 대해서 잘 알 것 같은데, 어때?"라는 식으로, 그가 쉽게 답변할 수 있는 질문을 던지고 반응해 주는 것입니다.

⑨ 무슨 말을 해야 할지 잘 모르겠어

함께 모여 있을 때 무슨 말을 해야 하는지 힘들어하는 사람들이 있습니다. 대화에 별 관심이 없어서, 구석에 앉아 무심하게 침묵하는 사람들과는 다릅니다. 말은 하고 싶은데 무슨 말을 해야 할지 모르겠고, 어렵게 꺼낸 말에 사람들의 반응이 없으면 더 좌불안석이 되지요. 가만히 관찰해 보면, 그런 사람들은 말은 거의 없지만 시선이 다른 사람들을 향해 있고 미소나 고개 끄덕임 같은 비언어적인 반응을 합니다.

그런 구성원이 보인다면, 그가 다른 사람의 이야기에 반응할 때를 잘 포착하여 그에게 말할 기회를 넘겨보도록 합니다. 그와 같은 계기는 그에게도 도움이 되고, 다른 구성원들이 그를 이해하는 데도 도움이 됩니다. 앞에서 살펴본 '그 자리의 한 명 한 명을 주인공으로 만드는 방법' 가운데 하나를 적용해 보는 것이지요.

가령 신입사원 동민 씨의 이야기에 평소 말이 별로 없던 수현 씨가 미소를 지으며 고개를 끄덕이는 모습을 보았다고 칩시다. 그때 리더는 이렇게 물어볼 수 있겠지요. "동민 씨가 ○○란 단어가 회사에서 그런 뜻으로 쓰이는 말인지 몰라서 당황스러웠던 경험이 있었구나. 수현 씨는 이번 달 말이면 입사 일주년이지? 수현 씨도 그간에 동민 씨랑 비슷한 경험을 한 적이 있었어?"

⑩ 같이 있고 싶지 않아

저 사람 혹은 저 사람들과 같이 있고 싶지 않다는 마음으로, 업무 외적인 대화는 피하는 경우도 있습니다. 리더를 포함한 구성원 누군가와 갈등이 있거나, 직장생활에서 관계의 벽을 쌓아놓고 있는 사람들이지요. 또 출장이나 외근, 납기가 임박한 일, 중요한 개인 일정 등이 있는 것도 아닌데 티타임이나 회식 등의 업무 외적인 대화 자리에 자주 빠지는 사람들이 있습니다.

이때 리더는 그 구성원과 그가 속한 업무 그룹, 넓게는 팀 전체 분위기를 잘 관찰해 볼 필요가 있습니다. 비공식적 소통 시간은 리더가 참여를 권유할 순 있으나 강요할 수는 없습니다. 하지만 의도적으로 비공식적 소통 시간에 계속 불참하며, 한 사람에 그치지 않고 상호 소통과 협업에까지 영향을 미치고 있다면, 섬세한 관찰에 기반한 빠른 피드백이 필요합니다.

지금까지 업무 외적인 비공식적 커뮤니케이션의 자리를 좋아하지 않거나, 어려워하는 사람들의 열 가지 마음을 살펴봤습니다. 그 마음을 더 들여다보면 다음과 같은 바람들을 발견하게 됩니다. '긴장된 업무 사이클에서 의미 있는 멈춤과 휴식을 갖기', '좋은 기운을 가진 사람들과 연결되고 교류하기', '에너지를 뺏기는 것이 아니라 얻는 시간 갖기', '누구도 소외되지 않고 한 명의 구성원으로 존중받기', '조직인인 동시에 나 자신으로 살기.' 그러한 바람이 충족될 수 있다면 구성원들은 기꺼이 시간을 할애하여 그 자리에 참여할 것입니다.

스몰 피드백으로 비공식적인 커뮤니케이션 장면을 촉진하면, 리더는 크게 힘들이지 않고도 좀 더 건전하게 일상적인 일터의 한 부분을 서로에 대한 존중, 관심, 이해, 연결, 대화의 즐거움으로 채울 수 있습니다. 건강한 스몰 피드백이 축적될 때, 업무 외적인 대화에서 만들어진 긍정적인 에너지는 그 시간에만 머무르지 않고 업무적 소통에도 영향을 미치게 되지요. 보고 시간이나 회의 시간 등과 같은 공식적인 장면에서도 커뮤니케이션에 변화가 일어나면, 리더와 구성원 모두가 바라는 건강한 일터는 조금 더 빨리 현실이 될 수 있습니다. 다음 4장에서는 업무 지시 및 보고에 리더가 스몰 피드백을 적용하는 방법을 살펴보겠습니다.

3장 읽고 적용하기

1. 3장을 읽으며 떠오른 생각이나 기억하고 싶은 메시지는 무엇인가요?

2. 나의 일터에서 구성원들과의 의미 있는 접촉 장면은 무엇인가요?

3. 티타임, 오가며 마주칠 때의 대화, 점심 식사, 회식 등의 비공식적 커뮤니케이
   션 장면에서 나는 현재 어떻게 말하고 행동하고 있나요? 그 행동 이면의 마음
   은 무엇인가요? 그러한 나의 마음과 행동이 나 자신, 구성원, 조직에 미치고 있
   는 영향은 무엇인가요?(최대한 평가하는 마음을 배제하고, 있는 그대로 관찰하며 기록
   해 봅니다.)

나의 행동	그 행동 이면의 마음	그 영향

4. 가장 먼저 실천해 보고 싶은 것은 무엇인가요?

Chapter 4

업무 지시 및 보고 커뮤니케이션을
촉진하는 피드백

어느 조직에서나 발생하고 중요성도 큰 공식적 커뮤니케이션 장면은 업무 지시 및 보고, 그리고 회의입니다. 신임 리더가 부딪치는 가장 어려운 커뮤니케이션 장면이기도 하지요. 동료였던 구성원들과 종전대로 커뮤니케이션을 하자니, 리더로서 너무 존재감이 없어 보일 것만 같습니다. 그렇다고 기존과는 다른 말투와 언어로 말하자니 승진했다고 사람이 달라졌다는 이야기를 들을 것 같아, 몸에 안 맞는 옷을 입은 것처럼 어색하고 긴장이 됩니다.

리더로서의 시간이 쌓여간다고 해서, 지시하고 보고를 받으며 회의하는 시간이 대수롭지 않아지는 건 아닙니다. 초기의 어색함이 옅어질 뿐, 리더의 고민은 계속되지요. 어떻게 하면 구성원들이 리더의 의도를 잘 이해하고 기꺼이 일을 맡아 주도적으로 수행하여, 최상의 결과물을 내고 보람도 느끼며 근무하게 할 것인지 고민합니다. 대놓고 불만을 표시하는 구성원들 앞에서 짜증이 나거나 당황하게 되고, 묵묵히 일은 하지만 이렇다 저렇다 말하지 않는 구성원의 속마음이 궁금합니다. 더 나은 조직을 만들어 가고 싶은 마음이 커질수록 더욱 그러하지요.

구성원들을 이해하고 관계를 다져보려고 좋은 장소를 골라 워크숍을 가기도 합니다. 술 한잔하며 일터 밖에서 마음을 나누려는 노력도 해보지요. 분위기를 빌려 평소에 나누지 않던 이야기도 하면서 서로 제법 가까워졌다고 생각했는데, 일터의 회의 분위기나 구성원의 보고하는 모습에 별반 달라진 것이 보이지 않습니다. 그리고 다소 올라간 듯했던 일터의 온도는 업무 대화가 몇 차례 오가다 보면 바로 과거로 되돌아갑니다. 여전히 의견을 충분히 나누지 못하고 거리가 느껴지며 뭘 해보자는 기운이 부족합니다. 어제의 분위기는 괜찮았는데 '뭘 또 해야 하는 건가', '한다고 무슨 소용이 있을까' 답답하고 실망스럽습니다. 리더의 마음도 구성원의 마음도 그렇습니다.

위와 같은 현상이 곧잘 일어나는 것은 비공식적 커뮤니케이션의 문제가 아닙니다. 그곳에서 얻은 불씨를 효과적으로 공식적 커뮤니케이션 장면까지 옮기지 못했기 때문입니다. 마음을 나누며 피어났던 불씨가 그 마음에 물을 끼얹는 언행들 속에서 꺼져버린 것이지요.

일터에서 구성원들과의 커뮤니케이션을 강화하려는 리더들에게 더 큰 도전이 되는 것은, 비공식적 커뮤니케이션이 아니라 공식적 커뮤니케이션 장면입니다. 개인차가 있지만, 일반적으로 공식적 커뮤니케이션이 비공식적 커뮤니케이션보다 더 어렵습니다. 공식적 커뮤니케이션은 제한된 시간에 구체적인 결과물을 만들어 내야 하고, 업무적 이해관계까지 발생하기 때문이지요.

따라서 참여자 모두에게, 특히 그 자리를 책임지는 리더들에게 긴장이 높아집니다. 고요한 마음챙김이 쉽지 않습니다. 구성원들을 향한 피드백을 바꾸겠다고 작심하고, 티타임이나 회식 자리에서는 비교적 잘 듣고 반응했을지 모릅니다. 하지만 보고를 받거나 회의를 하며 중요한 업무 사안에 집중하다 보면, 자기도 모르는 사이에 평소 커뮤니케이션 패턴으로 돌아가 버리지요.

좋은 소식도 있습니다. 공식적 커뮤니케이션은 변화하기 어려운 만큼 변화 후의 효과가 큽니다. 그리고 변화를 시도해 보기에 좋은 조건들도 갖고 있습니다. 업무 지시 및 보고, 회의 등은 리더가 아무리 바쁘더라도 일상적으로 수행하게 되는 활동이지요. 따라서 새로운 방식의 피드백을 잊지 않고 수시로 시도해 볼 수 있답니다. 별도의 시간을 만들 필요가 없지요. 그리고 그 시간은 구성원들에게도 중요하기 때문에, 피드백의 변화에 따라 구성원의 반응이 어떻게 달라지는지 확인하며 그 효과를 바로 관찰하고 보완해 갈 수 있습니다. 사람은 자기에게 중요치 않은 것은 무심코 흘려버리지만, 중요한 것에는 반응하게 되어 있으니까요. 또 한 가지 좋은 소식은, 우리가 3장부터 살펴보고 있는 스몰 피드백만으로도 공식적 커뮤니케이션 장면에서 수준 5의 피드백을 상당 부분 실현할 수 있다는 것입니다.

이번 4장에서는 리더가 피드백으로 업무 지시 및 보고 커뮤니케이션을 촉진하여, 자기 자신과 구성원 그리고 일터의 에너지를 끌어올리는 방법을 살펴보겠습니다.

업무 지시 및 보고 커뮤니케이션의 기능

"시니어 팀원들은 그래도 좀 나은 편이죠. 주니어 팀원들은 우리처럼 조직에서 열심히 해보겠다는 마음이 없어 보여요. 어떻게 동기부여를 해야 할지 모르겠어요." 리더들이 시간이 갈수록 많이 하는 말입니다. 사람마다 성취와 성장에 대한 욕구 수준이 다릅니다. 일에 부여하는 가치도, 일에 임하는 자세와 방식도 다릅니다. 개인차와 함께 세대 차이도 존재하지요. 그렇지만 긴 시간을 머무는 일터에서 긍정적 정서를 경험하고, 한 존재로 존중받고, 자기 가치를 높이며, 더 성장해 가길 원하지 않는 사람은 없습니다.

일터에서 사람들은 언제 긍정적인 정서를 느끼며, 자신이 존중받고, 자기 가치가 높아지며, 성장하고 있다고 생각할까요? 연말 성과 평가에서 좋은 점수를 받고 기대 이상으로 연봉이 인상할 때일까요? 업무 성과와 역량을 인정받아 다음 직급으로 승진할 때일까요? 탁월한 기여로 포상을 받아서 며칠간 해외여행을 다녀올 때일까요? 원하던 조직으로, 그것도 좋은 조건으로 이직할 때일까요?

위의 경우들 모두 맞습니다. 하지만 연구 결과들을 보면, 그러한 외적 보상이 주는 효과는 몇 주를 넘기지 못합니다. 우리의 행복도는 이내 그 사건 이전으로 돌아가지요. 그래서 우리에게는 1년이나 2~3년에 한 번씩 받는 큰 자극만이 아니라, 일상에서 수시로 얻을 수 있는 소소하되 건강한 자극이 필요합니다. 그 자극이 일 자체에서 스스로 느끼는 즐거움이나 몰입, 보람, 성취감 같은 내적 보상을 경험하는 데 영향을 미치는 것이라면 더욱 좋습니다.

일터의 일상에서 리더가 도울 수 있는 장면이 있습니다. 구성원이 수시로 긍정적 정서를 경험하고, 한 존재로 존중받고, 자기 가치를 높이며, 더 성장하고 있다는 것을 느끼게끔 말이지요. 바로 업무 지시 및 보고입니다. 리더의 업무 지시 및 보고는 구성원이 일터에서 자기 시간과 에너지를 관리하는 데 가장 큰 영향을 미칩니다. 리더로 대표되는 조직이 자기에게 어떤 일을 맡기는가, 그 일의 과정과 결과에 어떤 피드백을 주는가, 한 달 두 달 한 해 두 해가 흐르는 동안 그 업무와 피드백에 어떤 유의미한 변화가 있는가 하는 요소들은 구성원의 정서와 구성원이 일터에 몰입하는 데 지대한 영향을 끼칩니다. 리더에게도 업무 지시 및 보고는 조직 성과를 관리하고 구성원을 육성하는 데 가장 기본적이고 중요한 도구 가운데 하나입니다. 다음과 같은 기능을 하기 때문이지요.

※ 효과적인 업무 지시를 통해, 조직과 리더 자신 그리고 구성원의 시간과 에너지를 낭비 없이 활용하고 집중할 수 있다.

※ 조직과 일의 방향성, 방침, 리더의 관점, 관련한 주요 정보 등을 구성원과 자연스럽고도 효율적으로 공유할 수 있다.

※ 지시를 받고 보고를 하는 모습을 관찰하며 구성원의 업무 수행 역량과 열의 등을 파악하고, 그에 맞추어 업무를 지시하고 지원할 수 있다.

※ 조직과 구성원의 업무 진척도를 파악하고, 조직의 자원을 효율적으로 재분배하며 관리할 수 있다.

※ 구성원이 해당 업무를 이해하고 효과적인 업무 수행 방법을 찾아가도록 도움으로써, 구성원의 업무 수행 역량을 강화할 수 있다.

※ 공정하고 합리적인 업무 지시와 깊이 있는 보고 피드백을 통해, 구성원의 신뢰를 얻을 수 있다.

※ 리더가 부여하는 업무의 중요성, 업무 수행 과정에서의 배움과 성장, 자기가 수행한 일의 영향 등을 알게 하여 구성원의 업무 동기를 강화할 수 있다.

※ 구성원과의 체계적인 피드백 면담이 필요한 이슈를 발견할 수 있다.

※ 리더와 구성원의 일대일 보고 장면이 아니라 다수 구성원이 함께 참여하는 회의에서의 보고 장면이라면, 서로 학습하고 아이디어를 공유하는 장으로 만들 수 있다.

리더가 지시 및 보고 시간을 촉진함으로써 얻을 수 있는 위와 같은 효과는 일방적인 메시지 전달이나 비평하기, 질책하기, 설득하기,

가르치기 식의 피드백에서는 나타나기 힘듭니다. 만약 구성원이 어떤 말을 해도 리더가 자기 말만 계속할 거라는 생각이 들거나, 리더의 비평과 질책이 두렵거나, 일방적 설득이나 설교를 피하고 싶다면 어떤 일이 벌어질까요? 구성원은 자신이 처한 상황과 관점을 솔직하게 드러내지 않을 것입니다. 잘할 수 있는 방법이 아니라, 큰 문제 없이 수습할 수 있는 방법을 찾고, 안전한 정보만 보고하게 될 테지요. 이와는 다르게 리더가 지시 및 보고 시간을 촉진함으로써 얻을 수 있는 효과는 건강한 수준 5의 피드백으로 작동하는 양방향 커뮤니케이션을 통해 일어납니다.

업무 지시 커뮤니케이션을 촉진하는 피드백

　업무 지시는 리더의 권한입니다. 하지만 그 지시를 명확하고 합당한 것이 되게끔 노력하는 것은 리더의 책임이지요. 그리고 구성원이 지시받은 일만 하게 만드는 데 그치지 않고, 자기 고민까지 더하여 더 잘 해내고 싶게 만드는 것이 리더십의 예술입니다. 잘 해내고 싶은 마음이 있을 때 몰입하게 되고, 몰입할 때 일이 재미있어지며 창조적인 발상이 일어나니까요.

　구성원이 잘 해내고 싶은 마음을 갖도록 업무 지시를 하려면, 리더가 구성원의 마음에 일어나는 생각들을 알아차리고 반응할 수 있어야 합니다. 리더의 지시 내용, 구성원의 업무 성향, 현재 업무 상황, 앞서 공유한 정보 수준 등에 따라 차이가 있지만, 리더에게 업무를 지시받을 때 구성원은 다음과 같은 생각을 하게 됩니다(리더의 지시가 명확하지 않거나, 서로 알고 있는 것에 대해 공유하는 범위가 좁거나, 사용하는 언어가 다를수록 더 많은 생각을 하게 됩니다).

* 뭘 해야 하는 거지?

* 어떻게 하라는 거지?

* 이렇게 지시한 정확한 의도는 뭐지?

* 왜 해야 하는 거지?

* 언제까지 해야 하지?

* 왜 지금 지시를 하는 거지?

* 꼭 해야 하는 일인가?

* 왜 나한테 지시한 걸까?

* 이 일이 어떻게 쓰이게 될까?

* 이 일의 배경이 뭐지?

* 이 일의 스폰서, 이해관계자, 최종 고객은 누구지?

* 이 일에 대한 내 재량권과 리더에게 받을 수 있는 지원은 무엇일까?

* 이 일을 하면서 내가 얻는 것은 뭘까?

구성원이 저런 질문들을 자기 머릿속에만 담아두지 않고 직접 질문해 주면 좋겠지요. 하지만 대개는 '무엇을 언제까지 해야 하나요?' 같은 것 말고 다른 질문은 잘 하지 않습니다. 그 이유는 여러 가지 겠지요. "네, 알겠습니다"라고 답하지 않고 조목조목 질문하면 리더가 싫어할지도 모른다고 생각하거나 '나 정도 경력이면 알아서 해야지, 일일이 질문하면 무능하게 보일지 몰라' 하는 우려 때문일 수 있습니다.

또 '어떤 결과물을 들고 가도 결국엔 리더가 자기 마음대로 수정할 테니 질문할 필요가 없다'고 생각할 수도 있지요. 혹은 어떤 질문을 하면 좋을지 모르는 상태이거나, 여러 사람이 있는 회의 석상이라면 리더의 권위를 존중해 주고 싶은 마음일 수도 있습니다. 어떤 이유이건 궁금한 것을 해소하지 못하는 것은 명확한 커뮤니케이션에 방해가 됩니다.

성취 욕구가 높거나 자기 시간을 의미 있게 쓰고 싶은 구성원일수록 '무엇을 언제까지 해야 하는가'에 그치지 않고 관련 정보를 많이 알고 싶어 합니다. 리더의 정확한 지시 의도가 무엇인지, 왜 해야 하는지, 왜 지금인지, 꼭 해야 하는지, 그 일의 배경이 무엇이고 어디에 어떻게 사용될 것인지, 어떤 사람들이 관련되는지, 그리고 사안에 따라서는 자기 재량권과 리더의 지원, 일의 배경 등 관련 정보를 최대한 알고 싶어 하지요. 그들은 명확하고, 중요하고, 시급하고, 해낼 수 있는 일이고, 스스로 득이 되는 가치 있는 일이라면 우선순위를 조정해서라도 기꺼이 시간을 내고자 합니다. 그 업무 지시가 퇴근하기 한 시간 전에, 다음 날 아침을 시한으로 두고 수시로 떨어지는 게 아니라면 말이지요.

그렇다고 해서 구성원의 머릿속에 떠오를 법한 질문을 리더가 모두 다 예측하여, 항상 세세하고도 장황하게 업무를 지시하는 것도 바람직하지 않습니다. 구성원을 타이피스트로 만드는 격이니까요. 리더의 손발이 되어 움직이며, 일하는 즐거움을 느끼는 구성원은 없습니다. 시키는 대로 일하여 좋은 성과를 얻는다고 해도, 그것은 자신의 성과가 아니라 그 일을 지시한 리더의 것이 됩니다. 그러니 구성원은 일의 보람을 느끼지 못할 테지요. 물론 그 과정에서 리더의 일하는 방식을 배울 수는 있겠지만, 스스로 고민하고 시도하여 얻게 되는 배움에 비할 수는 없습니다.

리더 또한 항상 모든 것을 알고 있을 수는 없는 일입니다. 설령 다 알고 있다고 하더라도 리더가 그와 같은 방식으로 업무 지시를 하기 위해 준비를 해야 한다면, 자기 고유의 일을 수행할 시간을 확보하기 어렵습니다. 또한 리더 자신의 역량을 넘어서는 창의적 성과물을 얻을 수도 없겠지요.

리더가 같은 방식으로 업무를 지시해도 구성원들의 전문성, 역량, 업무 성향, 일에 대한 태도 등에 따라서 그 영향은 다르게 나타납니다. 어떤 구성원은 구체적인 정보와 지도가 부족한 상태에서는 일을 어떻게 풀어가야 할지 갈피를 잡지 못합니다. 그들은 애초 위와 같은 주요 질문들을 체계적으로 떠올릴 수가 없기에, 스트레스를 경험하며 그 성과물도 미진할 수밖에 없습니다. 그리고 리더의 불명확한 지시에 대해 불평하게 되지요.

반면에 어떤 구성원들은 리더가 지시 의도를 포함한 핵심 정보만 전달해 주고, 스스로 알아서 하도록 재량권을 최대한 부여해 주는 방식을 선호합니다. 리더의 상세한 요구가 오히려 그들의 주도적이고 창의적인 업무 수행을 방해하게 되는 것이지요.

정리해 보면, 업무 지시 커뮤니케이션에서의 관건은 '명확하게 지시하되, 업무 사안과 구성원에 따라 구체성의 수위를 조절하고, 구성원이 리더의 지시를 잘 이행하려는 동기를 갖도록 하는 것'입니다. 그래서 업무를 지시할 때 각 구성원이 필요로 하는 정보를 적시에 공유하려면, 간명하게 지시한 후에 구성원의 이해를 파악하고 메시지를 서로 공유하기 위한 양방향 커뮤니케이션이 필요합니다. 이때 3장에서 다룬 세 가지 스몰 피드백 스킬인 '주요 단어, 문장, 비언어 반사하기', '이야기 요약하기', '상대방의 이야기가 나에게 일으킨 생각이나 감정 표현하기'를 유용하게 활용할 수 있습니다.

특히 다음과 같은 시점에 스몰 피드백을 적용하면, 업무 지시 커뮤니케이션을 효과적으로 촉진할 수 있습니다.

① 업무 지시를 하기에 앞서, 구성원에게 평소와 다른 점이 보일 때
② 업무 지시 후 구성원의 표정에 궁금함이 보이거나, 리더가 구성원의 생각이 궁금할 때

③ 구성원이 따지듯이 질문하거나 지시를 바로 수용하지 않을 때

④ 구성원에게 응원과 격려가 필요할 때

⑤ 구성원에게 감사를 표현하고 싶을 때

업무 지시에서 스몰 피드백이 필요한 다섯 가지 경우

① 업무 지시를 하기에 앞서,
   구성원에게 평소와 다른 점이 보일 때

리더를 찾아온 구성원을 보니 다친 곳이 있거나 "부르셨어요, 팀 장님?"이라고 말하는데 목소리가 갈라져 있다면, 바로 업무 지시에 들어가지 않습니다. "손가락에 웬 깁스야? 언제 다쳤어?", "어, 목이 많이 쉬었네?"라고 말하며, 그 비언어적인 정보에 반응하도록 합니다. 부정적 정보만이 아니라, 평소보다 밝은 표정이나 목소리가 관찰될 때도 이렇게 반응해 봅니다. "무슨 좋은 일 있어? 오늘따라 표정이 밝네?", "휴가 잘 다녀왔구나? 민우 씨의 생동감 있는 목소리가 돌아왔네."

어려운 일이 있으면 해결하기 위한 도움을 주거나, 적어도 위로와 격려를 전하는 것, 그리고 좋은 일에 기쁨을 서로 나누는 것은 건강한 관계 맺기의 기본입니다. 평소와 다른 점이 보여도 급박한 업무 지시 탓에 반응하고 챙길 시간이 없었다면, 일을 마친 후라도 차 한 잔하며 안부를 챙겨보도록 합니다.

구성원이 지금 어떤 상태로 일하고 있는지, 더 쉽고 풍부하게 관찰할 수 있는 곳은 그가 일하는 자리입니다. 따라서 주변 사람들이 두 사람의 대화 내용을 들어도 되고, 그들의 업무에 방해되지 않는 상황이라면, 구성원을 호출하기보다 그 옆으로 직접 가서 업무를 지시하는 것도 좋은 방법입니다.

② 업무 지시 후 구성원의 표정에 궁금함이 보이거나,
　 리더가 구성원의 생각이 궁금할 때

　'무엇을, 언제까지, 왜'라는 필수적인 정보들을 포함하여 리더가 명확하게 업무를 지시했음에도, 구성원의 표정에 궁금함이 드러날 때가 있습니다. 그러면 "궁금한 점이 있어?"라고 질문하며 그 기운에 반응하도록 합니다. 구성원이 "아닙니다"라고 답은 하지만 여전히 궁금하거나 의아해하는 표정이 남아 있다면, 방금 지시한 내용을 구성원이 이해했는지 확인해 보도록 합니다.

　신입사원이라면 "동민 씨가 이해한 내용을 한번 말해볼래?"라고 직접 요청해도 좋습니다. 구성원이 경력자라면 "내가 볼 때 이번 일은 현장 인터뷰가 필요한 것 같은데, 지안 씨 생각은 어때?"라며 지시한 업무의 주요 실행 부분과 관련하여 질문해 봅니다. 혹은 "그럼 내일이 착수 미팅인데, 어떤 점부터 보완해 보고 싶어?"라고 첫 행동을 물어보는 것도, 업무 지시에 대해 구성원이 얼마나 이해했는지 확인할 수 있는 효과적인 방법이지요.

리더의 질문에 구성원이 답할 때 스몰 피드백으로 촉진하여 구성원의 이해를 더 명확히 확인하고, 그가 생각을 정리하는 것을 도우며, 리더의 생각 또한 표현하여 효과적으로 업무 지시 메시지를 공유합니다. 그 과정에서 해당 업무와 관련된 구성원의 지식과 경험, 업무에 접근하는 방식, 일에 대한 동기 수준, 관심사, 리더의 지원이 필요한 부분 등도 자연스럽게 파악할 수 있습니다.

③ 구성원이 따지듯이 질문하거나
　지시를 바로 수용하지 않을 때

구성원이 리더의 업무 지시를 곧바로 수용하지 않을 때가 있습니다. 그럴 때는 주로 "왜요?", "제가요?", "지금요?", "이걸 전부 다요?", "굳이 직접 가서 전달해야 해요?", "지난 회의 때는 필요 없다고 하셨는데요?" 등의 질문이 나옵니다. 합당한 지시를 했는데도 구성원이 받아들이지 않으면, 리더는 화가 나고 구성원이 괘씸하기만 합니다. 어차피 하게 될 일인데 기분 좋게 수용하지 않는 구성원을 보며 짜증이 입니다. 같이 일하기 피곤한 사람이라거나 리더에 대한 예의가 없는 사람이라는 낙인을 찍기도 하지요. '내가 이렇게까지 해주는데 왜 저렇게 반응하지' 하는 마음에 서운함이 올라오기도 합니다. 아직 자기중심을 잡지 못한 신임 리더라면 자신의 존재감과 권위를 의심하며, 자괴감을 느끼기도 합니다.

이런 상황에서 리더가 가장 먼저 효과적으로 할 수 있는 행동은, 그 질문에 바로 답하거나 짜증을 내며 질책하거나 지시를 철회하는 것이 아닙니다. '있는 그대로 반사하기'를 하는 것이지요. 단, 구성원의 질문 내용이나 방식에서 리더가 느낀 무례함이나 저항의 에너지는 반사하지 않도록 유의합니다. 구성원이 실제로 무례했거나 반항적으로 말했을 수도 있지만, 리더가 자격지심에 잘못 추론한 것일 수도 있으니까요.

설령 실제로 구성원이 그랬다고 하더라도, 부정적 에너지까지 그대로 반사해서는 안 됩니다. 대화가 감정적으로 치닫게 되어 이성적 논의가 어려워지고, 구성원의 속마음과 의도를 파악하기도 어려워지기 때문이지요. 일대일 대화가 아닌, 여러 구성원이 함께 하는 회의 석상에서 그런 일이 일어나면 리더의 대처는 더 중요해집니다. 구성원들은 그런 민감한 상황에서 리더가 어떻게 대처하는 사람인가를 관심 있게 지켜보게 되니까요.

'있는 그대로 반사하기'를 하려면 리더의 마음챙김이 필요합니다. 정중하지 않은 구성원의 어조나 눈빛, 리더의 지시를 헤아려 보지도 않고 되받아치는 것 같은 태도에 불쾌해진 자신의 마음을 알아차립니다. 그리고 구성원이 리더를 불편하게 만들 의도로 그렇게 말한 것이 아님을 알아차립니다. 좋은 것이든 좋지 않은 것이든, 외부에서

오는 자극은 내가 반응할 때만 자신에게 영향을 미친다는 것을 알아차립니다. 그리고 내가 반응하는 방식에 따라, 내가 받는 영향과 외부에 미치는 영향 또한 달라진다는 것을 알아차립니다.

구성원이 평소의 자기 말투로 말하고 있음에도 내가 민감하게 반응하고 있다면 '내 마음에 지금 여유가 없구나' 하고 알아차리며 마음을 챙겨봅니다. 구성원이 평소와 다르게 부정적으로 말하고 있다면 '저 친구가 지금 어려운 부분이 있나 보네. 그게 뭘까?'라고 궁금해하며, 주의를 구성원에게 더 고요하게 모아봅니다. 거친 표현 방식이 아니라 그 안에 담긴 의미에 집중하고, 표면적 의미에 갇히지 않고 속마음에 집중하며, 한 걸음 더 들어가서 그 안에 담긴 긍정적

마음챙김으로 깊은 곳까지 반응하기

의도를 헤아려 봅니다. 자칫 서로 날카로워질 수 있었던 상황이 리더의 고요한 반사하기를 통해 생산적인 대화 상황으로 전환될 수 있습니다.

구성원의 반응	반응에 담긴 의미, 속마음, 긍정적 의도	효과적이지 않은 반사하기	효과적인 반사하기
왜요?	• 의미 - 이 일을 왜 해야 하는지 설명해 주실 수 있나요? - 이 일이 어떻게 쓰일지 알고 싶어요. • 속마음 - 이 일을 해야 하는 이유나 필요성을 알면 더 잘 처리할 수 있어요. - 아무 이유도 설명해 주지 않은 채 그냥 하라고 하면 짜증이 납니다. - 필요하지 않은 일에 헛되이 시간을 쓰고 싶지 않아요. • 긍정적 의도 - 보람을 느끼며 일하고 싶어요. - 나를 존중해 주세요.	- '왜'요? - '왜'라니? - 태도가 그게 뭐야? - 못마땅한 표정이네?	- 왜 ~을 해야 하냐고? (구성원의 "왜요?"라는 질문에서 내가 일으킨 불쾌한 감정은 배제하고, 그 의미를 반영하여 반사한다)

④ 구성원에게 응원과 격려가 필요할 때

리더가 지시한 일에 구성원이 경험 부족, 역량 부족, 시간 부족, 혹은 상황이 여의치 않음을 언급하며, 업무 추진에 대한 자신감이 없이 주저하는 모습을 보일 때가 있습니다. 이때 "너는 왜 그렇게 매사 자신감이 없냐?", "해보지 않고 또 그러냐?"와 같은 비판이나 "처음부터 잘하는 건 없어. 해보면서 배우는 거야"와 같은 조언이나 "내가 보기에 네가 적임자야", "잘할 수 있을 거야", "너는 늘 그러면서도 문제없이 해내잖아" 등과 같은 섣부른 인정이나 격려의 말들은 그리 도움이 되지 않습니다.

구성원을 응원하고 격려하고자 한다면, 스몰 피드백으로 구성원이 이야기를 좀 더 꺼내도록 돕는 것이 보다 효과적입니다. 리더가 해주고 싶은 직접적인 칭찬이나 조언은 잠시 미뤄두고 말이지요. 이제껏 안 해본 일을 맡기려는데 주저하는 구성원이 있다고요? 그럴 때 리더는 스몰 피드백을 어떻게 활용하는지, 그리고 어느 시점에 자기가 말하고 싶었던 피드백을 하는지 한번 살펴볼까요?

리더: 민우 씨, 이번 팀장 교육 오리엔테이션은 민우 씨가 직접 해보면 어때?

민우: (걱정스러운 표정으로) 제가요?

리더: 응. 민우 씨가 했으면 해. 뭐 걱정되는 거라도 있어?

민우: 제가 잘 할 수 있을까요?

리더: 잘 할 수 있을까 싶은 거야?

민우: 네, 한 번도 안 해본 일이라서요….

리더: 한 번도 안 해본 일이라서?

민우: 팀장님 하시는 걸 몇 번 지켜봐서, 어떻게 하는지 아예 모르는 건 아닌데요. 사람들 앞에 서는 게 워낙 부담스러워서요. 그리고 사원들도 아니고 팀장님들 앞이잖아요.

리더: 어떻게 하는지를 모르는 건 아닌데, 팀장들 앞에 서기가 부담스럽구나?

민우: 네. 특히 이번에 목소리 큰 이 팀장님이 참석하시잖아요. 필수 교육이라 다들 불만이 많은데, 그분이 대놓고 처음부터 컴플레인을 할 것 같아요. 직급도 낮은 제가 잘못 대처했다가 첫날부터 분위기를 망치면 어쩌지요? 며칠 전에도 교육 기수 조정해 달라고 연락하셨던데, 제가 이번에는 안 된다고 했더니 그분 엄청 짜증을 내셨거든요.

리더: 또 기수 조정을 해달라고 했어? 엄청 짜증까지 냈고?

민우: 네. 근데 벌써 세 번이나 바꿔드린 거고, 다음 기수에는 인원이 더 많아서 해드릴 수 없는 상황이라 안 된다고 거절했어요.

리더: 고참 팀장의 요청을 거절하기가 쉽지 않았을 텐데, 잘했네. 한두 기수도 아니고, 그간 팀장들 상대하느라 민우 씨가 고충이 많았구나.

민우: 아니에요, 제가 해야 할 일인데요. 그리고 오리엔테이션도 한번 해보겠습니다. 담당자가 할 일인데, 그동안은 팀장님이 맡아주신 거

잖아요.

리더: 해볼래? 그리고 민우 씨, 내가 해주고 싶은 말이 있어. 들어볼 테야?

민우: ….

리더: 그간 민우 씨가 교육 운영하면서 수시로 팀장들 응대하는 걸 내가 봤잖아. 쉬는 시간에 팀장들 요청이나 질문에 나이나 경력이 생각나지 않을 정도로 안정감 있고 빠르게 잘 대처해 줘서, 팀장들이 칭찬을 많이 하더라고. 저런 사람 어디에서 뽑았냐, 또 없냐 그러더라니까. 그 왜, 지난 기수 때 박 팀장이 그룹 활동 시간에 계속 늦게 들어왔잖아. 민우 씨가 그걸 보고 "박 팀장님, 계속 늦으시네요. 다른 분들이 기다리셨어요. 바쁜 일이 있으신가요? 제가 도와드릴 일이 있을까요?"라고 했더니, 그 뒤부터 칼같이 시간 맞춰서 들어왔지. 이번 기수부터는 민우 씨가 처음부터 끝까지 맡아서 운영해 보자. 조금 힘들겠지만, 운영 지원만 하는 것보단 재미있을 거야. 내가 옆에서 지원해 줄게.

민우: 네, 그렇게 하겠습니다. 힘을 주셔서 감사해요, 팀장님.

⑤ 구성원에게 감사를 표현하고 싶을 때

업무 지시 상황에서 리더의 피드백이 필요한 또 다른 경우는, 구성원에게 감사를 표현하고 싶을 때입니다. 이미 바쁜 상황에서 또 새로운 업무를 지시했는데 기꺼이 맡아줄 때, 불가피하게 갑작스러운 지시를 하게 된 리더의 마음을 알아줄 때, 자기 일이 아닌데도 "왜

제가요?"라고 하지 않고 일을 받아들일 때, 어려운 일임에도 피하지 않고 해보겠다며 의욕을 보일 때, 리더가 그 일을 당연하게 여기지 않고 고마움을 표현하면 구성원은 존중받는다고 생각하게 되지요.

까다롭게 질문하며 리더의 업무 지시에 도전하는 구성원에게도 감사를 표현할 수 있습니다. "왜 굳이 이 바쁜 시기에 그 일을 해야 하냐고 물었지? 난 그냥 당연히 해야 하는 일이라고 생각했거든. 그런데 민우 씨 질문에 답하다 보니, 이번 일의 중요성을 다시 생각해 보게 됐지 뭐야. 고마워. 앞으로도 그런 질문, 대환영이야"라고 말해 준다면 어떨까요? 구성원은 리더가 자기를 존중하고 있다고 생각할 뿐더러 열린 커뮤니케이션을 원하는 리더의 마음을 알아차리며, 더 나은 일터에 대한 기대와 믿음을 가질 수 있습니다.

업무 보고 커뮤니케이션을 촉진하는 피드백

'보고를 효과적으로 하는 법'은 구성원 교육에 빈번하게 들어가는 주제입니다. 그런데 정작 그 교육을 받는 구성원들은 '보고를 효과적으로 받는 법'을 리더에게 교육하면 좋겠다고 많이 이야기합니다. 커뮤니케이션이 제대로 이뤄지지 않을 때, 보고는 하는 이에게도 받는 이에게도 에너지가 소진되는 부분입니다.

반면 커뮤니케이션이 원활하게 이뤄진다면, 보고는 리더와 구성원이 일대일로 나눌 수 있는 가장 의미 있고 생산적인 대화 장면이 됩니다. '일'은 리더와 구성원이 일터에서 공유하고 협력하며 상호 성장을 지원할 수 있는 가장 중요한 부분이니까요. 바람직한 보고 커뮤니케이션은 리더와 구성원 양자의 역할을 모두 요구하지만, 더 큰 영향을 미칠 수 있는 것은 리더입니다.

대면 보고 장면을 중심으로, 보고를 받기 시작할 때부터 마무리할 때까지 리더가 피드백으로 구성원과의 보고 커뮤니케이션을 어떻게 촉진할 수 있는지 구체적으로 살펴보도록 할까요?

■ 보고를 받기 시작할 때

보고를 받기 시작할 때 리더가 가장 먼저 해야 할 일은, 다른 데 쏠려 있던 주의를 보고로 전환하는 것입니다. 하던 일을 멈추고 몸과 마음이 온전히 그곳에 있게 해야 하지요. 그리고 구성원들이 리더의 주의가 전환되었음을 알아차릴 수 있도록 합니다. 노트북 모니터에서 눈을 돌려 구성원을 바라보고, 시선을 맞추고, 무심히 사물을 보는 것이 아니라 사람을 환대하는 표정으로 반응을 보여야 하지요.

마땅히 그래야 한다는 것을 리더라면 알고 있을 것입니다. 하지만 여기에는 노력이 필요합니다. 하루 내내 찾는 사람도 많은 바쁜 리더가, 수시로 찾아오는 구성원들을 맞이할 때마다 하던 일을 멈추고 온전히 주의를 집중하기 위해서는 의식적인 노력을 기울여야만 하지요.

그렇게 주의를 집중하는 모습은, 리더가 그 시간을 중요하게 여긴다는 메시지를 구성원에게 전달하여 긍정적 긴장을 일으킵니다. 리더로서도 어차피 한 번에 두 가지 일을 동시에 할 수는 없습니다. 따라서 그러한 주의 전환은 리더에게도 지금 들어야 하는 보고를 더 잘 듣게 하고 스트레스의 총량을 낮추는 방법이 됩니다.

곧 시작할 보고에 주의를 온전히 집중하려면, 리더는 다음 두 가지를 기억해야 합니다. 하나는 보고 시간의 '중요성'을 헤아릴 때, 그 기준을 '구성원'에게 둬야 한다는 것입니다. 보고 사안이 리더 자신에게 중요한 것일 때는, 노력하지 않아도 자연스럽게 주의가 집중됩니다. 문제는 리더가 볼 때는 썩 중요한 보고가 아니지만, 구성원에게는 중요한 보고들이 있다는 것입니다.

예를 들면, 구성원이 회사에 들어와서 처음으로 하는 보고이거나, 혼자서 맡은 첫 번째 기획을 보고하는 자리이거나, 처음으로 거래처를 다녀온 후의 보고이거나, 첫 해외 출장 후의 보고이거나, 여러 달 끌어온 문제를 해결한 후의 보고이거나, 경력 입사 후에 낯선 조직에서 하는 첫 보고이거나, 육아휴직으로 인한 오랜 공백기 후의 첫 보고라면 그 자리는 구성원에게 분명히 중요합니다.

조금 더 관점을 확장하여 보고의 의미를 들여다보면, 사실 일터에서 중요하지 않은 보고 시간이란 없습니다. 모든 보고는 구성원이 자기 시간을 투자하여 만들어 낸 과제 수행이나 고민의 결과물이지요. 보고를 주고받을 때는, 적어도 리더가 구성원을 만나 주제가 있는 커뮤니케이션을 하는 시간으로서의 가치가 있습니다. 만약 구성원의 보고가 전혀 중요하지 않은 것이라면, 리더의 업무 지시에 문제가 있거나, 리더가 불필요한 보고를 시키고 있거나, 구성원의 역량 강화가 필요하다는 신호입니다.

보고에 주의를 집중할 때 리더가 기억해야 하는 다른 한 가지는, 보고 내용만이 아니라 보고자에게 주의를 기울여야 한다는 점입니다. 보고를 받기 시작할 때 리더의 시선이 주로 어디에 머무는지 관찰해 본 적이 있나요? 90% 이상의 리더들이 보고자가 아닌 보고 자료를 바라봅니다. 자료가 없는 보고일 때도 구성원의 눈을 보지 않고 시선을 다른 곳에 두는 경우가 허다하고요. 구성원이 보고 후에 받게 될 리더의 피드백에 부담을 갖듯, 리더는 보고를 받고 해주어야 하는 피드백에 부담을 갖기 때문이지요.

구성원이 지시 내용을 잘 이행했는지, 구성원을 통해 진행해야 하는 일들이 차질 없이 이루어지고 있는지, 어떤 피드백을 해야 구성원이 남은 일들을 잘 마무리할지, 리더는 머릿속이 복잡합니다. 제대로 피드백을 하려면 무엇보다 보고 내용을 잘 파악해야 한다는 생각에, 보고 자료를 열심히 읽거나 구성원은 바라보지 않은 채 귀에 들리는 설명에만 집중합니다. 이러한 상태에서는 구성원의 비언어에서 전달되는 메시지를 거의 놓치게 되어, 오히려 내용을 파악하기가 더 어려워지지요. 그리고 구성원을 이완시키지 못한 탓에 그 속의 이야기들을 다 끌어내지도 못합니다.

주의를 구성원에게 온전히 집중하면 눈에 들어오는 것들이 있습니다. 업무를 지시할 때 구성원에게 보이는 것에 먼저 반응한 후 자연스럽게 커뮤니케이션을 시작한 것처럼, 지금 관찰되는 것에서 시작하여 가볍게 안부를 나눈 후에 업무 보고를 받도록 합니다.

■ 보고를 받을 때

　업무적 차원에서 볼 때, 보고를 받는다는 것은 구성원의 이야기를 명확히 듣고, 필요한 정보를 제공하며, 아이디어를 창출하고, 문제를 해결하며, 의사를 결정하는 등 그 업무 과정을 돕는 피드백을 하는 것입니다. 구성원 육성 차원에서는, 구성원이 주도적으로 자기 일을 추진하고 일을 통해 의미와 보람을 느끼면서 조직과 함께 성장해 나아갈 수 있도록 돕는 일이지요.

　업무 보고의 이와 같은 목적을 알고 있음에도, 보고를 받을 때 리더들이 종종 저지르는 실수들이 있습니다. '부정적 피드백부터 하기', '긍정적 피드백 없이 부정적인 피드백만 하기', '구성원의 생각은 듣지 않고, 자기가 하고 싶은 말만 하기', '구성원에게 브리핑을 시켜놓고, 마지막에 종합평가 하듯이 피드백하기', '빨간펜 선생님처럼 밑줄을 치며 하나하나 가르치기', '본질적인 부분에 대한 피드백 없이 양식만 지적하기', '별다른 피드백을 하지 않고, 자기가 이어서 마무리하기'입니다. 모두가 구성원의 마음을 꺾는 피드백 행동들이지요.

　피드백에서 일어나는 위와 같은 대표적인 실수들을 들여다보면, 보다 효율적으로 업무를 처리하고자 하는 긍정적인 의도가 숨어 있습니다.

보고받을 때 주로 하는 실수	긍정적 의도
긍정적 피드백 없이 부정적인 피드백만 하기	이미 잘되고 있는 것은 내버려 둬도 문제가 없으니, 부족한 부분에 피드백을 집중하자. 듣기에 좋은 뻔한 칭찬보다 개선점을 말해주는 편이 구성원한테 도움이 될 거다.
구성원 생각은 듣지 않고 자기가 하고 싶은 말만 하기	구성원의 생각은 듣지 않아도 짐작이 되고 지금 나에게 더 나은 답이 보이니, 시간 소모할 것 없이 빠르게 내 생각을 알려주는 편이 서로에게 도움이 된다.
구성원에게 브리핑을 시켜놓고 마지막에 종합평가 하기	중간에 이야기가 오가게 되면 시간이 더 걸리니까 일단 들어보자. 들으면서 내 생각을 빠짐없이 체계적으로 정리하여 한 번에 명확하게 알려주면, 구성원도 이해하기 쉬울 것이다.
빨간펜 선생님처럼 밑줄 치며 일일이 가르치기	제대로 알려주지 않으면 또 오류가 생길 수 있고, 구성원이 내 수정 지시를 놓치거나 임의로 해석하다가 실수할 수 있다. 그러니 정확하게 표시하여 알려주자.
본질적인 것에 대한 피드백 없이 양식만 지적하기	본질적인 부분에 문제가 없거나 내가 더 해줄 말이 없을 때는 양식의 완성도라도 높여주자. 눈에 보이는 것도 중요하다. 그리고 뭐라도 말해주는 게 도움이 될 것이다.
"수고했어" 외의 별다른 피드백을 하지 않고 자기가 이어서 마무리하기	내가 처리하면 금방 될 일이다. 일일이 어렵게 수정 지시를 하고 다시 보고하는 데 들어가는 서로의 수고와 시간을 줄이자.

의도는 긍정적이지만, 리더들이 효율성을 위해 선택하는 이와 같은 피드백 행동들은 오히려 서로의 시간과 에너지를 빼앗게 됩니다. 충분히 공유되지 않은 메시지는 또 다른 지시와 논의를 반복하게 하지요. 잘하고자 하는 마음이 꺾인 구성원은 최상의 성과를 내지 못하고, 리더는 구성원에게 동기를 부여하기 위한 시간을 따로 할애해야 하고요. 무엇보다 구성원의 주도성을 키우지 못해서, 리더는 '마이크로 매니징'의 감옥에 빠지게 됩니다. 그 감옥에서 빠져나오려면 수준 5의 피드백을 시도해야 합니다.

보고를 받을 때 수준 5의 피드백에서 중요한 것은 순서입니다. 어떤 이야기부터 나누는가에 따라 마음이 열리는 정도가 다르고, 마음이 열리는 정도에 따라 피드백을 공유하는 수준이 달라지기 때문이지요. 그리고 이야기의 순서에 따라, 구성원이 이미 인지하고 있는 부분을 파악하게 됩니다. 그리하여 굳이 해주지 않아도 될 말은 생략하고, 꼭 필요한 부분에만 시간을 할애하여 피드백할 수 있습니다.

첫 번째로 해야 하는 것은 긍정적인 피드백입니다. 사전에 보고서를 받았다면 그에 대한 긍정적인 부분을 먼저 언급합니다. 보고서가 전체적으로 만족스럽지 않았더라도 방향성이 잘 표현되었다든가, 데이터가 잘 정리되었다든가 하고 부분적으로 좋은 것에 대해 말해줍니다. 내용에서 칭찬할 것이 보이지 않는다면 "출장 다녀와서 피곤했을 텐데, 바로 처리했네"라든가 "예정에 없던 일을 요청해서, 늦게까지 작업하느라 수고했어"와 같이 노력을 인정해 주어도 좋겠지요.

긍정 피드백을 할 만한 부분이 전혀 보이지 않는다면 "내가 자료를 보기는 했는데, 1~2분쯤 주요 내용만 간단히 설명해 줄래?"라고 구성원에게 브리핑을 요청해 봅니다. 사전에 자료를 받지 못했다면, 구성원을 옆에 두고 자료를 혼자 읽기보다 설명을 요청합니다. 자료가 없는 구두 보고라면 구성원에게 주의를 모으고 이야기를 듣기 시작하면 되겠지요. 구성원의 언어와 비언어 모두에 눈과 귀를 열고 주의를 집중합니다. 혼자 자기 생각 속에서 듣지 않고, 스몰 피드백을 하며 구성원이 자기 생각을 충분히 표현하도록 촉진하며 듣습니다.

자신감이나 표현력이 부족하여 자기 생각을 전달하는 힘이 충분치 못한 구성원에게는 이 과정이 특히 중요합니다. 표현이 서툴다고 하여 생각이 없는 것은 아닙니다. 따라서 그 생각을 잘 풀어낼 수 있도록 돕는 것은, 업무 추진을 위해서나 구성원 육성을 위해서나 중요한 일입니다. 내실 없이 말만 앞서는 구성원과의 대화에서도, 반사하기와 요약하기는 리더가 구성원 메시지의 진위와 핵심을 파악하는데 도움이 됩니다.

듣다 보니 구성원의 메시지가 모호하거나 장황해져서, 보고의 흐름을 전환할 필요가 있다고 생각될 때가 있습니다. 그럴 때는 "결론부터 말해볼까?", "그래서, 지금 하고 싶은 이야기가 뭐야?"라고 일방적으로 이야기의 중간을 자르며 반응하는 대신, 중단해도 되는 적절한 시점에 개입하여 스몰 피드백을 한 다음에 대화의 흐름을 자연스럽게 전환하도록 합니다.

일방적으로 자르기	반사하기, 요약하기 또는 상대방의 이야기를 듣고 떠오르는 나의 생각이나 감정 말하기 + 보고의 흐름 전환하기
결론부터 말해볼까?	막상 현장 조사를 해보니까 우리 예상과 다른 게 많다는 거지? 그래서 이번 조사를 통해서 지안 씨가 내린 결론은 뭐야?
그래서, 지금 하고 싶은 이야기가 뭐야?	지안 씨가 지금 말하면서 "고민이 된다"는 이야기를 세 번이나 하는 걸 보니, 이 일을 추진하면서 생각이 많은 것 같네. 그래서 지금 나랑 어떤 이야기를 가장 나누고 싶어?

보고를 받으며 스몰 피드백으로 구성원이 자기 생각을 더 깊게 표현하도록 촉진해 보면, 긍정적 피드백을 할 만하거나 긍정적 피드백이 필요한 부분을 발견하게 됩니다. 보고자가 볼 때, 보고서나 짧은 브리핑에는 다 담을 수 없는 업무 관련 이야기들이 많이 있습니다. 리더가 시간을 확보하고 마음을 낸다면 구성원이 해당 업무와 관련하여 무엇을 진지하게 고민했는지, 어떤 의미 있는 모색이나 활동을 했는지, 보고 준비 과정에서는 무슨 일이 있었는지, 아직 어떤 점을 혼란스러워하는지에 대해 들을 수 있습니다.

커뮤니케이션이 깊어지면 구성원의 사적인 고충도 슬쩍 엿볼 수 있습니다. 업무 외 시간을 들여서라도 잘 해내고 싶을 만큼 욕심나는 일이지만, 퇴근 후에는 어린 자녀의 육아로 지쳐서 더 시간을 낼 수 없다는 등의 자기 삶에서 현재 부모 역할도 경험하고 있는 구성원의 애로 같은 것 말이지요.

그러한 이야기를 들으며, 리더는 있는 그대로를 알아주기만 해도 좋습니다. "처음 생각했던 것보다 일이 커져서, 자료 정리하는 데 시간이 부족했구나?", "새로운 방식을 시도해 보고 싶었는데, 생각만큼 안 된 거로군?", "이번 작업을 정말 제대로 해보고 싶구나?", "어제 늦게까지 일곱 번이나 고쳐 쓴 거구나", "보고서 쓰는 게 처음이라, 문장을 어떻게 써야 하나부터 고민이 되었나 보네", "추가 시간을 들여서라도 해내고 싶을 만큼 욕심나는 일이지만, 지금 상황이 여의치 않구나" 등과 같이, 특별한 말이 아니어도 괜찮습니다. 구성원이 나름대로 애쓰고 고민하는 바를 리더가 있는 그대로 알아주는 것만으로도 긍정적인 피드백이 됩니다.

중간중간 스몰 피드백을 하며 전반적인 내용을 파악했다면, 보고를 끝내기 전에 종합적인 피드백을 합니다. 이때도 긍정 피드백을 먼저 합니다. 칭찬할 부분이 전혀 없는 보고는 없습니다. 리더가 찾지 못할 뿐이지요. "듣고 보니, 보고 전체의 핵심을 제목에 잘 표현했네", "요약을 넣으니까 이해하기가 쉽군", "무엇을, 왜 하자고 하는지가 명쾌한 보고였어", "각 페이지의 핵심을 상단에 헤드 메시지로 잘 뽑았네", "사례와 근거 들이 있어서 이해하기가 한결 쉬웠어", "표들이 한눈에 들어오는군", "중간중간에 좋은 아이디어들이 있군", "나랑 같이 이야기했던 것에 그치지 않고, 혼자 고민하면서 한 단계 더 나아갔네", "중요한 걸 다 챙기면서도, 일정보다 빨리 진행하고 있네", "시간이 얼마 없었을 텐데, 이 많은 조사를 다 하느라 수고했어."

많이 부족한 보고라고 해도, 구성원의 노력이 엿보인다면 긍정적 피드백이 가능합니다. 여전히 정리가 덜 되어 있고 어수선하긴 해도 나아진 부분이 보인다면 "비교표가 들어가니까, 지난번보다 내용이 눈에 더 잘 들어와"라고 말할 수 있습니다. 여전히 보고서에 실수한 곳이 보여도 지난번보다 줄었다면 "아직 오타가 좀 보이지만, 전보다 많이 줄었네"라며 칭찬해 줄 수 있겠지요. 늘 장황하게 말하던 구성원이 리더의 계속된 요청에 따라 좀 더 명료하게 표현하기 시작했다면 "무엇을 요청하는 보고인지 시작할 때 먼저 말해주고, 세 개 포인트로 요약하며 설명해 줘서 이해하기가 쉬웠어"라고 변화한 부분에 대하여 피드백해 줄 수 있습니다.

긍정적 피드백을 보다 의미 있게 만드는 방법이 있습니다. "잘했다. 이렇게 하니까 ~한 효과가 있네"라고 평가하거나 일일이 설명하며 칭찬하기보다 "이 아이디어 새롭네. 어떻게 이런 생각을 다 했어?", "이건 어떻게 찾아낸 거야?"와 같이 질문하여, 구성원 스스로 자신의 성취를 드러내게 만드는 방법을 쓰면 좋습니다. 리더가 피드백하지 않아도 구성원 스스로 자신의 아이디어나 업무 수행의 효과를 알게 되면, 굳이 리더가 그것에 대해 가르쳐 줄 필요가 없겠지요. 스스로 발견하도록 돕는 것이 훨씬 더 큰 의미가 있습니다.

구성원의 성취를 오롯이 그의 것으로 만들어 주는 일도 긍정 피드백에서 매우 중요합니다. "그것 봐, 내가 뭐랬어", "내 말대로 하니까 되지?", "이렇게 하니까 좀 좋아?"라는 식으로 리더가 자신의 공을 드러내면, 구성원을 칭찬하는 게 아니라 리더 자신을 칭찬하는 셈이 되어버립니다. 긍정적 피드백의 효과가 반감되지요. 리더가 도운 것이 맞다 하더라도, 그 성취를 온전히 구성원의 것으로 만들어 주어야 합니다. 그럴 수 있는 리더의 어른다운 품이 필요합니다.

부족한 부분이 있다면 당연히 조언을 해주어야 하지요. 교정적 피드백을 건설적으로 할 수 있는 좋은 방법은, 구체적으로 조언하기 전에 먼저 질문해 보는 것입니다. 리더가 '빨간펜 선생님'처럼 일일이 지적하며 수정 사항을 지시할 필요는 없습니다. 그보다는 다음과 같은 질문을 통해 구성원이 스스로 부족한 부분을 알아차리도록 돕거나, 적어도 보고를 받는 이에게 제대로 전달하지 못하는 부분을 알아차리도록 돕습니다.

※ 좀 전에 말한 결론이 이 보고서 어디에 나와 있지?

※ 핵심 메시지를 앞부분이 아니라 뒤에 넣은 건 어떤 이유 때문이야?

※ 각 페이지에서 가장 하고 싶은 이야기는 뭐야?

※ 각 주장에 대한 근거는 어떻게 보완할 수 있을까?

※ 세부 데이터를 뒤에 첨부하지 않고 중간중간 넣은 이유가 있어?

구성원의 답변을 듣다 보면, 결과물은 부족해도 그 고민과 시도에 대해 칭찬할 부분이 추가로 생길 수 있습니다. 구성원이 의도한 바를 더욱 명확히 알게 되어, 효과적인 개선 방법을 찾도록 도울 수도 있고요. 이 과정에서도 구성원의 생각을 충분히 들으려면, 스몰 피드백을 통해 대화를 안전하고 생산적으로 촉진해야 합니다. 직접적으로 지적하거나 질책하지 않고 질문의 방식을 취한다고 해도, 보고를 받는 리더의 질문은 구성원을 긴장시키기 때문이지요. 심지가 단단하고 자기표현을 잘하는 사람이 아니라면, 긴장한 상태로는 내면의 것을 충분히 표현해 내지 못합니다. 물론 리더의 반응이 어떠하든 개의치 않고, 자기가 하고 싶은 말을 거침없이 하는 구성원도 있습니다. 하지만 대개는 리더의 반응을 살피면서, 안전한 방식과 내용을 선별하며 이야기합니다. 적절한 반사하기와 요약하기는 구성원이 리더의 경청을 알아차리며 더 편안히 말할 수 있게 하는 배려이자, 리더가 구성원의 생각을 완전히 이해할 수 있게 도와주는 도구입니다.

그리고 위와 같은 질문으로 반응하기를 잘하기 위해서는, 리더의 마음속에 '이 친구가 왜 이런 방식으로 표현했을까?'라는 진심 어린 궁금함이 있어야 합니다. 자신이나 다른 구성원의 경험에 빗대어 추론하지 않고 그 구성원의 의도를 파악하며, 그 구성원의 생각이 어떻게 전개되는지 이해할 수 있어야 그에 맞는 최적의 피드백이 가능합니다. 그리고 리더로서 즉각적인 답을 줘야 한다는 부담감도 내려놓아야 합니다. 상황을 충분하게 파악하지 못한 채, 구성원의 마음이 준비되지 않은 상태에서 쏟아내는 해답들은 피드백이 아니라 잔소리에 불과할 뿐이지요.

직접적인 지적과 조언이 필요한 상황에서는, 구체적인 사실을 언급하고, 그 영향을 언급하고, 개선 방안을 제시하도록 합니다. "핵심 메시지를 모두 페이지 하단에 넣었구나. 청중은 위에 있는 내용부터 보기 때문에, 이렇게 하면 지안 씨가 강조하려는 것이 아닌 다른 것들로 주의가 흩어져 버릴 수 있어. 각 페이지의 핵심 메시지를 모두 상단에 헤드 메시지로 넣어보는 건 어때?", "현장 인터뷰 결과를 정리하면서 내용을 요약하다 보니, 사람들이 실제로 사용한 표현들이 다 빠져버렸네. 원자료를 읽을 때 생생하게 다가오던 내용이 요약 자료에선 느껴지질 않아. 살아 있는 표현들을 두세 개 살려서 주요 내용마다 넣어보면 어때?"

이때도 구성원의 반응을 확인하고, 서로 의견이 다른 부분이 있다면 충분히 논의하는 시간을 갖도록 합니다. 그래서 리더의 지시가 아니라, 스스로 이해하고 수용한 바에 따라 구성원이 주도적으로 일을 수행해 갈 수 있도록 지원합니다.

개선안을 제시할 때는 리더가 직접 할 수도 있지만, 최대한 구성원과 함께 찾아보는 것이 더 유용합니다. 구성원의 주도성을 키우고 싶을 때, 육성의 시간을 갖고 싶을 때, 리더 역시 정답을 갖고 있지 않을 때, 더 나은 해답을 모색하고 싶을 때는 함께 개선안을 찾아가는 것이 도움이 되지요. 때로는 리더에게 이미 최적의 답이 있더라도 "이 문제는 어떻게 풀어가면 좋을까?" 하고 질문하며 스몰 피드백으로 구성원의 생각을 촉진하며 같이 답을 찾아 나아가는 편이 더 유용합니다. 그래야 그 답이 구성원의 것이 됩니다.

지금까지의 과정을 거치려면, 초기에는 일방적 지시나 피드백을 할 때보다 시간이 더 많이 걸립니다. 하지만 그 과정에서 구성원의 업무 수행 역량과 동기가 더욱 강해지므로, 향후의 일들을 더 원활하게 추진해 갈 수 있습니다. 그리고 리더가 보고받을 때마다 반복적으로 던지는 질문과 피드백은 사라지지 않고 구성원의 머릿속에 남아, 구성원이 점차 리더의 핵심 질문들을 예측하며 일하게 됩니다. 또 리더와 구성원 사이에 업무적·개인적으로 공유하는 부분이 더 확장되고 서로에 대한 이해와 신뢰가 깊어져서, 만남이 계속될수록 더 짧은 시간에 훨씬 생산적으로 논의할 수 있게 되지요.

■ 보고를 마무리할 때

보고를 마무리하는 시간도 리더의 피드백으로 좀 더 의미 있게 촉진할 수 있습니다. 대개는 "그래, 수고했어"라고 인사를 하며 보고를 끝내게 되지요. 조금 더 잘 마무리하는 리더들은 보고에서 나눈 주요 내용을 한 번 더 확인하고, 다음 일정을 점검하고, 지원을 약속하며 구성원을 격려합니다.

수준 5의 피드백을 하는 리더들은 여기에서 한 걸음 더 나아갑니다. 그들은 구성원과 함께 한 보고 시간에 대해, 전반적인 소감을 나누고 감사를 표현합니다. 해보지 않은 일을 하는 것에서 생겨나는 어색함만 잘 알아차리면, 소감 나누기의 방법은 어렵지 않습니다. 우리가 이미 잘 알고 있는 스몰 피드백의 세 번째 스킬, '상대방의 이야기가 나에게 일으킨 생각이나 감정을 표현하기'를 사용하면 됩니다.

"오늘 지안 씨 보고를 들어보니", "오늘 보고에서 가장 기억에 남는 것은", "오늘 보고를 받으면서 내가 제일 많이 생각한 것은" 등으로 이야기를 시작하여, 마음을 진정성 있게 표현하면 됩니다. 자신에게 어떤 시간이었는지, 어떤 점이 인상 깊었는지, 가장 기억에 남는 것은 무엇인지, 무엇을 많이 생각하거나 느꼈는지, 리더의 마음을 진솔하게 표현해 주면 자연스럽게 구성원의 마음도 들어볼 수 있겠지요. 한 가지 유의할 점이 있다면, 이때도 긍정적인 것에 초점을 두어야 한다는 것입니다. 마무리 소감을 나눌 때도 보고에서 미진하거나 불쾌했던 점보다, 긍정적인 점에 초점을 맞추는 것이 바람직합니다.

사람들의 마음은 서로 같은 수준에서 공명합니다. 리더가 진심을 말할 때 구성원 또한 진심으로 반응할 확률이 높아지지요. 구성원에 대한 평가나 조언을 하기보다, 구성원의 보고를 듣고 주요 사안별로 이야기를 나누면서 리더 자신이 무엇을 생각하고 느꼈는지 중요한 것 한두 가지를 표현합니다. 그리고 무엇이 도움이 되었는지 혹은 감사한지를 표현해 봅니다. 리더와 구성원 사이에 오가는 에너지 수준이 높아질 것입니다.

리더: 더 하고 싶은 이야기는 없어?

지안: 네, 모두 말씀드렸어요.

리더: 그럼, 본부장님께는 내일 오전에 요약해서 내가 보고를 드리고, 참가자들한테는 평소대로 지안 씨가 내일 오후에 안내문을 보내는 거지? 지안 씨 오리엔테이션 리허설은 다음 월요일에 나랑 다시 시간 맞춰서 해보기로 했고?

지안: 네, 팀장님.

리더: 오늘 지안 씨가 업무상 어려움을 이야기해 줘서 고마웠어. 내가 미리 챙겨주지 못해서 미안하기도 했고…. 오늘 지안 씨 보고에서 제일 기억에 남는 건, 어떻게 하면 의미도 있고 재미도 있는 교육으로 참가자들이 서로 신청하게 만들까 고민이 된다는 부분이었어.

같이 한번 잘 만들어 보자. 지안 씨는 오늘 보고하면서 어땠어?

지안: 저도 팀장님과 오래 이야기 나눌 수 있어서 좋았습니다.

리더: 오래 이야기 나눠서 좋았어? 어떤 점이 특히 좋았어?

지안: 팀장님이 잘 들어주신 덕에 이런저런 이야기를 할 수 있어서 좋았어요. 팀장님 질문에 답을 하면서 정리도 되었고요. 내가 지금 잘하고 있나 싶었는데, 격려해 주셔서 힘이 납니다. 특히 제가 일하는 모습을 관심 있게 보고 계신다는 걸 알게 되어서 감사했어요. 서로 참석하고 싶어서 대박 나는 프로그램 한번 만들어 보겠습니다.

리더: 내 격려 덕분에 힘이 났어? 지안 씨가 그렇게 말해주니 나도 힘이 솟는걸. 고마워. 다음 월요일에 봐.

소감을 나누며 이야기하는 것은 리더에게도 처음에는 어색하듯, 구성원에게도 어색한 시간일 수 있습니다. 그래서 리더가 먼저 소감을 이야기한 다음 구성원에게 소감을 묻는 것이 자연스럽습니다. 소감을 물어봤는데 지안 씨처럼 "오래 이야기 나눠서 좋았습니다"정도로 두루뭉술하게 답을 한다면, 반사하기로 다시 한번 질문하여 이야기를 듣고 싶은 마음을 전하면 됩니다.

구성원이 불편해할 정도로 꼬치꼬치 캐물으면 오히려 역효과를 내기 쉽습니다. 자연스럽게 반응하여 자기 생각을 표현할 기회를 한번 더 주는 것이 서로 마음을 나누는 데 도움이 됩니다. 그리고 평소 대화가 부족했거나 보고 중에 개인적인 화제를 발견했다면, 보고를 마치고 휴게실 등으로 자리를 옮겨서 자연스러운 업무 외적 대화 시간으로 이어가면 좋습니다.

지금까지 일대일 대면 장면에서, 리더가 피드백으로 업무 지시 및 보고 커뮤니케이션을 촉진하는 방법을 알아보았습니다. 다음 5장에서는 회의 커뮤니케이션을 촉진하는 데 피드백을 어떻게 활용할 수 있는지 살펴보도록 하겠습니다.

1. 4장을 읽으며 떠오른 생각이나 기억하고 싶은 메시지는 무엇인가요?

2. 현재 나는 업무를 지시하고 보고를 받을 때 어떻게 피드백을 하고 있나요? 그 영향은 어떻게 나타나고 있나요? 무엇을 지금과 다르게 할 수 있을까요?

	나는 어떻게 피드백을 하고 있는가?	그 영향은 무엇인가? (나, 구성원, 조직)	무엇을 다르게 할 수 있을까?
업무 지시를 할 때			

	나는 어떻게 피드백을 하고 있는가?	그 영향은 무엇인가? (나, 구성원, 조직)	무엇을 다르게 할 수 있을까?
업무 보고를 받을 때			

3. 가장 먼저 실천해 보고 싶은 것은 무엇인가요?

inspiring
feedback

Chapter 5

회의 커뮤니케이션을 촉진하는 피드백

inspiring

feedback

'회의하느라 일할 시간이 없어', '아니, 이걸 하려고 꼭 사람들을 불러 모아야 해?', '내가 왜 이 자리에 앉아 있어야 하지?', '망해가는 회사일수록 회의가 많다던데!', '회의하면 뭐 하냐, 달라지는 것도 없을 텐데!' 이런 생각을 해보지 않은 조직 구성원은 없을 겁니다. 회의에 대한 피로감은 이곳저곳에서 찾는 사람이 많아지는 조직 상부로 올라갈수록 더 자주 경험하게 됩니다. 하루 일정이 대부분 회의로 채워지는 날이 생기기도 하지요.

회의는 정보 공유, 아이디어 창출, 문제해결, 의사 결정 등의 목적을 달성하기 위한 주요 커뮤니케이션 수단으로 활용되고 있습니다. 하지만 비효율적으로 운영할 때 발생하는 역기능 또한 커서, 회의를 간소화하고 효율화하려는 노력이 오래전부터 계속되어 왔지요. 어떤 조직들은 회의의 순기능보다 역기능에 더 주목하여, 회의 시간을 최소한으로 줄이거나 극단적으로 회의를 없애버리기까지 했습니다. 그 의도는 긍정적이었지만, 그 결과는 빈대를 잡으려다 초가삼간을 다 태워버리는 격이 되었답니다. 회의의 순기능들마저 활용하지 못하게 되었기 때문이지요.

이번 장에서는 일터의 중요한 공식적 커뮤니케이션 장면인 회의의 중요한 기능들을 리더 관점에서 다시 살펴보려 합니다. 그리고 리더가 구성원들과의 회의를 생산적으로 촉진하는 데 피드백을 어떻게 활용할 수 있는지 살펴보겠습니다.

회의의 의미와 기능

회의의 의미와 중요성

회의는 이해관계에 놓인 다수의 사람이 모여, 목표한 성과물을 얻기 위해 특정 주제에 초점을 맞춰 커뮤니케이션하는 것입니다. 회의는 집단사고에 대한 신뢰에 기반한 활동입니다. 다수가 가진 정보와 견해를 효율적으로 꺼내고 모으고 연결하고 창조하여 회의의 성과물을 얻어내기 위해, 체계적인 사전 준비와 실제 회의에서의 유연한 진행 모두가 중요합니다. 회의의 목적, 안건, 참가자, 진행 시간과 논의 방식 등을 미리 설계하고, 참가자들도 안건에 대한 자기 발언을 준비할 수 있도록 안내합니다.

좋은 회의일수록 무엇을 왜 하고자 하는지가 명확합니다. 또한 그에 적합한 사람들을 참가시키고, 최적의 시간과 공간을 마련하지요. 회의를 진행할 때는, 참가자들의 적극적 참여를 촉진하고 회의 시간과 안건을 유연하게 관리하는 진행자의 역할이 중요합니다.

회의만큼 한 조직을 여실히 보여주는 것은 없습니다. 다소 단정적으로 말하면, 회의는 그 조직의 문화와 수준의 축소판이라고 할 수 있습니다. 한 조직이 어느 발달 수준에서 어떻게 일하고 있는가, 얼마나 생산적인가, 서로를 얼마나 신뢰하는가, 구성원들은 충만함을 경험하며 일하고 있는가 등을 가장 빠르게 확인하는 방법이 회의실에서 일어나는 집단 역동을 관찰하는 것입니다. 조직문화, 시스템, 리더를 비롯한 구성원들의 의식과 실행력이 건강할수록 회의 수준이 높습니다.

회의는 한 조직의 문화와 수준의 축소판인 동시에, 조직이 변화하는 데 의미 있는 시작점이 될 수 있습니다. 좋은 논의가 일어나도 그 결과물을 실행하지 못하는 일이 반복되면, 회의 분위기는 점차 냉소적으로 변하고 일터는 생기를 잃어가겠지요. 하지만 현재 그런 상황이더라도 논의의 결과물이 헛되이 사라지지 않게 한다면, 회의 자리뿐 아니라 전체 일터의 생기를 되찾게 할 수 있습니다.

회의 커뮤니케이션을 관찰하면서 리더는 자신과 구성원, 그리고 조직의 변화가 필요한 지점을 찾아낼 수 있습니다. 그리고 생산적이고도 고무적으로 회의 커뮤니케이션을 촉진함으로써, 리더 자신과 구성원들의 건강성을 견인하여 더 나은 조직문화를 구축할 수 있습니다. 회사 전체의 문화와 시스템을 일거에 변화시키기는 불가능한 일이지만 지금 자기 앞에 있는 구성원들과의 업무적 커뮤니케이션에서 더 나은 방식을 찾고 적용하는 것은 바로 시작할 수 있는 일입니다.

리더가 자신의 구성원들과 진행하는 내부 회의의 기능

이제 리더가 자신의 구성원들과 진행하는 내부 회의에 초점을 맞춰 들여다볼까요? 내부 회의는 평상시 함께 일하는 사람들이 참여하므로, 평소에 일하고 소통하는 방식이 회의에 감출 수 없이 그대로 투영됩니다. 그리고 회의에서의 경험은 다시 그 후의 일상적 업무에 고스란히 영향을 미치지요. 그렇기에 구성원에 대한 피드백을 바꿔가고 있는 리더라면, 회의 장면을 간과할 수 없습니다. 내부 회의가 제대로 운영되면 다음과 같은 순기능을 합니다.

첫째, 정보 공유 회의를 통해 구성원의 반응과 이해를 확인해 가며, 구성원의 업무 수행에 필요한 조직 내외 정보와 리더가 전달하고 싶은 메시지 등을 효율적으로 공유할 수 있습니다. 구성원들에게 큰 영향을 미치는 정보나 잘못 전달될 위험이 있는 주요 정보는 회의를 통해 전달하는 편이 더 효과적입니다. 서면이나 메신저를 통해 전하면, 제대로 읽지 않거나 각자가 해석하는 가운데 오해가 발생할 수 있기 때문이지요.

둘째, 업무 공유 회의를 통해 각자 진행하고 있는 업무를 서로 파악함으로써, '나'의 일에서 '우리'의 일로 시야를 확장하게 되어 상호 협력의 가능성을 높일 수 있습니다. 조직이 수행하는 전체 과제에서 자기 일이 차지하는 위치와 기여를 알게 되면, 더 의미 있게 협력하며 일할 수 있습니다. 지난 회의에서보다 더욱 성장한 모습으로 일하는 동료들의 모습을 보며, 건강한 자극을 받기도 하지요.

셋째, 아이디어 창출 회의를 통해 조직의 과제 발굴 및 추진에 필요한 아이디어를 얻을 수 있습니다. 개인의 사고 수준을 뛰어넘는 아이디어는 개인들이 가진 생각의 물리적 결합이 아니라, 화학적 결합을 통해 종종 나타납니다. 자유로운 논의 속에서 아이디어가 또 다른 아이디어를 자극하며 새롭게 생성되고 진화합니다.

넷째, 문제해결 회의를 통해 조직의 현안들을 효과적으로 해결하고, 구성원들의 문제해결 역량을 개발할 수 있습니다. 시간과 에너지를 투자하여 같은 문제를 바라보고 해결하는 과정은, 개인들이 생각하지 못한 해결안을 찾아낼뿐더러 공동체 의식을 높이고 해결안을 주도적으로 실행하는 힘도 강화합니다.

다섯째, 의사 결정 회의를 통해 의사 결정의 질을 높이고, 결정된 내용에 대한 구성원들의 수용성과 책임감을 높일 수 있습니다. 의사 결정에 앞서 의사 결정의 주체, 기준과 방법 등을 정하고 책임 있는 선택을 해보는 경험은, 구성원들이 자기 업무를 진행하는 과정에도 도움이 됩니다.

여섯째, 구성원들이 개별적인 자리에서는 하기 어려운 이야기를 전체 장의 힘을 빌려 표현할 수 있어서, 리더는 회의를 통해 구성원들의 목소리를 효과적으로 들을 수 있습니다. 불만을 토로하거나 특정인을 공격하는 장이 되지 않도록, 회의를 시작할 때 진솔하고 건설적인 커뮤니케이션 약속을 구체적으로 만들고 대화의 주제와 순서를 체계적으로 설계하면 개별 면담이나 설문을 활용하는 것보다 더 효율적으로 목소리를 모을 수 있습니다.

일곱째, 회의를 할 때마다 구성원들의 긍정적 정서를 고양할 수 있습니다. 좋은 회의에서 경험할 수 있는 긍정적 정서는 다음과 같습니다. 조직의 주요 사안을 다루는 자리에 참여할 때 느끼는 소속감, 초점이 있는 커뮤니케이션에서 경험하는 몰입감, 내 의견에 상대방이 의미 있게 반응해 줄 때 느끼는 존중감, 내가 이 회의에 뭔가 도움이 되고 있다는 인식에서 오는 뿌듯함, 생각이 생각을 자극하고 발전되어 가는 과정에서 느끼는 대화의 즐거움, 제한된 시간에 답을 찾아가며 느끼는 창조적 긴장감, 결과물을 만들어 가는 보람, 새로운 정보와 관점을 접하며 배우고 성장하는 느낌, 수준 있는 커뮤니케이션을 하는 사람들과 같이 일하고 있다는 자부심 등이지요. 좋은 회의일수록 더 높은 수준의 긍정적 정서가 자주 나타나고 긍정적 정서는 회의의 생산성에 직접적인 영향을 미칩니다.

여덟째, 회의 문화가 성숙해지면서 자연스럽게 체화되는 모두의 커뮤니케이션 역량은 내부 회의 장면에 국한되지 않습니다. 상호 업무 협의, 다른 팀이나 고객과의 커뮤니케이션에도 긍정적 영향을 미치지요.

이와 같은 기능들을 활용하기 위해, 리더는 다수의 시간과 에너지만 소모하는 불필요한 회의는 과감하게 없애되 유용한 회의는 효과적으로 촉진하여 살려갈 필요가 있습니다. 리더 관점에서 볼 때 회의는 조직의 성과관리를 위한 도구만이 아니라, 구성원 개개인의 업무 수행을 지원하고 성장 동기를 자극하며 일터의 문화를 건강하게 구축하는 데 유용한 소통 리더십의 한 도구입니다.

리더가 회의 중 알아차리고 반응해야 하는
세 가지 대상

앞에서 살펴보았듯이 좋은 회의는 생산적인 동시에 구성원들의 긍정적 정서를 고무합니다. 회의를 진행할 때, 리더들은 생산성에만 초점을 맞추는 경우가 종종 있습니다. 하지만 긍정적인 정서는 좋은 회의를 완성하는 또 다른 축입니다. 한 축이 무너지면 다른 한 축도 무너지고 말지요. 생산성과 긍정적 정서 유발, 이 두 축이 단단하게 유지되는 좋은 회의를 진행해야 합니다. 그러기 위해 리더는 회의의 목적, 안건, 시간, 참석자 등에 맞게 회의 프로세스와 방식을 고안하고, 구성원들 역시 준비된 상태로 회의에 참석할 수 있도록 미리 회의에 대해 명확하고도 충분하게 안내해야 하지요. 회의를 시작하며 구성원들의 주의를 회의에 집중시키고, 이야기가 잘 나오지 않을 때는 유연하게 촉진해야 합니다. 그리고 쏟아진 이야기들로 구성원들이 길을 잃거나 같은 곳을 헤매고 있을 때는, 강단 있게 개입하여 논의의 밀도를 높여야 하지요.

이러한 회의 진행 과정에서 리더가 저지르는 가장 큰 실수가 있습니다. '회의에서 목적한 결과물을 얻기 위해 내가 지금 무엇을 말해야 하는가'를 고민하느라 '구성원들의 발언에 언제 어떻게 반응할 것인가'를 놓치는 것입니다. 안건이 중요할수록, 시간 내에 안건을 다뤄야 한다는 긴장감이 커질수록 더욱 그렇습니다. 리더의 건강한 피드백이 부족한 회의에서는 주저하는 목소리, 소수의 목소리, 그리고 리더와 결이 다른 목소리들은 묻혀버립니다. 굳이 모여서 회의를 하고자 했던 이유가 무색해지는 것이지요.

구성원들의 발언에 건강하게 피드백하며 회의를 진행하려면, 리더는 회의를 시작하고 진행하고 마무리하는 모든 과정에서 다음 세 가지를 잘 알아차리고 적절히 반응할 수 있어야 합니다.

---

① 구성원들의 내적 상태

② 구성원들의 외적 표현과 집단 역동

③ 안건의 진행 상태와 남은 회의 시간

---

① 구성원들의 내적 상태

리더는 회의의 시작, 진행, 마무리 시점에 나타나는 구성원들의 내적 상태를 알아차리고, 모두의 주의가 회의 안건에 최대한 집중되도록 해야 합니다. 구성원들이 집중하지 않은 상태에서는 회의의 생산성도 긍정적 정서도 기대할 수 없으니까요.

회의를 시작할 때 구성원들의 내적 상태는 어떨까요? 이제 곧 시작되는 회의에 온전히 주의를 기울이고 있는 사람은 없습니다. 중단하고 온 일, 회의 후의 일정, 잠시 전에 걸려 온 전화, 계속 날아드는 SNS 메시지 등 여러 가지 일들에 각자 주의가 쏠려 있습니다. 심지어 회의가 시작되기를 기다리며, 노트북을 덮지 못한 채 업무를 처리하고 있는 사람도 있지요.

설령 회의에 주의가 쏠려 있다고 하더라도, 온갖 생각으로 머릿속은 어수선한 상태입니다. '며칠 전에 안내를 받긴 했는데, 오늘 회의 안건이 뭐였더라?', '왜 내가 참석 대상이 된 거지?', '이 정도 안건을 한 시간에 다룰 수 있을까?' 이런 상태에서 회의를 바로 시작하면, 전체 참가자들의 초점이 한곳으로 제대로 모일 때까지 시간이 많이 허비됩니다.

회의를 진행하는 중에도 구성원의 내적 상태는 수시로 변합니다. '저 사람은 왜 저렇게 말하는 거지?', '저게 무슨 말이야?', '아까 나온 의견이랑 뭐가 달라?', '아, 저 말을 들으니 지난주 회의가 생각나는군', '저 단어, 철자가 저게 맞나? 어디 한번 검색해 볼까?', '뭔가 정리가 안 되잖아', '지금 몇 번째 안건을 다루고 있지?', '시간이 얼마 안 남았는데, 그 안에 끝나기는 할까?', '회의 시간이 길어질 것 같은데, 좀 늦겠다고 저쪽에 미리 연락을 해둬야 하나?' 등등.

구성원들의 주의는 언제든 흩어질 수 있습니다. 회의의 밀도가 떨어질 때 더 그러기 쉽지요. 게다가 흩어진 주의는 또다시 회의의 밀도를 떨어뜨립니다. 사람마다 우선순위도 관심사도 다르고 당연히 회의 사안보다 더 중요하게 여기는 일이 있을 수 있기에, 구성원의 내적인 상태를 리더가 일일이 통제할 수는 없습니다. 하지만 마음은 다른 곳에 놔두고 몸만 와 있는 구성원을 온전히 회의로 데려오지 않으면, 회의의 전체 밀도는 높아지지 않습니다.

회의를 마무리할 때가 되면, 구성원들의 주의는 더 흩어지기 쉽습니다. 시간을 확인하고 짐을 챙기며 마음은 이미 회의실을 떠나버린 상태이지요. 그런 구성원들을 보면 리더의 마음도 급해져서 서둘러 회의를 종료해 버리기 쉽습니다. 좋은 도입과 진행 못지않게, 마무리 시간도 회의의 효과를 높이는 데 영향을 미칩니다. 구성원들의 주의가 아직 좀 더 회의에 머물러 있도록 해야 합니다.

그처럼 다양한 언어와 비언어로 표출되는 구성원들의 내적 상태를 알아차리고, 그들의 주의를 회의에 온전히 머물게 만드는 방법이 있습니다. 회의에 참석한 구성원들을 관찰자가 아니라 참여자로, 객체가 아니라 주체로 만드는 것입니다. 흘러가는 회의를 구경하고 평가하는 것이 아니라, 1/N의 시간과 공간을 차지한 채 개입하여 말하고 듣고 반응하게 하는 것이지요. 때로는 의사진행 발언도 하며 회의의 리더십을 공유하게 만들어야 합니다.

② 구성원들의 외적 표현과 집단 역동

리더가 회의를 하면서 알아차리고 반응해야 하는 두 번째 요소는 구성원들의 발언과 그로 인해 나타나는 집단 역동입니다. 구성원들의 내적 상태는 자기 의사 표현, 반응, 침묵 등의 다양한 외적 표현으로 나타나고, 서로 영향을 주고받으며 집단 역동이 만들어지지요. 불이 제대로 붙은 장작처럼 열기가 차올라서 리더의 작은 촉진만으로도 열띤 논의로 진행되는 회의가 있는가 하면, 젖은 장작에 불을 지피는 것처럼 매캐한 연기만 마시며 진행하기 힘든 회의도 있습니다.

어떤 회의도 시작부터 열띤 대화가 오가진 않습니다. 하나씩 나오는 발언들이 무시나 비난, 조롱이나 지적으로 꺾이지 않을 때 회의실의 온도는 점차 올라가지요. 그 과정에서 누구보다 중요한 역할을 하는 것은 리더입니다. 리더가 직접 진행하는 회의든 참가자로 자리하는 회의든 마찬가지입니다. 리더가 먼저 구성원들의 크고 작은 발언 하나하나를 놓치지 않고 알아차리며 존중을 담아 피드백함으로써, 건강한 집단 역동이 발생하게 해야 합니다. 높은 에너지 수준에 있는 건강한 리더의 피드백은 자연스레 구성원들에게도 스며들어서, 그러한 회의가 반복될수록 구성원 전체의 피드백 수준도 함께 성장하게 됩니다.

③ 안건의 진행 상태와 남은 회의 시간

리더가 알아차리고 반응해야 하는 세 번째 요소는 안건의 진행 상태와 남은 회의 시간입니다. 회의는 목적과 주제가 뚜렷하며 구체적인 성과물을 얻기 위한 대화입니다. 또한 저마다의 일정으로 바쁜 다수의 구성원이 모인 자리이기도 하지요. 따라서 안건에 따른 시간 관리는 소홀히 할 수 없는 일입니다.

안건 대비 시간 관리는 다수가 모인 회의의 적정한 밀도와 긴장감을 관리하는 일이기도 합니다. 좋은 회의는 이 공간에서는 무엇이든 말해도 좋다는 심리적 안전감을 조성하는 동시에, 정해진 시간에 회의의 성과물을 얻을 수 있을 만큼 창조적 긴장감을 유지해야 합니다. 얻을 것을 충분히 얻고 일찍 끝내는 회의는 문제가 되지 않지만, 결과물도 제대로 얻지 못하면서 시간마저 넘기는 회의는 최악입니다.

시간을 효과적으로 관리하지 못하면, 남은 안건은 겉핥기로 다루게 됩니다. 혹은 시간이 연장됨으로써, 불가피한 업무 약속이 있는 구성원은 자리를 이탈하게 되지요. 구성원들 또한 그런 상황을 알기 때문에 '남은 시간 동안 안건을 다 다루고 회의를 마칠 수 있을까?', '내가 중간에 나가도 될까?'라고 생각하며, 회의 중에 시간을 점검하게 됩니다. 한 사람이 시간을 확인하게 되면, 그의 주의만 흩어지는 것이 아니라 다른 사람들의 주의까지 함께 분산되지요.

그러므로 리더는 중간중간 안건의 진행 상태와 시간을 알아차리고 반응해야 합니다. "이제 시간이 절반쯤 남았는데요, 두 안건을 더 다루어야 합니다" 같은 안내는 리더가 시간을 잘 점검하고 있음을 알게 하여, 구성원들이 회의에 더 몰입할 수 있게 합니다. "마지막 주요 안건을 다뤄야 하는데, 계획한 시간보다 10분 정도가 더 필요합니다. 전체가 참여해야 하는 사안이니 자리를 지켜주십시오"라든가 "시간이 거의 다 되었군요. 남은 안건은 파트장들이 별도로 논의한 후 전달하겠습니다. 시간이 되는 분들은 참관해도 좋고, 일정이 있는 분들은 일어나도 좋습니다"라고 안내하는 것도, 구성원들이 고민 없이 현재 회의에 더 집중할 수 있게 해줍니다.

그 역할을 잘 해내려면 회의 준비 과정에서 안건당 시간을 적절하게 배분해야 하고, 회의를 하면서도 시간을 수시로 점검해야 합니다. 하지만 리더가 고개를 돌려 벽시계를 쳐다보거나, 스마트폰 화면을 쓸어내리는 것만으로 구성원의 주의집중은 흩어질 수 있습니다. 그러므로 자연스럽게 시간을 확인할 수 있는 환경을 마련해야 합니다. 벽시계를 리더가 편하게 볼 수 있는 곳으로 옮겨놓거나, 작은 탁상용 시계를 바로 앞에 놓아두는 것도 한 방법이지요. 리더도 온전히 집중해야 하는 회의라면, 시간을 점검하고 알려주는 역할을 미리 다른 구성원에게 맡기는 것도 좋습니다.

회의 생산성과 긍정적 정서를 높이는
리더의 피드백

이제 리더가 '구성원들의 내적 상태', '구성원들의 외적 표현과 집단 역동', '안건의 진행 상태와 남은 회의 시간'이라는 세 가지 대상을 알아차리고 반응함으로써, 회의의 생산성과 긍정적 정서를 높여가는 방법을 알아볼까요? 회의의 도입, 진행, 마무리 흐름에 따라 살펴보도록 하겠습니다.

---

① 회의를 시작하며 긍정 피드백으로 구성원들의 마음 열기

② 회의를 시작하며 한 번씩 말문을 열게 하고 스몰 피드백 하기

③ 회의를 시작하며 각자의 이해에 반응하고 회의를 안내하고 초점 맞추기

④ 회의를 진행하는 동안 모든 발언에 반응하여 심리적 안전감을 조성하기

⑤ 회의를 마무리하며 긍정 피드백으로 종료하기

---

① 회의를 시작하며 긍정 피드백으로
구성원들의 마음 열기

저마다의 일로 흩어져 있던 구성원의 주의를 회의로 집중시키기 위해, 리더가 가장 먼저 할 것은 긍정 피드백입니다. 불필요한 이야기로 회의 시간을 낭비하는 것은 누구도 좋아하지 않지요. 하지만 지나치지만 않다면, 자기 자신과 관련 있는 이야기는 언제나 사람들에게 의미 있게 스며듭니다. 특히 그 이야기가 긍정적일 때, 회의장의 분위기는 밝아지고 참가자들의 마음의 문이 열립니다.

모두가 공유할 수 있는 사실에 근거해서 감사, 인정, 칭찬, 격려 등의 긍정 피드백을 합니다. "지난주는 서로 얼굴 볼 틈도 없이 바빴네요. 갑자기 떨어진 과제에 모두 힘을 보태줘서 지난 금요일 보고는 잘 마쳤어요. 모두 수고했습니다!", "어제 전시장에서 우리 부스에 줄이 가장 길었지요? A 파트, 부스 준비하고 종일 안내하느라 애썼어요. 그리고 B 파트는 자기들 일도 바빴을 텐데, 뒤에서 지원하느라 고생했어요", "요즘 다들 고생이 많지요? 애써준 덕분에 벌써 주변 반응들이 좋아요. 이제 우리 2주일만 더 달려보자고요."

긍정적으로 피드백할 만한 최근의 사건이 없다면, 다음과 같이 지금 그 자리에서 관찰되는 긍정적 사실에 근거하여 피드백해도 좋습니다. "다들 제시간에 모였네요!", "예정에 없던 회의였는데, 빠지는 사람 없이 참석해 줬군요", "A 파트 업무와 관련된 긴급회의인데, B 파트도 시간을 내 참석해 줘서 고마워요", "어제 장기 출장에서 돌아온 분들도 참석해서, 오랜만에 회의실이 꽉 찼네요. 하루 쉬어야 할 텐데, 오늘 회의 때문에 바로 출근해 줘서 고마워요. 덕분에 오늘 전체 논의와 의사 결정이 가능하게 됐어요."

최근은커녕 지금 당장 관찰되는 긍정적 사실도 없다면 어떻게 할까요? 억지로 지어내어 긍정 피드백을 하려고 애쓸 필요는 없습니다. 진심이 담기지 않은 긍정 피드백은 그다지 효과가 없으니까요. 그럴 때는 바로 다음 활동인 '한 번씩 말문을 열게 하고 스몰 피드백 하기'로 들어가도 좋습니다. 다만 그런 일이 반복된다면 리더는 '나는 왜 이렇게 긍정 피드백이 어려운가?' 하며 진지하게 성찰해 볼 필요가 있겠지요.

② 회의를 시작하며 한 번씩 말문을 열게 하고
   스몰 피드백 하기

회의를 시작하며 전체 구성원들에게 긍정 피드백을 했다면, 본격적인 회의를 시작하기 전에 그 자리의 누구나 말할 수 있는 주제를 선정하여 가볍고 짧게 한 번씩 돌아가며 이야기하는 시간을 갖습니다. 어느 회의든 첫 말문을 여는 것이 가장 어렵지요. 이 활동은 모든 구성원의 첫 말문을 열어줍니다. 그리고 구성원들의 이야기가 끝난 후에 리더가 그 이야기들에 대해 스몰 피드백을 합니다. 그럼으로써 요청하고 말하고 듣고 반응하기의 순환이 자연스럽게 시작되지요.

이 활동을 할 때 유의할 점은 세 가지입니다. 첫째는 회의 목적과 전혀 무관한 이야기를 주제로 선정하지 않는 것이고, 둘째는 사전에 '세 문장이나 두 문장 이하' 등으로 발언 길이를 안내해서 회의 시간이 낭비되지 않도록 하는 것입니다. 그리고 세 번째 유의점은 발언하기를 원치 않는 사람들에게 "저는 할 말이 없습니다", "패스하겠습니다"라고 말해달라고 미리 요청하여, 말하지 않는 자유를 허용하는 것입니다. 세 번째 경우라도 그냥 침묵하는 것이 아니라 할 말이 없음을 말로 표현하게 함으로써, 회의 참여자로서의 발언 권리와 책임을 암묵적으로 강조합니다.

특별히 긍정적인 피드백을 할 것이 없다면 바로 이 활동으로 회의를 시작해도 좋습니다. 구성원들의 이야기를 들으면서 인상적인 부분을 메모해 보도록 합니다. 구체적인 발언에 근거하여, 긍정 피드백을 할 내용이 자연스럽게 생깁니다. 대표적인 세 가지 활동 방법은 다음과 같습니다. 회의 상황과 목적에 적합한 것을 사용해 보도록 합니다.

• 활동 1. 좋은 소식 나누기

내부 회의는 평소 같이 일하는 구성원들과 함께 모이는 자리입니다. 따라서 정보 공유를 목적으로 하는 정례적 회의라면 '좋은 소식 나누기'를 먼저 하는 것이 좋습니다. "한 달 만이네요. 다들 잘 지냈나요? 회의를 시작하기 전에, 그간 각자 있었던 좋은 소식 하나씩 나눠볼까요? 업무상 소식도 좋고 개인적인 소식도 좋아요" 라고 안내하고, 돌아가며 좋은 소식들을 짧게 나누도록 합니다.

유의할 점은 구성원들의 어색함을 해소하고 회의 시간을 효율적으로 관리하기 위해서, 먼저 규칙을 안내하는 것입니다. '두세 문장 이하로 짧게 말하기', '다른 사람이 말할 때 귀 기울여 듣되 중간에 개입하지 말고 비언어로만 반응하기' 등의 규칙을 안내하고, 리더가 먼저 시작하면 자연스럽습니다. "나는 새벽 수영을 시작했어요. 물에 닿는 느낌이 너무 좋고, 무엇보다 아침에 활력이 생겨서 참 좋습니다." 모두가 좋은 소식 나누기를 마치면, 리더는 '구성원의 이야기가 일으킨 생각이나 감정 표현하기'로 스몰 피드백을 한 후에 회의를 시작합니다. "모두 잘 지내고 있군요. 특히 주니어들이 다양한 취미활동을 하는 모습이 인상적이었어요. 여러분의 에너지에 저도 자극을 받았답니다. 오늘 회의가 일터에서의 우리 에너지를 높이는 데 도움이 되길 기대합니다. 오늘 회의는…"

회의 참석자가 20명이 넘어서, 짧게 이야기를 나누더라도 시간이 너무 많이 소요될 것 같다면 그런 활동이 적절치 않을 수도 있지요. 그렇다면 자격증 취득, 포상, 결혼, 출산, 장기 출장 후 복귀 등 구성원들의 좋은 소식을 리더가 먼저 찾아봅니다. 그처럼 찾게 된 좋은 소식 몇 가지를 리더가 전체 참석자 앞에서 말하면서 축하의 박수를 보내주는 것도 서로를 연결하는 좋은 방법입니다. 업무 파트별로 좋은 소식을 잠시 서로 나눈 후에 파트장이 대표로 발표하게 하는 것도, 20인 이상의 회의에서 사용할 수 있는 좋은 소식 나누기의 방법이지요.

- 활동 2. 구성원 각자가 이해하고 있는
  오늘 회의의 목적과 결과물, 그리고 기대 말하기

아이디어 회의, 문제해결 회의, 의사 결정 회의라면 정례적으로 열리는 정보 공유 회의보다 분위기가 무겁고 시간에 쫓기는 경우가 많습니다. 물론 정례적 회의가 아니더라도, 서로 오랜만에 만나고 시간 여유도 있다면 '좋은 소식 나누기'부터 해도 좋을 테지요. 하지만 조금 더 빨리 회의 주제로 집중하고 싶다면 '구성원 각자가 이해하고 있는 오늘 회의의 목적과 결과물, 그리고 기대 말하기'를 하는 것도 좋은 방법입니다. 긍정 피드백을 담아 개회 인사를 한 후에 이처럼 안내해 봅니다. "사전에 회의 안내문을 보내긴 했지만, 여러분이 오늘 회의를 어떻게 이해하고 참석했는지 궁금하군요. 오늘 우리가 왜 모였는지, 그리고 오늘 회의에 각자 기

대하는 바는 무엇인지 두세 문장 이하로 돌아가며 이야기해 볼까
요?"

이 활동을 할 때 리더는 자기 순서에서 발언하지 않고, 모두의
이야기가 끝난 후에 스몰 피드백을 하도록 합니다. 그런 다음 회
의를 안내하면 자연스럽게 연결됩니다. 다음과 같이 표현할 수 있
습니다. "여러분이 이해하고 기대하는 바를 들어보니, 표현은 조금
씩 다르지만 다들 오늘의 목적을 잘 이해하고 회의에 참석한 것
같아서 반갑습니다. 오늘 회의는…", "오늘 회의에 대한 각자의 이
해가 좀 다르네요. 다시 한번 회의 목적과 안건을 공유하겠습니
다. 오늘 회의는…", "다들 기대를 갖고 참여해 주셔서 고맙습니다.
오늘 회의에 대해 다시 안내하자면…"

이 활동은 구성원들의 말꼬를 트게 하는 동시에 긍정적 긴장감
을 높이는 효율적인 장치입니다. 회의를 시작할 때 리더가 이 활동
을 자주 하게 되면, 구성원들의 회의 준비도를 높이는 효과가 있습
니다. 두 가지에 유의합니다. 첫째, 구성원들이 돌아가면서 이야기
하는 동안 리더는 비언어적으로만 반응하고 언어적인 개입은 하지
않는 것입니다. 둘째, 회의에 대한 이해가 부족하다 하여 비난하지
않습니다. 회의에 대해 잘못 이해하거나 기대하는 바가 없는 구성
원이 있더라도, 바로 지적하지 않고 그의 이야기 또한 있는 그대로
귀 기울여 듣도록 합니다. 모두의 발언이 끝난 후에, 시간을 갖고

회의의 초점을 다시 맞추면 됩니다. 각자의 이해와 기대하는 바를 확인하는 일은 그 자체로도 의미가 있고, 향후 회의를 안내할 때 무엇을 다르게 해야 하는가를 알게 합니다.

• 활동 3. 지금 상태를 말하며 체크인하기

'지금 상태를 말하며 체크인하기'는 리더가 긍정 피드백으로 회의를 시작한 후에, 구성원들이 자신의 몸과 마음의 현재 상태를 있는 그대로 두세 문장 이하로 짧게 말하며 체크인하게 하는 방법입니다. 이 방법은 구성원들이 자기 몸과 마음에 집중하게 도움으로써, 외부에 있던 주의를 지금 이곳으로 가져오게 하는 효과가 있습니다. 시간의 여유가 있다면 앞의 두 가지 방법과 함께 사용해도 좋겠지요. 익숙해지면 "우리, 회의 체크인할까요?"라는 말만으로 시작할 수 있지만, 몸에 익을 때까지 다음과 같이 안내하고 리더가 먼저 시범을 보입니다.

"회의를 시작하기 전에 각자 이 공간에 체크인을 해보도록 하겠습니다. 자기 몸과 마음을 알아차리며 있는 그대로 말하고 체크인하겠다고 해주세요. 지금의 몸과 마음을 알아차리는 것은 흩어진 주의를 현재에 모으는 매우 효과적인 방법입니다. 저부터 시작할게요. 지금 제 몸은 두통이 다소 있지만, 거슬릴 정도는 아니고 비교적 편안합니다. 지금 제 마음은 약간 긴장이 있고, 오늘 어떤 의견들이 나올까 많이 기대됩니다. 체크인합니다."

'지금 상태를 말하며 체크인하기'를 할 때도 리더는 구성원들이 체크인하는 동안 언어적으로 개입하지 않습니다. 침묵하며 눈 맞추기, 고개 끄덕이기 등으로 비언어적으로만 반응하여 리더가 경청하고 있음을 구성원들이 알게 합니다. 이 활동에는 구성원의 의지를 요청하는 힘이 있습니다. 지금 자신의 상태가 어떠하더라도, 회의 시간 동안 자신의 주의를 관리하며 회의에 책임 있게 참여하겠다는 의지 말이지요. 각자의 삶에서 몸과 마음의 에너지를 쓰며 분투하고 있는 구성원들을 하나의 존재로 새삼 인식하면서, 각자에 대한 존중을 놓치지 않으며 소통을 시작하게 하는 힘도 있습니다. 처음 적용할 때는 어색하지만, 몇 번만 반복하면 회의를 시작하는 매력적이고 효과적인 의례가 됩니다.

이 활동을 월요일 오전의 주간 미팅에 도입한 한 리더는 다음과 같은 경험담을 들려주었습니다. "구성원들이 월요일 오전 회의 때 왜 그렇게 기운이 없었는지 이해하게 되었어요. 부모님 일을 돕느라, 어린 자녀들과 놀아주느라, 밀린 일을 처리하느라 제대로 쉰 사람들이 거의 없더군요. 빠릿빠릿하지 않은 모습들이 그간 못마땅했는데, 이해하고 나니 사람들을 바라보는 제 시선이 부드러워지고, 그들을 회의에 집중시키고 진행하는 방식이 달라졌어요. 그것만으로도 회의 분위기가 좋아졌을뿐더러 회의 생산성도 높아졌고요. 아, 각자 공유하고 요청할 것들을 더 잘 준비해서 참여하도록, 회의 시간도 점심시간 직후로 바꿨지요."

③ 회의를 시작하며 각자의 이해에 반응하고
　회의를 안내하고 초점 맞추기

리더의 긍정 피드백과 첫 말문을 여는 활동을 통해, 구성원들의 마음은 긍정적으로 열리기 시작합니다. 하지만 아직은 회의의 초점을 공유하지 못한 상태일 수 있습니다. '오늘 회의가 정확히 뭘 하자는 거였지?', '안건이 두 가지였던가, 세 가지였던가?', '내가 이 회의에 어떻게 참석하면 되지?', '지금 분위기가 좋긴 한데, 오늘 회의 시간이 얼마나 의미가 있을까?' 이와 같은 구성원들의 내적 상태에 반응하여, 시작 직전에 회의에 관해 명확히 안내하도록 합니다.

사전에 충분히 안내했더라도 시간이 지나 잊어버렸을 수 있고, 바쁜 업무 중에 슬쩍 읽어본 내용이라면 잘못 기억하는 부분이 생길 수 있습니다. 며칠간의 출장에서 막 돌아온지라 공지 사항을 읽지 못한 채 참석한 사람도 있겠지요. 대다수가 회의 준비를 잘 마친 상태라고 해도, 그처럼 여러 이유로 회의에 대한 이해가 부족한 구성원이 생길 수 있고 그 사람의 불안정한 기운은 전체에 영향을 미칩니다. 이미 공지했으니 당연히 모두가 알고 있어야 한다고 여기지 말고, 다시 한번 명확하게 오늘 회의에 관한 내용을 안내합니다.

방법은 간단합니다. 구성원들의 말문을 여는 활동을 하고 나서 본 회의를 시작하기 직전에, 구성원 한 명 한 명과 눈을 맞추며 짧고 명확하게 회의를 안내합니다. 특히 다음 세 가지를 강조하여 언급합니다. '오늘 회의는 무엇을 얻고자 하는 것인지', '목적한 바를 얻기 위하여, 오늘 회의 진행 과정에 어떻게 참여해 주길 바라는지', '오늘 이 회의가 리더인 나에게 그리고 구성원 여러분에게 어떤 도움이 되는 시간인지.'

리더가 위 세 가지를 언급한다는 것은, 회의 준비를 충실히 했으며 앞으로 진행할 회의의 가치를 잘 알고 있다는 의미입니다. 그러한 리더는 회의 중에 어려운 상황이 닥쳐도, 자기중심을 잃지 않고 회의를 진행할 수 있습니다. 회의가 구성원의 시간을 빼앗는 자리가 아니라, 그들의 에너지를 충전하는 선물이 될 수 있음을 알고 있기 때문이지요. 그리고 리더가 위 세 가지를 명확히 언급해 주면, 구성원들은 리더의 회의 준비 상태를 신뢰할 수 있습니다. 더불어 자신들에 대한 리더의 기대와 존중을 느끼고, 회의 진행 방식을 예측하며, 지금부터 자기가 무엇을 하면 되는지를 알 수 있어서 좀 더 편안해지기 시작합니다.

④ 회의를 진행하는 동안 모든 발언에 반응하여
　심리적 안전감을 조성하기

　명확히 안내했다면 본격적으로 회의를 시작합니다. 이때 리더는 구성원들에게 이 공간에서는 어떤 이야기든 해도 괜찮다는 심리적 안전감을 단단하게 형성시켜야 합니다. 그 방법은 구성원들의 모든 발언을 열린 마음으로 듣고 무시, 비난, 질책, 지적, 조롱 대신 건강한 피드백을 제공하는 것입니다.

　심리적 안전감을 느끼지 못하면 구성원들은 발언하기 전에 지나친 '자기 검열'을 하게 됩니다. '뭣도 모르고 이런 말 한다고 사람들이 우습게 여기면 어떻게 하지?', '저쪽 파트에서 자기들 일에 간섭한다고 하면 어떻게 하나?', '괜히 나섰다가 나더러 해보라고 하면 어쩌지?', '나도 아직 확신은 없는데, 이런 말을 해도 될까?'와 같은 자기 검열이 일어나는 상태에서는, 구성원들이 분위기를 살피며 먼저 의견을 꺼내지 않습니다. 의견을 꺼내더라도 안전하다고 생각하는 범위에서만 표현하게 되지요. 당연히 그 상태로는 깊이 있게 논의하기가 어렵고, 창발적인 아이디어가 나올 수 없습니다. 이때 리더가 할 일은 "어떤 말이나 해도 좋다"고 요청만 하는 것이 아니라, 첫 발언부터 건강하게 반응해 주는 것입니다.

　사실 무용한 발언이란 없습니다. 비록 어설픈 의견이라 할지라도 다른 사람의 생각을 자극할 수 있고, 리더의 피드백을 통해 더 나은 회의 커뮤니케이션을 배워가는 기회가 되니까요. 리더가 '모든 발언은 의미가 있다'는 생각을 가지고 구성원들의 발언 하나하나에 건강하게 피드백할 때, 회의장에 심리적 안전감이 차오르게 됩니다. 그러한 회의가 반복되고 회의실 밖에서도 리더의 피드백이 일관적으로 건강할 때, 회의실의 온도는 시작부터 빠르게 올라가지요.

자칫 불건강한 수준의 피드백을 하기 쉬운 상황에서, 어떻게 하면 리더가 건강한 피드백을 할 수 있는지 살펴볼까요? 회의에서 빈번하게 발생하는 몇 가지 상황을 비교하며 살펴보도록 합시다.

상황	불건강하게 피드백하기	건강하게 피드백하기
첫 발언이 나오지 않고 침묵이 계속됨	– 오늘 다뤄야 할 안건이 많으니, 빨리 의견을 내주세요. – 미리 준비하라고 안내했는데, 생각들 안 해 왔어요? – 자발적으로 이야기하기는 어렵나 보네요. 그럼 우리 순서대로 이야기해 볼까요?	– 조급해지는 마음을 알아차리고, 호흡하며, 잠시 모두 함께 침묵하기 – 안건 및 질문을 다시 안내하고 부드럽게 발언을 요청하기 – 리더와 눈을 맞추며 뭔가 말하고 싶은 눈빛을 보이는 사람에게 첫 발언을 요청하기

첫 발언이 나왔으나 그리 가치 있지 않음	– 다른 의견 없어요?(별 반응 하지 않고 무시하기) – 늘 하던 이야기잖아요? – 이번 회의는 늘 해온 그런 생각이 아니라, 기존의 틀을 깨고 창의적 발상을 해보자는 거예요.	– ~라는 말이지요? 첫 발언을 해줘서 고마워요, 동민 씨. 계속 의견을 내볼까요? 좀 엉뚱하더라도 기존의 틀을 깨는 자유로운 발상일수록 더 환영합니다.
안건을 벗어난 발언	– 그건 오늘 안건에서 벗어난 이야기네요. – 그 이야기를 왜 하지요? – 오늘 안건에 집중해 줄래요?	– ~라는 말이지요? ~에 대한 의견이군요. 좋은 아이디어지만 오늘 안건은 아니라서, 다음 ~ 회의 때 다시 말해주면 좋겠어요.
모호한 발언	– 무슨 말이에요? 알아듣게 이야기 좀 해볼래요? – 수현 씨는 늘 분명치 않게 말을 하는군요.	– ~라고요? 수현 씨가 말한 ~는 어떤 의미인지, 예를 들어서 다시 설명해 줄 수 있나요?
길고 장황한 발언	– 좀 간명하게 말해줄래요? – 그렇게 길게 말하면 듣는 사람이 힘들어요. 핵심이 뭔가요?	– 동민 씨, 지금 이야기한 내용을 세 가지로 요약해 줄 수 있어요? – 내가 이해한 바로는 동민 씨 의견은 ~라는 거네요. 맞나요?
앞의 것과 같은 발언	– 아까 나온 의견이군요. 중복 발언은 하지 않았으면 좋겠어요.	– 앞서 수현 씨가 말한 ~와 같은 의견인가요? 달리 강조하고 싶은 부분이 있나요?

혼자 회의를 장악함	- 또 민우 씨가 말하네요. 다른 사람은 의견 없어요? - 오늘 회의는 민우 씨가 다 하네요. - 이제 그만 발언해 줄래요? 지금 혼자 이야기하는 시간이 아니라 회의를 하는 거잖아요.	- 오늘 민우 씨가 누구보다 많은 의견을 내줬어요. 민우 씨가 내준 A, B, C, D에 대한 의견들 덕분에 우리가 풍부하게 이번 사안을 다루게 되었네요. 자, 아직 의견을 말하지 않은 사람들 생각도 좀 들어볼까요? 오늘은 서로의 생각을 공유하는 자리라, 모두 참여해서 자기 생각을 말해줬으면 좋겠어요.
계속 부정적 측면만 언급함	- 지안 씨는 왜 계속 그렇게 부정적인 부분만 말하나요? - 지안 씨, 왜 그렇게 사람이 매사 부정적이에요?	- 지안 씨 이야기는 ~라는 거지요? 지안 씨 덕분에 이 사안의 부정적 측면들을 촘촘히 보게 되었군요. 덕분에 우리가 뭘 고려하고 대비해야 하는지 알 수 있어서 좋아요. 우리, 남은 시간 동안에는 이 사안의 긍정적 측면에 대해서도 함께 생각해 볼까요?

평범한 발언일지라도 그냥 넘어가지 않고, 반사하기나 요약하기 등의 스몰 피드백을 해봅니다. 불명확한 발언은 반사하기를 반복하여 그 의미를 명확히 드러내 주고, 장황한 발언은 요약하기 등으로 핵심이 명료히 공유되게끔 하며, 작은 목소리에는 더 섬세하게 반사

하며 귀를 기울여 구성원이 말하고자 하는 바를 표현하도록 돕습니다. 회의 진행 과정에 문제를 일으키는 공격적인 발언이나 냉소적인 발언에도 당황하거나 짜증을 내지 않고, 그 긍정적인 의도를 헤아리며 건설적으로 반응합니다.

회의에 기여하는 발언이 나올 때도, 의미 있는 방법으로 긍정적 피드백을 제공합니다. 부족한 발언이나 문제 발언 못지않게, 기여하는 발언에도 잘 반응해야 회의의 전반적인 수준이 올라갑니다. 특히 리더 자신의 견해와 일치하는 발언이 나올 때 지나치게 호응하거나, 근거 없이 칭찬하지 않도록 주의합니다. 그런 식으로 리더가 중심을 잃거나 특정 구성원을 편애하는 것처럼 보이면, 긍정 피드백은 오히려 부정적 영향을 미칩니다.

다음과 같이 그 발언이 지닌 가치나 회의에 미친 좋은 영향을 말해주도록 합니다. 그래야 그 발언이 전체 참가자들에게도 한 번 더 영향을 미치고, 발언자에게 의미 있게 전달됩니다. 평범한 의견이었지만, 그것이 어떤 아이디어의 발단이 되었다면 되짚어서 긍정 피드백을 해주도록 합니다. 생각지 못한 발언, 새로운 시도, 방향 전환에 도움이 된 발언, 솔직한 발언, 의사진행 발언 등에도 긍정 피드백을 제공하여, 향후 더 자유롭게 의견들을 개진할 수 있도록 합니다.

※ 첫 의견을 내줬네요!

※ 지금까지 나온 의견들을 세 가지로 깔끔하게 정리해 줬군요!

※ 사례를 구체적으로 들어서 말해주니까, 더 이해가 잘 되는군요!

※ 화이트보드에 그려가며 이야기를 해주어서, 무슨 내용인지 더 명확하게 이해할 수 있었어요.

※ 지안 씨 질문 덕분에 앞서 민우 씨가 낸 좋은 아이디어가 더 구체화되었어요.

※ 의사진행 발언 고마워요. 우리 좀 더 안건에 집중해 볼까요.

※ 신입사원 동민 씨가 "도대체 왜 그렇게 해야 하는지 이해가 안 된다"고 말해준 덕분에, 우리가 그동안 당연하게 여기며 일해왔던 것을 다시 생각해 보게 되었습니다.

※ 지금 민우 씨가 꺼낸 이야기는 우리 팀의 책임을 묻는 것이기도 하지요. 그래서 리더인 나부터 반성하게 되지만, 덕분에 이제 우리가 더 솔직하게 이야기할 수 있을 것도 같군요. 하기 어려운 이야기를 해줘서 고마워요.

이처럼 리더가 구성원들의 모든 발언에 건강한 수준에서 의미 있게 반응하면, 심리적 안전감이 형성될뿐더러 구성원들의 발언 수준과 상호 반응의 수준 또한 높아집니다. 초기에는 시간이 좀 더 소요되는 느낌도 들게 마련이지요. 하지만 '정말 믿고 말해도 되는구나!', '이렇게 내 이야기가 다른 사람에게 영향을 미치는군. 무엇을 또 말하면 좋을까?', '어떻게 이야기하면 더 잘 전달할 수 있을까?'라는 인식이 깊어지게 되며, 점차 서로에 대한 신뢰와 존중 속에서 거침없이 자유로운 논의가 가능해집니다. 심리적 안전감의 기반 위에 창조적·긍정적 긴장감이 자리 잡으며, 논의의 밀도가 높아집니다. 당연히 그 에너지는 회의를 마친 후 일터로도 옮겨가지요.

⑤ 회의를 마무리하며 긍정 피드백으로 종료하기

회의를 마무리하며 리더는 주요 회의 내용을 확인하고, 향후 일정을 공유하며, 구성원들에게 바라는 바를 말합니다. 회의 주제에 따라 회의 후의 실행에 대해 다시 한번 북돋는 시간이 될 수도 있고, 남아 있는 의견이나 이견을 재확인하기도 합니다. 시간에 쫓겨 서둘러 마쳐야 할 때는 "더 할 이야기 있나요? 바로 회의록을 공유하도록 하겠습니다. 다들 맡은 부분을 잘 실행하도록 합시다. 오늘 수고 많았어요"쯤으로 이야기하며, 별다른 마무리 활동 없이 종료하게 됩니다. 리더도 구성원들도 각자의 일로 바쁘고, 회의에서 자신의 역할은 다했다고 생각하며 주의가 다른 곳으로 뿔뿔이 흩어지기 시작했으니까요.

하지만 조급하게 3~5분 빨리 회의를 종료하는 것보다, 3~5분을 더 투자하여 회의를 높은 에너지 상태에서 마무리하는 편이 훨씬 더 유용합니다. 그 방법은 상호 긍정 피드백과 리더의 긍정 피드백으로 회의를 마무리하는 것입니다. 좋은 마무리는 좋은 시작만큼 중요합니다. 모두가 함께 회의를 했어도 각자 경험에서 느낀 것, 생각한 것, 배운 것 등은 같지 않습니다. 회의를 마치며 그 경험을 서로 피드백하는 시간을 잠시 가지면, 회의 경험은 더욱 풍성해지고 서로를 보다 깊게 이해할 수 있습니다.

안건들을 모두 다룬 후에, 전체 회의의 주요 내용을 확인하고 향후 일정 등을 공유했다면 다음과 같이 안내합니다. "오늘 회의가 자기에게 어떤 시간이었는지 소감 나누기를 해볼까요? 기억에 남는 것, 도움이 된 것, 좋았던 것, 새롭게 배운 것 등 뭐든 좋습니다. 돌아가면서, 두세 문장 이하로 나눠볼까요?" 이때는 회의 시간에 얻은 긍정적인 것에 초점을 맞추도록 안내합니다. 아무리 엉망인 회의였다 하더라도, 한 가지 이상 도움이 되거나 배운 점들이 분명 있습니다.

이 활동을 구성원들이 낯설어하며 먼저 소감을 말하지 않으면, 익숙해질 때까지 리더가 먼저 말하도록 합니다. "나한테 오늘 가장 기억에 남는 건 우리 신입사원 동민 씨가 해준 질문이었어요. 그간 너무 당연하게 여기며 하던 일들을 새롭게 보는 데 도움이 되었어요. 다시 한번 고맙다는 이야기를 하고 싶네요." 상투적 표현이 아니라 구체적 사실을 언급하고, 그것이 미친 영향을 표현하고, 자신의 마음을 담아 진심이 전달되도록 합니다.

모두가 이 활동에 익숙해지면 리더는 첫 순서로 말하기보다 마지막에 말합니다. 그러면서 회의를 하며 나눈 커뮤니케이션과 회의를 마친 후 표현한 구성원들의 소감 전체에 긍정 피드백을 해보도록 합니다. 구성원들의 소감을 들으며 리더의 생각이 더욱 자극되어, 보다 풍부하게 긍정 피드백을 할 수 있습니다.

회의가 일찍 끝나서 시간의 여유가 있을 때는 굳이 두세 문장 이하로 말해달라는 제약을 두지 않아도 좋습니다. 시간이 조금밖에 남아 있지 않을 때는 한 문장 소감 나누기로 시간을 조절해도 좋고요. 말하고 싶지 않은 사람에게는 "저는 패스하겠습니다"라고 말하며 그냥 지나갈 자유가 있음을 미리 안내합니다. 리더는 구성원들이 이야기하는 동안 최대한 판단과 평가를 내려놓고 '이 친구가 그런 경험을 했구나'라고 생각하며, 온전히 경청하고 중간에 개입하지 않습니다.

마지막 소감 나누기로 상호 피드백을 하는 시간을 통해서, 리더는 회의의 성과를 측정할 수 있습니다. 진심이 담긴 구체적인 피드백이 많을수록 그 회의는 성공적으로 기능했고, 회의 후의 일터에도 긍정적 영향을 미칠 가능성이 큽니다. 서로의 시간을 더 의미 있게 하고, 각자의 경험을 공유함으로써 뜻하지 않은 배움이 일어나기도 합니다. 서로에 대한 이해와 존중도 확장되지요.

다음은 긍정 피드백을 통한 소감 나누기로 회의를 마무리해 본 리더들의 경험담입니다.

※ 마지막에 소감 나누기를 하면 시간에 쫓기지 않고 잘 마무리하는 느낌, 정돈되는 느낌이 들어요. 마무리 시간을 가지려고 회의 시간도 더 잘 관리하게 되고요. 회의가 매끄럽게 진행되지 않았거나 중간에 다소의 갈등이 있었을 때는, 특히 마무리 시간을 가지는 것이 도움이 됩니다.

※ 서로에 대한 이해가 깊어지더군요. 예를 들어, 회의 중에 별로 말이 없어서 잘 참여하지 않는 줄 알았던 친구가 의외로 속 깊게 경청하며 자기 방식으로 참여하고 있었다는 걸 알게 되었어요. 또 평소 아직 어리구나 싶었던 친구가 있었는데, 되게 진지하게 회의 소감을 말하는 걸 듣고 그를 예전과 다른 시선으로 바라보게 되었고요. 알고 보니 다들 생각보다 더 괜찮은 사람들이에요.

※ 회의에서 한 번도 발언하지 않는 사람이 생기기도 하잖아요. 그런데 마무리 때 소감 듣기 시간을 가지면, 누구나 한 번은 말문을 열게 되더라고요. 한마디라도 말하게 하는 것은 회의 문화를 정착하는 데 도움이 되지요. 사람들이 점점 회의 중 발언을 덜 어려워하는 것 같아요.

※ 어느 회의는 내가 무척 만족스러워서, 구성원들도 좋은 이야기를 할 거라고 기대했거든요. 그런데 소감을 들어보니 별 이야기가 없는 거예요. "좋은 시간이었습니다", "다들 수고하셨습니다" 이런 상투적인 이야기만 나오는 거 있죠. 나중에 되돌아보니, 그 회의에서 구성원들보다 내가 말이 많았고 나도 모르게 내 결론을 강요했더군요.

※ 가끔 망했다 싶은 회의가 있는데, 마무리 시간에 의외로 구성원들이 여러 가지 의미 있는 소감을 말할 때가 있어요. 꼭 활기찬 회의만 좋은 회의인 것은 아니구나, 내가 침묵을 견디는 걸 어려워하는 사람이라 구성원들의 상태를 잘 보지 못했구나 하고 깨닫게 되었지요. 그 후 일희일비하지 않고 구성원들을 좀 더 신뢰하면서 안정적으로 회의를 진행하게 되었습니다.

1. 5장을 읽으며 떠오른 생각이나 기억하고 싶은 메시지는 무엇인가요?

2. 현재 나는 회의에서 어떻게 피드백을 하고 있나요? 그 영향은 어떻게 나타나고
   있나요? 앞으로는 무엇을 다르게 할 수 있을까요?

	어떻게 피드백을 하고 있는가?	그 영향은 무엇인가? (나, 구성원, 조직)	무엇을 다르게 할 수 있을까?
회의를 시작할 때			

회의를 진행할 때			
회의를 마무리할 때			

3. 가장 먼저 실천해 보고 싶은 것은 무엇인가요?

inspiring
feedback

Chapter 6

의미 있는 변화를 촉진하는
피드백 면담

짧은 시간 동안 하기 어려운 깊이 있는 피드백이나, 공개적인 자리에서 하기에 적절치 않은 피드백을 해야 할 때 구성원과 피드백 면담을 하게 됩니다. 일대일 피드백 면담은 그 난도 때문에 리더들이 대개 스트레스를 많이 받지만, 자주 하는 일은 아닙니다. 그래서 면담이 끝나면 다른 일로 잊고 지내다가, 다시 같은 수준의 스트레스를 받는 일이 반복됩니다. 그 과정에서 어떤 리더는 구성원 면담의 중요성을 인식하고, 그 방법을 배우려고 노력하지요. 그러나 더 많은 리더들은 잘하려는 마음을 아예 접어버립니다. '꼭 면담까지 해야 해?', '요즘 사람들은 자기 이야기를 하질 않잖아?', '나만 노력한다고 해서 될 일인가?', '말이 안 통하는 사람하고는 어차피 대화가 안 되는 거야'라는 생각 속으로 도피하며, 불가피한 면담만 형식적으로 수행하게 되지요.

그런데 피드백 면담은 그 어려움만큼 효과도 큽니다. 특히 리더가 특정 구성원의 의미 있고 지속적인 행동 변화를 촉진하고자 할 때, 피드백 면담은 매우 탁월한 방법이 됩니다. 리더와 구성원이 온전히 서로를 만나며, 조직과 일과 사람에 대한 이해를 확장하고, 더 나은 대안을 찾아내면서 같이 성장할 수 있는 시간이기 때문이지요. 시간에 쫓기지 않으며 두 사람만의 공간에서 안전하고 생산적인 대화 분위기가 형성될 때, 나올 수 있는 이야기들이 있습니다. '사람은 변하지 않는다', '리더의 역할은 여기까지다', '일터에서의 관계는 이 정도를 넘어설 수 없고 넘어설 필요도 없다', '이런 식의 조직 시스템에서, 개인이 애쓴다고 달라질 건 없다' 등으로 각자 설정해 놓은 저마다의 딱딱한 경계가, 의미 있는 대화와 성장의 경험 속에서 허물어집니다.

6장은 크고 작은 피드백을 경험하며 건강한 피드백에 대한 이해는 점차 깊어지고 있으나, 아직 성공적인 피드백 면담 경험이 전혀 없거나 그리 많지 않은 리더들을 위해 마련했습니다. 피드백 면담 커뮤니케이션의 특징을 먼저 살펴본 후에, 그에 맞는 준비부터 후속 활동까지의 전체 과정을 열 단계로 나누어 알아보도록 하겠습니다.

피드백 면담 커뮤니케이션의 특징

지금까지 살펴본 비공식적인 커뮤니케이션, 업무 지시 및 보고 커뮤니케이션, 회의 커뮤니케이션 장면 등과 비교해 볼 때, 피드백 면담 커뮤니케이션 장면은 다음과 같은 다섯 가지 주요 특징들이 있습니다.

■ **피드백 자체가 목적이 되거나 리더의 구체적 관점 제공이 큰 비중을 차지한다**

다른 커뮤니케이션 장면에서는 피드백이 그 커뮤니케이션을 촉진하기 위한 수단으로 쓰이거나, 대화하는 가운데 필요할 때 자연스럽게 나오게 됩니다. 그런데 피드백 면담은 구성원에게 피드백하기 위해 시작하는 커뮤니케이션입니다. 피드백 자체가 목적이 되거나, 적어도 리더가 면담의 주제와 관련한 구체적인 관점을 제공하는 것이 큰 비중을 차지합니다.

대표적인 피드백 면담은 조직의 성과관리 프로세스에 따라 공식적으로 진행하는 정기 면담들입니다. 연초에 구성원이 수립한 개인 업무 목표에 대해 피드백하여 목표를 합의하고 업무의 방향성을 명확히 하기 위한 목표 설정 면담, 상하반기 중간에 목표 달성 수준을 점검하고 피드백하여 목표 달성을 독려하기 위한 중간 점검 면담, 그리고 상하반기 말에 그간의 성과 달성 과정과 결과에 대해 같이 돌아보며 피드백을 제공하여 구성원의 성장과 동기를 자극하기 위한 성과평가 면담 등이 있습니다.

리더의 재량에 따라 진행하는 수시 피드백 면담들도 있습니다. 수차례 피드백을 했음에도 변화할 기미가 보이지 않는 구성원의 문제 행동을 개선하기 위한 면담이나, 업무적·개인적 어려움을 겪고 있는 구성원을 격려하고 지원하기 위한 면담 등이지요. 구성원들과의 소통을 중요하게 여기는 리더일수록, 구성원들의 일상을 면밀하게 관찰하고 면담이 필요한 시점을 놓치지 않습니다.

때로는 구성원이 신청하는 면담에 응하다가 피드백 면담이 진행되기도 합니다. 구성원이 리더를 찾아와 업무 수행 중에 겪은 애로사항을 털어놓거나, 업무 변경이나 부서 이동을 요청하거나, 리더의 결정에 대해 상세한 설명을 원하거나, 함께 일하기 힘든 동료 구성원과의 분리를 요구하거나, 휴직이나 퇴직을 신청하는 경우 등이지요. 이때 구성원이 자신의 문제에 대해 리더의 즉각적인 해결이나 의사결정을 원할 수도 있습니다. 하지만 그렇다 하더라도, 그에 앞서 객관적인 관점에서 구성원의 행동과 그 영향을 거울처럼 비추는 피드백의 시간이 필요합니다.

■ 많은 준비가 필요하다

피드백 면담의 두 번째 특징은 다른 커뮤니케이션보다 많이 준비해야 한다는 것입니다. 피드백에 대한 구성원의 저항이 클 수 있고, 피드백의 과정과 결과가 구성원 개인과 조직에 미치는 영향도 크기 때문이지요. 관련 정보를 수집하고, 구성원의 관점에도 서보고, 피드백의 의미와 초점을 명확히 하여 면담을 설계하는 등의 준비가 필요합니다.

물론 면담이 반드시 준비한 대로 진행되는 것은 아닙니다. 면담은 일방향의 강연이 아니니까요. 심지어 구성원의 이야기를 듣다 보면 미처 알지 못했던 사실을 확인하게 되어, 사전에 준비했던 피드백이 불필요해지는 일도 생깁니다. 그리고 피드백의 수위나 논리에 변화를 줘야 할 경우도 종종 생기지요. 그렇지만 면담 준비는 꼭 필요합니다. 잘 준비할수록 리더는 자기 관점에 사로잡히지 않은 채 열린 마음으로 듣고 반응하며, 적절한 시점에 적절한 표현과 방식으로 피드백을 공유할 수 있습니다.

■ 시간을 많이 투입해야 한다

세 번째 특징은 시간을 많이 투입해야 한다는 것입니다. 면담 분위기를 만들고 사실을 공유하고 서로의 관점을 나누고 확인하고 향후를 위한 논의까지 진행하려면, 일정 시간 이상이 필요하지요. 하고 싶은 말은 미리 준비할 수 있지만, 구성원의 반응까지 리더가 통제할 수는 없는 일입니다. 그래서 면담 시간은 예상보다 짧아질 때도 있긴 하지만, 길어지는 경우가 더 많습니다. 면담이 제대로 진행될수록 그렇습니다.

일반적으로 최소 30분 이상이 필요하고, 면담 주제에 따라서는 더 긴 시간이 소요되기도 합니다. 가령 한 해의 업무 수행 과정과 결과를 돌아보고, 다음해를 위한 동기유발까지 다다라야 하는 성과평가 피드백 면담이 그러하지요. 적어도 한 사람에게 60~90분 내외의 시간을 쏟아야 합니다. 그리고 면담을 진행하는 데 필요한 시간보다 더 많은 시간을 면담 준비와 면담 후 모니터링에 써야 합니다.

■ 어떤 장면보다 더 깊은 경청과 섬세한 반응이 필요하다

피드백 면담은 피드백이 목적인 면담입니다. 그래서 자칫 면담 시간 동안 리더가 구성원의 의견을 듣기보다 자기 생각을 말하고 설득하는 상황으로 생각하기 쉽지만, 전혀 그렇지 않습니다. 만약 그렇다면 굳이 최소 30분 이상의 시간이 필요하지 않겠지요. 피드백 면담

을 할 때 리더는 구성원이 이해해 주길 바라는 피드백 메시지의 무게만큼, 자기 이야기를 하기 전에 깊이 경청하고 섬세하게 반응하며 구성원의 이야기를 들어야 합니다. 이해시키기 전에 먼저 이해하는 작업이 필요하기 때문이지요.

충분히 이해하면 애초에 피드백해야겠다고 생각했던 문제가 아예 사라지기도 합니다. 실제로 피드백이 필요한 다른 부분을 새롭게 발견하기도 하고요. 잘못된 추론에 근거한 섣부른 조언이나 지시로 구성원의 신뢰를 잃는 위험도 방지할 수 있습니다.

■ 개별 구성원의 의미 있는 행동 변화를 촉진할 수 있다

일대일 면담은 어떤 방법보다도 효과적으로 개별 구성원의 의미 있는 행동의 변화를 일으키고, 변화된 행동이 오래 지속되도록 돕는 방법입니다. 조직의 규정이나 리더의 지시에 마지못해 순응하는 행동과, 스스로 판단하고 기꺼이 선택한 행동은 파급력과 지속성에서 당연히 다르지요. 피드백 면담은 후자와 같은 행동을 촉진하는 커뮤니케이션입니다.

'실제로 도움이 된다고 해도 이렇게까지 공을 들여야 하는 일이라면, 굳이 일대일 피드백 면담을 해야 할까?'라고 생각할 수도 있습니다. 그렇다면 건강한 수준의 피드백 면담을 통해 얻을 수 있는 구성원 동기유발과 성장 지원, 리더와 구성원의 상호 이해와 신뢰 강화,

업무 커뮤니케이션 촉진, 조직 활력 증진 등의 효과를 기억하였으면 합니다. 제대로 실행하기만 한다면 리더의 면담 역량도 향상되어, 면담 준비와 실행에 들여야 하는 시간과 에너지도 점차 줄어들게 됩니다. 심지어 마음을 움직이는 수준 5의 건강한 피드백의 상태에서는, 구성원 면담을 준비하고 실행하며 에너지를 빼앗기는 것이 아니라 에너지를 얻기도 하지요.

이러한 일대일 피드백 면담의 효과를 알고 이미 일터에서 적극적으로 활용하는 리더들이 있습니다. 그들은 인사팀이 성과평가 시기에 공식적으로 요청할 때나, 더는 방관할 수 없는 조직 내 문제 행동이 발생했을 때나, 구성원들이 요청해 올 때만 일대일 면담을 하는 것이 아닙니다. 평소 업무의 높은 우선순위에 놓고 시간을 할애하여 일대일 피드백 면담을 적극적으로 시행하지요.

그들은 승진한 직후나 다른 부서로 이동하면 전체 구성원들과 일대일 면담을 합니다. 면담을 통해 조직과 구성원들의 상황과 새로운 리더에 대한 기대를 파악하고, 자신이 기대하는 바도 전달하며 구성원들과 적극적으로 관계를 형성하지요. 그들은 또한 평소 일터를 세심하게 관찰함으로써, 구성원들의 의미 있는 행동이 나타날 때 면담의 시간을 갖고 안전한 공간에서 깊이 있는 피드백을 제공합니다. 자신의 연간 업무 계획을 수립할 때 면담 일정을 반영하여, 특별한 일이 없어도 정기적으로 면담을 하지요. 그렇게 구성원들의 목소리를 들음으로써, 사람에 대한 관심을 지속적으로 표명하고 조직관리를 위한 과제를 사전에 발굴하기도 합니다.

그처럼 평소에 적극적으로 소통함에도, 상반기 목표 설정 면담과 하반기 성과평가 피드백 면담 등을 충분히 준비하고 구성원 중심으로 진행합니다. 담당 조직의 성과관리만이 아니라, 각 구성원의 업무 사이클의 시작과 마무리에 의미를 더합니다. 또한 목표 설정 및 평가 피드백 면담과 연동하여 구성원 역량 개발이나 경력 개발을 위한 면담도 진행함으로써 구성원 육성에 대한 리더의 관심과 헌신을 분명히 보여줍니다. 조직을 떠나고자 하는 구성원과의 퇴직 면담 역시 충실하게 진행합니다. 그리하여 남아야 할 사람은 더 단단히 조직에 뿌리내리게 하고 떠날 사람은 잘 보내서, 남아 있는 구성원들이 심리적·업무적으로 타격을 받지 않도록 합니다.

리더와 구성원 사이의 의미 있는 일대일 만남이 조직에 미치는 긍정적 영향에 주목하게 된 조직들이 있습니다. 그런 조직에서는 연 4회가 아니라 매달 1회씩 성과 피드백 면담을 공식화하기도 합니다. 또 구성원이 대화하고 싶은 주제를 자유롭게 선정한 후, 리더를 찾아가서 이야기를 나누게 하는 원온원(one-on-one) 대화를 제도화하여 운영하기도 하지요.

그러나 회사 차원에서 그러한 시스템을 만든다고 해도, 평소 구성원들과 대화하는 법, 특히 말하기보다 듣고 반응하는 법을 훈련하지 못한 리더라면 면담 시간을 효과적으로 운영하지 못합니다. 만나야 대화를 할 수 있기는 하지만, 둘이 만난다고 하여 대화가 저절로 잘 진행되는 것은 아니니까요. '만나라고는 하는데, 만나서 무슨 말을 해야 할지 모르겠네. 아휴, 부담스러워', '이런저런 별 소용없는 이야기만 하다가 끝나는군. 시간이 아깝다!', '도대체 안 그래도 바빠죽겠는데, 이런 걸 왜 해?'라는 불만이 리더와 구성원 양쪽 모두에게 쌓여, 도리어 조직에 부정적 에너지를 높이기도 하지요. 시간이 지나면 나아질 거라고 기대하며 기다리기에는, 그동안 낭비되는 자원들이 너무 많습니다. 좋은 제도를 기획하는 것과 더불어 피드백 면담의 역량을 강화하기 위해 리더의 적극적인 학습이 필요합니다.

피드백 면담 준비 및 실행의 열 단계

몇 번의 면담을 진행하며 리더들이 곧바로 알게 되는 것 하나는, 어느 면담도 똑같이 진행되지 않는다는 것입니다. 같은 주제로 같은 목표를 세우고 같은 이야기로 말문을 열어도, 면담마다 그 전반적인 분위기와 흐름, 대화의 깊이, 성과 등은 다릅니다. 진행하는 리더의 에너지 상태도 매번 같을 수 없고, 각 구성원과의 관계도 다르며, 구성원들의 반응도 다양하게 나타나기 때문이지요.

그처럼 모든 면담이 다르고 리더의 뜻대로 진행되는 것이 아니라고 하여, 면담에 대해 배울 필요가 없거나 면담을 준비할 필요가 없는 것은 아닙니다. 오히려 자신의 면담에 주된 영향을 미치는 요소들을 구체적으로 파악하고, 더 섬세하게 준비해야 하지요. 그렇게 해야 각 면담 장면마다 유연하게 대처할 수 있습니다. 어느 면담도 준비한 대로 흘러가지는 않으나, 준비를 통해 준비한 것 이상으로 구성원과 커뮤니케이션할 수 있습니다.

면담을 준비하며 좋은 면담 가이드를 참조하기를 권합니다. 그러면 면담의 준비부터 실행, 그리고 후속 조치까지 전체 과정을 조망하며, 주요 단계에서 놓치지 말아야 할 것을 챙길 수 있습니다. 자기에게 잘 맞고 효과적인 면담 방식을 확립하기 전까지는, 좋은 면담 가이드를 선택하여 활용해 보는 것이 좋습니다. 이번 장에서 소개하는 '피드백 면담 준비 및 실행의 열 단계'는 '사전 준비 활동', '리더의 마음챙김', '면담 후 활동'이라는 세 가지 요소를 강조하는 면담 가이드입니다.

---

① 심리적 장애물 허물기

② 있는 그대로 보기

③ 피드백 여부 결정하기

④ 면담 준비하기

⑤ 구성원 준비시키기

⑥ 피드백 상태에 들어가기

⑦ 면담 도입하기

⑧ 면담 진행하기

⑨ 면담 마무리하기

⑩ 면담 후 활동하기

피드백 면담 준비 및 실행의 열 단계

이 가이드는 열 단계 가운데 절반(①~⑤)을 준비 활동에 할애하는 만큼, 면담의 사전 준비 활동을 강조합니다. 사전 준비 과정에서 리더는 피드백을 방해하는 자기 마음의 장애물들을 허물고, 구성원의 행동과 그 영향을 있는 그대로 보기 위해 사실을 수집하며, 자기 안에 있던 가정들을 검증해 봅니다. 그리고 그 사안에 피드백이 필요한지 검토하여, 피드백 여부를 결정하고 면담을 준비하지요. 구성원에게도 사전에 면담의 목적과 주제, 시간 등을 안내하여, 자기가 하고 싶은 이야기를 충분히 준비해 올 수 있도록 합니다.

이 가이드에서 강조하는 두 번째 요소는 리더의 마음챙김입니다. 부담스러운 피드백 면담을 회피하지 않고, 구성원이 지닌 문제에 단단한 마음으로 직면하며, 구성원의 행동과 그 영향을 거울처럼 고요하게 비춰주고, 구성원의 심리적 저항이 수시로 일어나는 면담 상황에서 길을 잃지 않으려면 먼저 리더가 자기 마음을 챙길 수 있어야 합니다.

세 번째로 강조하는 요소는 면담 후의 활동입니다. 면담을 안정적으로 진행하고 구성원이 리더의 피드백을 기꺼이 수용해서 자기 행동을 바꾸도록 영향을 미치는 일은, 면담할 때의 커뮤니케이션만으로 가능한 일이 아닙니다. 리더는 타인을 향한 조언에 그치는 게 아니라 자기 쇄신을 통해 먼저 변화와 성장의 모범을 보이고, 면담에서 약속한 바를 이행함으로써 진정성을 보여줄 수 있습니다. 리더의 그러한 진정성이 구성원의 마음에 가닿을 때, 비로소 피드백 면담은 본래의 목적을 달성하며 온전히 종결됩니다.

① 심리적 장애물 허물기

가장 먼저 시작할 일은 면담과 관련된 자기 안의 심리적 장애물을 파악하고 허무는 것입니다. 심리적 장애물이 작동하면 아예 면담을 포기할 수도 있고, 면담 준비의 효율성이 떨어지며, 면담하며 예기치 못한 상황이 발생할 때 안정적으로 대처하지 못합니다. 결국 면담의 성과가 떨어질 뿐만 아니라, 무엇보다 면담을 준비하고 실행하는 과정을 즐기지 못합니다.

피드백 면담과 관련한 심리적 장애물은 사람마다 달라서, 자기 마음을 잘 들여다보며 스스로 찾아봐야 합니다. 피드백 면담과 관련해 리더가 가지기 쉬운 심리적 장애물의 예를 몇 가지 들면 다음과 같습니다.

※ 이런 면담까지 해야 하나? 몇 번을 말해도 안 되는 사람은 기회가 있을 때 다른 팀으로 보내는 게 낫지.

※ 그냥 둬도 될 일을 내가 괜히 들쑤시는 건 아닐까? 시간이 지나면 해결되는 일도 많잖아.

※ 내가 말해준다고 저 친구가 변할까? 사람은 쉽게 변하지 않아.

※ 나와도 관계가 나빠지면 어떻게 하지? 나한테는 잘하고 있는데, 이런 말을 하면 배신감을 느끼지는 않을까?

※ 이런 말을 해서 사기가 꺾이면 어쩌지? 그래도 일은 잘하고 있는데 말이야.

무엇이 되었든, 이런 심리적 장애물은 어렵고 불편한 면담 상황을 회피하고 싶은 마음의 방어들입니다. 그리고 그 마음을 잘 들여다보면 두려움이 자리하고 있습니다. 내가 이 면담 주제를 잘 다루지 못하리라는, 깊은 마음의 대화를 잘 이끌지 못하리라는, 구성원의 저항이나 거부 같은 불편한 상황을 만나게 되리라는 두려움 말이지요. 그 두려움의 뿌리를 주욱 따라가 보면, 과거 내가 누군가에게 받았던 불건강한 피드백의 잔재들을 만나게 됩니다. '왜 지금 이런 말을?', '왜 나한테?', '내가 뭘?', '당신이 왜?', '뭘 안다고?', '확인하지도 않고?' 그처럼 당황스럽거나 억울하거나 이해할 수 없는 피드백을 받으며 내가 느낀 감정들. 혹은 어렵사리 마음먹고 용기 내어 말해준 나의 피드백을 수용하지 않았던 사람들이 내게 던진 시선들. 그것들이 아직도 내 마음 밑바닥에서 온전히 갈무리되지 않고 남은 채로 불쑥불쑥 영향을 미칠 수 있습니다.

사실 우리는 부모, 교사, 친구, 연인, 상사에게 "이야기 좀 하자"는 말을 듣고 마련된 자리에서, 좋았던 경험보다 그렇지 못한 경험이 많습니다. 그리하여 면담을 떠올릴 때면 반가움이나 기대 같은 긍정적 정서보다, 불안, 걱정, 두려움 같은 부정적 정서를 더 많이 경험하게 되지요. 부정적인 정서를 계속해서 만들어 내는 이 유쾌하지 않은 피드백의 기억들은, 건강한 피드백 경험을 만들어 감으로써 지워나갈 수 있습니다. 그리고 긍정적인 기억보다 어두운 기억이 우리를 더 강하게 지배합니다. 그렇기에 일부러 들여다보지 않으면 잘 보이지 않는 밝은 기억들을 찾아볼 필요도 있습니다.

홀로 성장한 사람은 없습니다. 지금의 나 자신을 키워낸 햇살 같은 찬사와 지지와 격려와 조언과 가르침 들이 분명 있었을 테지요. '이제 내가 그것을 건강한 방식으로 다른 누군가에게 선물처럼 돌려주겠다'라는 의도를 가질 때, 우리는 기꺼이 우리 삶의 시간과 에너지를 할애하여 면담 준비를 시작할 수 있습니다.

② 있는 그대로 보기

심리적 장애물을 허물어 갈수록 왜곡 없이 '있는 그대로 보기'가 가능합니다. '있는 그대로 보기'는 피드백하고자 하는 사안과 관련하여 실제로 무슨 일이 일어나고 있는가, 구성원이 어떻게 행동하고 있는가, 그것의 영향은 무엇인가를 최대한 사실에 기초하여 파악하는 것입니다. 이 단계를 거치지 않는 피드백은 객관성을 잃습니다.

기존에 해둔 메모, 현시점에 대한 관찰, 다른 사람의 의견 청취 등을 통해 사실을 수집합니다. 피드백 주제에 따라, 사실을 더 많이 수

집해야 하는 부분이 달라집니다. 구성원의 조직 시민 행동과 관련된 피드백이라면, 며칠간 집중적으로 관찰하고 그와 가까이 일하는 다른 구성원의 이야기도 들어보는 것이 좋겠지요. 둘 이상의 구성원이나 업무 그룹 사이의 갈등이 보인다면, 며칠간 그들이 사무실에서 어떻게 소통하는지 회의 중에는 어떤 역동이 일어나는지, 현재 시점에서 세밀하게 관찰할 필요가 있습니다. 성과평가 피드백 면담이라면, 평소 구성원의 업무 과정과 결과에 대해 관찰하고 기록해 둔 내용이 정보 수집에서 비중을 많이 차지하겠지요. 때로는 면담이 필요하다고 생각되는 구성원과 사전에 가볍게 대화하며 직접 사실을 확인해 보는 것도 좋은 방법입니다.

③ 피드백 여부 결정하기

면담이 필요해 보이는 사안을 있는 그대로 들여다보게 되면 이제 피드백 면담 여부나, 피드백 면담을 진행하며 무엇을 어디까지 피드백할지 혹은 하지 않을지 그 범위를 결정할 수 있습니다. 피드백하고자 하는 구성원의 행동을 떠올리며 아래 질문에 답해보면, 피드백 여부를 결정하는 데 도움이 됩니다.

- 구성원이 가진 이 문제 행동은 변화 가능한 것인가?

이 질문에는 두 가지 의미가 들어 있습니다. 한 가지는 피드백으로 변화할 수 있는 행동이 아니라면 구태여 피드백할 필요가 없다는 것입니다. 또 다른 하나는, 만약 변화 가능한 행동이라면 구성원이 그 행동을 변화시킬 수 있는 사람임을 리더가 먼저 믿어야 한다는 것이지요. 한 사람이 오래 유지해 온 행동은 그 나름의 효익이 있었기에 이제까지 계속된 것입니다. 따라서 쉽게 바뀌지 않습니다. 하지만 스스로 이해할 만한 합리적 이유나 분명한 필요가 마음에 가닿으면, 변화는 분명히 일어납니다. 말하는 사람 스스로 자기가 전하는 말에 선한 의도와 믿음을 부여할 때, 그 말에 힘이 실리지요. '구성원의 이 문제 행동은 변화할 수 있는 것인가?'라는 질문에 리더 스스로 '그렇다'라고 답할 수 있을 때, 구성원 피드백을 시도해 볼 수 있습니다.

• 이 문제 행동이 구성원 자신이나 조직에 미치는 영향을
  사실에 기초하여 객관적으로 설명할 수 있는가?
  나의 선호나 지나친 걱정 혹은 불안 때문에 피드백하는 것은 아닌가?

리더가 문제라고 인식한 구성원의 행동이 구성원 개인이나 조직에 미치는 부정적 영향을 객관적으로 설명할 수 없다면, 피드백하기에 적합한 상태가 아닙니다. "조직에서 그렇게 행동하면 안 됩니다", "그건 올바른 자세가 아니잖아?", "그러지 마라", "그건 아니지", "그랬다가 혹시라도 ~한 일이 생기면 너 어떻게 할래?"라고

말할 수밖에 없다면, 그 행동은 애초 피드백의 대상이 아니었을 수 있습니다. 혹은 아직 리더가 그 문제 행동의 영향에 대한 객관적 정보를 수집하지 못한 상태일 수도 있고, 구성원의 문제가 아니라 리더의 선호나 불안으로 인한 것일 수도 있고요.

• 이 문제 행동이 나의 말이나 행동 때문에 발생한 것은 아닌가?

때로 리더의 말이나 행동으로 인해 구성원의 문제 행동이 발생했을 수 있습니다. 몇 가지 예를 볼까요? 구성원이 제출 기한을 자주 어긴다면, 그가 책임감이 부족하거나 시간 관리에 실패했기 때문일 수도 있습니다. 하지만 리더가 구성원의 역량에 맞지 않는 과제를 부과했거나, 불명확하게 업무를 지시했거나, 업무 수행에 필요한 자원을 충분히 제공하지 못했거나, 업무 동기유발이 부족했기 때문일 수도 있습니다. 구성원이 작성하는 보고서의 완성도가 갈수록 떨어진다고요? 그동안 리더가 보고를 받을 때 구성원 스스로 자기 보고서를 개선해 보도록 이끌어 주지 않고, 일방적이고 세세하게 수정 지시를 했기 때문일 수도 있습니다. '어차피 리더가 자기 마음대로 수정해 버릴 텐데, 적당히 쓰면 되지'라고 생각하게 되면, 보고서의 완성도를 높이고 싶은 의욕이 사라지고 말 테니까요. 구성원들이 어떤 규율을 잘 지키지 않는다면, 리더도 그 규율을 어기는 모습을 보이기 때문일 수 있습니다. 구성원들이 회의 시간에 의견을 잘 내지 않는다면, 그들이 내는 의견에 대한 리더의 건강하지 않은 피드백 행동 때문일 수 있지요.

만약 그처럼 구성원이 보이는 문제 행동이 리더의 말이나 행동 때문일 수 있다면, 교정적 피드백을 하기 전에 먼저 리더 자신의 말과 행동을 개선하며 그 변화를 관찰해 볼 필요가 있습니다.

• 구성원 스스로 해결하도록 기다려 줄 필요는 없는가?
　혹은 기다려도 되는 일인가?

너무 이른 피드백은 구성원에게 별로 가닿지 않을뿐더러 구성원의 성장에 방해가 될 수 있습니다. 이런저런 방식을 시도해 보며 직접 시행착오를 거쳐야 온전히 자기 것으로 배울 수 있는 일들이 있으니까요. '지금 나의 조급함 때문에, 시간이 필요한 일을 기다리지 못하고 섣부르게 개입하는 것은 아닌가?' 하고 점검해 보도록 합니다. 몇 번 실패해도 조직에 큰 타격이 없는 일이라면, 조금 더 기회를 주도록 합니다. 사후 수습도 어렵지 않은 일이고, 무엇보다 구성원이 스스로 도전하며 배우는 것을 선호하는 스타일이라면 조금 더 기다려 줍니다. 그처럼 구성원이 스스로 배우며 자기 힘으로 성장하는 경험을 하게끔 기다려 주는 것은 그를 위한 큰 배려이자 효과적인 육성의 한 방법입니다.

- 내 마음에 구성원을 돕고자 하는 의도가 있는가?

이 피드백 면담의 의도가 무엇인지 살펴보도록 합니다. 피드백으로 구성원을 돕고자 하는 의도가 없다면, 그저 조직이나 과제를 관리하기 위해서 혹은 리더 자신의 불안이나 화를 해소하기 위해서 피드백하려는 것이라면, 잠시 멈추고 마음챙김을 할 필요가 있습니다. 그러한 상태의 피드백은 구성원의 마음을 움직이지 못하고, 리더 자신에게도 도움이 되지 않습니다. 에너지는 같은 수준에서 공명하는 법이지요. 리더가 구성원을 돕고자 할 때, 구성원 역시 자기라는 좁은 경계를 벗어나 함께 일하는 리더와 조직의 관점을 의식하기 시작합니다.

④ 면담 준비하기

피드백 면담을 하기로 결정했으면 이제 구체적인 면담 준비에 들어갑니다. '미리 준비하면 틀에 맞추게 되어, 대화가 자연스럽게 되지 않아'라는 생각에 준비 없이 면담하는 것을 더 선호하는 리더들이 있습니다. 하지만 면담은 잘 준비할수록 더 자연스러워집니다. 다음에 무엇을 말할 것인가를 생각하느라 주의가 분산되는 일이 없고, 돌발상황이 생겨도 안정감을 유지할 수 있으며, 더 열린 관점으로 구성원의 이야기를 경청할 수 있기 때문이지요.

- 면담의 초점 세우기

  만난 김에 그간 하고 싶었던 모든 이야기를 다 하려는 욕심을
내려놓습니다. 이런저런 쌓아둔 이야기를 다 꺼내면, 어느 것도 제
대로 전달할 수 없습니다. 되도록 면담에서는 한 가지 사안에 집
중하도록 합니다.

- 면담의 목적, 진행 방식, 각자가 얻는 효익을 명확히 하기

  면담의 목적, 진행 방식, 이 면담을 통해 리더와 구성원이 각자
얻을 수 있는 것을 정리해 봅니다. 어떤 말을 해야겠다고 생각만
하지 말고 명료하고 자연스러운 언어로 기록해 보고, 30초에서 1
분 내로 말할 수 있는지 연습해 봅니다. 잘 요약되지 않거나 자연
스러운 언어로 표현할 수 없다면, 아직 생각이 정리되지 않은 것
입니다. 스스로 명확하지 않은 것을 다른 사람에게 명확하게 전달
할 수는 없습니다. 그리고 이 세 가지가 분명해져야, 리더는 피드
백 면담의 가치에 대한 자기 확신을 잃지 않은 채 면담을 준비하
고 진행할 수 있습니다.

  또한 이 세 가지는 이후에 면담을 시작할 때 구성원에게 직접
말해줌으로써, 면담의 의미와 초점을 서로 분명히 공유하는 용도
로도 활용합니다.

- 구성원의 반응을 예상하기

　피드백 면담에 대한 구성원의 반응을 예상해 봅니다. 반응을 예상하여 반격할 요소를 찾으라는 말이 아닙니다. 구성원의 입장이 되어 피면담자의 자리에 앉아서 리더의 피드백을 들어보는 것이지요. 구성원의 업무적·개인적 상황, 최근의 화두, 평소의 업무 및 대화 스타일을 떠올려 보고 그의 시선으로 면담 주제를 바라봅니다. 이 활동을 통해 리더는 좀 더 균형 있는 시각을 확보할 수 있고, 구성원의 이해를 도울 만한 정보들을 추가로 준비할 수 있습니다. 그리고 구성원의 관점을 파악하기 위해 어떤 질문을 해야 할지, 구성원이 리더의 관점과 조직 상황 등을 이해하도록 어떤 이야기를 나누는 것이 좋을지 파악하고 준비할 수 있습니다.

- 면담의 흐름, 주요 질문, 피드백 메시지 만들어 보기

　긴 면담을 진행하려다 보면 어떻게 말문을 열어야 할지, 어느 시점에서 어떤 이야기를 꺼내야 할지, 대화가 막힐 때는 어떻게 대화를 이어가야 할지 고민되는 부분들이 많습니다. 구성원을 앞에 둔 상태에서 그런 고민에 빠지지 않도록 미리 준비를 합니다. 먼저 면담의 도입, 전개, 마무리의 큰 흐름을 키워드로 정리해 보세요. 그리고 구성원의 견해를 듣기 위한 주요 질문들도 준비하고, 구성원과 꼭 공유하고 싶은 피드백도 문장으로 기술해 봅니다.

- 시간과 공간을 준비하기

면담에 필요한 시간을 확보합니다. 가능하면 면담 직후에 중요한 일정을 잡지 않도록 합니다. 자기도 모르게 다음 일정으로 주의가 흩어질 수 있기 때문이지요. 리더도 구성원도 가장 집중할 수 있는 요일과 시간대에, 면담 시간이 다소 지연되더라도 문제가 생기지 않도록 여유 있게 일정을 잡습니다. 구성원과 협의하여 면담 시간을 일단 확정하면, 최대한 일정을 변경하지 않도록 합니다. 리더가 다른 일로 면담 일정을 자꾸 미루게 되면, 구성원 면담이 리더의 우선순위에서 높지 않음을 구성원에게 보여주는 격이 됩니다.

성과평가 시기라면 다수 구성원을 1, 2주 내로 모두 만나야 하는 경우가 있지요. 이때는 하루에 두세 명 이상을 만나지 않도록 일정을 잡습니다. 면담은 상당한 에너지를 쏟아야 하는 일입니다. 많은 사람을 연속해서 만나게 되면, 건강한 주의를 계속 유지하기가 어렵습니다. 하루에 두세 명을 만나는 경우라도, 한 사람을 만났으면 그 면담에 대한 기록을 남기고 성찰하는 시간을 충분히 갖고 휴식을 취한 후에 다음 사람을 만나도록 합니다.

면담을 진행하기 위한 독립된 회의실을 예약해 두도록 합니다. 예약할 때는 시간을 넉넉하게 잡아서, 면담을 마무리하며 다음 예약팀 때문에 방해받는 일이 없도록 합니다. 독립된 회의실이 없다면 사무실 가까이 있는 외부 카페 등을 이용해도 좋겠지요. 자주 이용하지 않는 카페라면 면담에 방해될 만한 소음은 없는지, 다른 좌석과의 간격은 넓은지, 소란스럽지 않은 시간대는 언제인지 등을 미리 확인해 놓도록 합니다.

⑤ 구성원 준비시키기

면담에 대한 부담은 리더만 갖는 것이 아닙니다. 구성원 또한 면담의 성격을 이해하고, 자기가 하고 싶은 말을 사전에 준비할 수 있도록 미리 시간을 줍니다. 면담의 주제, 목적, 시간, 준비 사항 등을 말해주고, 그 시간이 괜찮은지 물어봅니다. 미리 공지하면 오히려 구성원을 부담스럽게 하는 것 같아서, 사전 안내 없이 바로 이야기를 나눈다는 리더들도 있지요. 하지만 미리 안내하여 구성원에게 준비할 시간을 주는 편이 장점이 더 많습니다. 약간의 부담은 오히려 면담에 건강한 긴장을 일으키기도 하고요. 신중하고 생각이 많은 내향적 성향의 구성원들에게는 특히 준비 시간이 더 많이 필요합니다.

시간을 공지할 때, 구성원도 여유 있게 시간을 확보해 오도록 안내합니다. 그리하여 충분한 시간을 잡아 대화를 나누고 싶은 리더의 의도도 전달하고, 시간에 쫓겨 면담을 멈추는 일이 생기지 않도록 합니다. 계획했던 시간 안에 면담을 종료하는 것이 바람직하지만, 진짜 나눌 필요가 있었던 이야기가 면담을 종료하는 시점에 임박해서야 나오기도 하기 때문입니다.

⑥ 피드백 상태에 들어가기

면담을 시작하기 직전에 리더가 해야 할 일은 피드백 상태에 들어가는 것입니다. 축구선수가 유니폼을 입고 축구화를 신은 후 경기장으로 입장하듯, 피아니스트가 연주복을 입고 피아노 앞에 앉듯, 면담에 앞서 리더는 피드백 면담을 하기 위한 상태로 들어가지요. 그때까지 진행하던 일들을 다 덮어두고, 구성원보다 먼저 면담하는 장소에 도착하도록 합니다. 적어도 5~10분 전에는 도착해서 공간을 깔끔하게 정돈하고, 스마트폰을 무음 상태로 해놓고, 메모 도구도 펼쳐놓고 편안한 자세로 앉아서 곧 시작될 면담에 주의를 기울입니다. 그리고 구성원이 들어오면 반갑게 맞이하며 미리 마련한 자리를 권하도록 합니다. 공간이 허락된다면 정면 자리보다는, 때로 시선을 피할 수 있는 대각선 위치에 구성원을 앉히는 것이 좋습니다. 잘 정돈된 공간 및 리더의 안정적인 기운과 환대는 구성원에게 리더의 면담 준비도와 자신에 대한 존중감을 느끼게 하지요.

유난히 바쁜 날이었거나 마음이 어수선한 상태라면 좀 더 일찍 도착해서 1~3분가량 짧은 명상을 해보도록 합니다. 평소 알고 있는 명상법이 없다면, 그냥 눈을 감은 채 몸으로 드나드는 공기를 알아차리며 몇 차례 깊은 호흡을 반복하면 됩니다. 그것만으로도, 여러 생각으로 산란한 마음속에 대화를 위한 고요한 공간이 열립니다.

정적인 명상을 하기 어려운 경우도 있습니다. 그렇다면 곧 시작될 면담을 잘 해내기 위한 자신의 의도를 다음처럼 몇 마디 명료한 문장으로 만들고, 머릿속에 반복하여 떠올려 보는 것도 좋습니다. '오늘 어떻게든 구성원의 마음을 이해해 보자', '작심하고 듣기!', '판단은 미루고, 사실에 기초하여 듣자', '스몰 피드백으로 구성원이 자기 생각을 충분히 표현하도록 도울 것!', '구성원을 돕고자 하는 마음으로 피드백을 공유할 것!', '선물하는 마음으로 분명하게 이야기해 주기!', '오늘 어떤 일이 일어나더라도, 그것은 나와 구성원에게 의미 있는 성장 경험이 될 것이다.'

⑦ 면담 도입하기

이제 면담을 시작합니다. 면담의 도입부는 전체 면담에 큰 영향을 미칩니다. 시작할 때부터 삐걱대는 대화는 이후에도 삐걱거릴 가능성이 큽니다. 분위기를 전환할 수 없는 것은 아니지만, 그렇게 되기까지 힘이 많이 들어가지요. 따라서 처음부터 잘 풀어나갈 필요가 있습니다.

면담 도입부의 핵심은 문제해결에 초점을 맞추느라 너무 서둘지 않고 구성원이 면담에 편안하게 집중할 수 있도록 돕는 것입니다. 면담에 참여하는 구성원의 마음을 헤아려 본다면, 리더의 어떤 말과 행동이 편안함을 조성하는 데 도움이 되는지 알 수 있습니다. 구성원으로서는 그간 리더와 충분히 신뢰를 쌓지 못했거나, 해당 유형의 면담에 대한 긍정적 경험이 없을 수 있습니다. 그렇다면 미리 리더로부터 면담에 대해 안내를 잘 받았더라도, 면담 장소로 오기까지 마음이 편안하지 않을 것입니다. '이 면담을 하려는 진짜 의도가 뭐지?', '면담 시간이 왜 이렇게 길어?', '또 얼마나 리더 이야기를 들어주며 앉아 있어야 하나?', '무슨 이야기를 어디까지 꺼내도 될까?', '이 시간이 나한테 도움이 될까?' 등의 생각으로 약간의 긴장, 부담, 궁금함, 혹은 기대를 갖고 회의실 문을 열고 들어올 테지요.

마주 앉아 면담을 시작할 때 편안함을 조성하는 데는 의외로 대단한 방법이 필요하지 않습니다. 작은 표정과 말, 행동으로 충분합니다. 아직 친밀함이 형성된 사이가 아니더라도, 구성원과 만나는 그 상황에서 리더가 세심한 배려를 보여준다면 관계가 변화할 수 있습니다. 리더의 배려를 통해 구성원은 '가까이 앉아서 마주보니 평소 생각했던 것과 다른 듯하네. 내가 왜 이런 모습을 못 봤을까?'라고 생각하며 관계를 변화시키기 시작합니다. 더불어 리더가 이후의 말과 행동에서 일관된 모습을 보여준다면, 그 변화의 속도는 더 빨라지겠지요. 어떤 작은 표정과 말, 행동으로 면담의 장을 열 수 있는지 알아볼까요?

- 구성원이 면담 장소에 들어올 때,
  부드러운 시선으로 바라보며 인사하고 자리를 권하기

리더가 여유 있게 먼저 도착해서 피드백 상태에 들어가 있었다면, 굳이 애쓰지 않아도 부드럽고 편안한 표정으로 구성원을 맞이할 수 있습니다. 그럴 시간이 없었다면, 하고 있던 다른 일들을 모두 멈추고 구성원을 바라보며 맞이합니다. 구성원에게 가지고 있던 모든 선입견, 앞으로 진행할 면담에 대한 부담감 등을 내려놓고 그를 있는 그대로 한 존재로 바라보며 인사합니다. 그리고 구성원이 들어와서 어디에 앉아야 하나 망설이게 하지 말고, 미리 준비해 놓은 자리를 권합니다. 이렇게 환대의 기운을 전해봅니다.

- 자연스러운 이야기로 대화를 열기

서둘러 면담 주제로 들어가지 않고, 자연스러운 이야기로 말문을 먼저 열도록 합니다. 시간을 아끼기 위해서 혹은 불필요한 이야기를 하고 싶지 않아서 바로 본론으로 들어갈 때가 있습니다. 하지만 긴장이 풀리지 않는 상태에서는 면담이 잘 풀려가지 않습니다.

건강, 가족, 최근의 업무 이슈 등 구성원에게 중요한 근황을 묻고 관심을 표현하거나, 최근에 구성원이 기여한 일에 감사를 표현하는 것이 자연스럽게 대화를 시작하는 효과적인 방법입니다. 특별한 화젯거리가 없다면 지금 구성원의 모습에서 보이는 것부터 이야기할 수도 있겠지요. 아니면 지금의 마음을 솔직하게 나눠보는 것도 좋은 시작입니다. 예를 들어 성과평가 피드백 면담을 한다고 생각해 봅시다. 그럴 때는 이렇게 말문을 열어봅니다. "그간 평가 피드백을 받아보기만 했지 내가 하는 건 처음이라서 이 자리가 나는 좀 어색하네요. 이제 우리 면담을 시작할 건데, 지안 씨 마음은 지금 어때요?"

평소에 말문 열기가 어려웠다면, 면담을 준비할 때 구성원 한 명 한 명을 떠올리며 각자에게 맞는 '오프닝 멘트'를 준비해 놓도록 합니다. 신입사원이라면 첫 면담에 임하는 마음을 물어도 좋고, 최근 대학원에 진학한 구성원이라면 공부하기는 어떤지를 물어도 좋고, 지난달 건강검진 결과가 나빠서 금주 중인 구성원이라면 요즘 건강은 어떤지를 물어도 좋겠지요. 면담 준비 과정에서 별도의 질문을 하는 등의 관심을 보인 구성원이라면, 그것과 관련하여 이야기를 시작해도 좋을 것입니다. 따라서 그때는 준비 과정에서 구성원이 질문한 내용을 잊지 않도록, 개인별 면담 파일에 미리 기록으로 남겨놓으면 좋습니다. 비상한 기억력과 섬세함을 갖춘 리더가 아닌 이상, 면담 시간에 쫓기다 보면 실제로 그런 내용을 잘 기억하고 활용하기가 어렵기 때문이지요.

자연스러운 이야기로 대화를 시작할 때 유의할 점이 있습니다. 구성원과 무관한 이야기는 하지 않아야 하고, 면담 주제가 아닌 이야기나 의례적인 이야기로 시간을 소모하지 않아야 한다는 것입니다.

- 면담의 목적, 진행 방식, 효익을 언급하여
  면담의 의미와 초점을 분명히 드러내기

자연스러운 이야기로 잠시 대화를 연 후에, 오늘 진행할 면담의 목적과 진행 방식, 면담에서 얻을 수 있는 것에 대해 이야기합니다. 사전에 안내를 했어도 리더의 목소리와 표정을 실어 다시 안내해 주면, 면담에 대한 리더의 진정성을 구성원에게 더 잘 전달할 수 있지요. 그때까지 구성원의 마음은 리더를 향해 충분히 열리지 않은 상태일 수 있습니다. 그럴 때 리더가 면담 안내를 해주면 구성원은 적어도 '이 면담의 진짜 의도가 뭘까?'라는 의구심을 내려놓고, 앞으로 진행될 면담의 의미와 초점에 더 집중하게 됩니다. 그리고 중요한 부분을 잘 정리하여 알려주는 리더의 모습에서, 면담에 대한 리더의 준비성과 구성원을 향한 배려를 느끼게 되지요. 또한 리더가 자기 역할을 하고 있듯, 구성원 역시 할 수 있는 데까지 자기 역할을 다하며 면담에 참여하고 싶다는 마음을 자극할 수 있습니다.

• 기타 사항 안내하기

　면담 문화가 아직 정착되지 않은 조직이라면 도입부에 다음과 같은 안내도 필요합니다. '이 자리에서 나온 이야기는 다른 누구와도 공유하지 않겠다는 비밀 유지 약속하기', '오늘 이야기를 기억하고 필요한 지원을 하기 위해, 면담에서 나오는 이야기들을 기록하겠다고 양해를 요청하기', '오늘 면담은 구성원을 지원하기 위한 것이므로, 구성원이 업무 수행상의 어려움을 말한다고 하여 그것이 성과평가에 영향을 미치지는 않는다는 것을 말해주기' 등입니다.

　위와 같은 내용을 안내한 후에 "혹시 시작하기 전에 오늘 면담 진행과 관련해서 궁금한 점이 있나요?"라고 물어보는 것도 좋습니다. 아직 구성원이 충분히 이완되지 않은 것 같거나 표정에 궁금함이 보인다면, 이 질문은 꼭 던져보도록 합니다. 그러한 질문 요청과 답변을 통해 구성원의 이해가 부족한 부분을 채워주며 면담을 시작할 수 있습니다. 또한 면담에 적절한 안전감과 긴장감을 불어넣을 수 있고, 리더가 구성원을 존중하고 있다는 것도 보여줄 수 있지요.

⑧ 면담 진행하기

편안한 분위기를 조성하고, 면담의 의미와 초점을 분명히 하는 도입부를 거쳤다면, 이제 본격적인 면담을 시작합니다.

- 준비한 피드백을 하기 전에, 구성원의 이야기를 먼저 듣기

구성원에게 전하고 싶었던 이야기를 하기 전에, 피드백하려는 사안에 대해 구성원의 이야기부터 들어봅니다. 설령 리더가 잘못 파악한 정보가 없다 해도, 구성원의 의견을 먼저 듣는 것이 좋습니다. 그렇게 하면 구성원의 관점에서 시작하여, 더 설득력 있게 리더의 관점을 전달할 수 있다는 장점이 있습니다. 또 이미 구성원이 충분히 이해하고 노력하고 있는 부분을 알게 되기도 하지요. 그래서 원래 의도했던 교정적 피드백을 생략하고 '혼자서 어떻게든 해결해 보려고 여러모로 많이 애쓰고 있었구나!'라는 공감이나 긍정적 피드백을 제공할 수도 있습니다. 그리고 리더가 발산하는 경청과 공감의 에너지가 구성원에게 옮겨가서, 구성원 또한 리더의 피드백에 좀 더 귀 기울일 수 있는 상태가 되지요. 흔한 경우는 아니지만, 때로는 사전에 정보를 수집했음에도 정작 구성원의 이야기를 듣고 나면 교정적 피드백을 할 필요가 전혀 없는 상황임을 알게 되기도 합니다.

성과평가 피드백 면담이라면, 리더가 피드백을 해주기 전에 구성원의 자기평가를 먼저 들어보도록 합니다. 구성원의 업무 동기를 높이기 위한 면담이라면 그에 대한 리더의 우려와 해결 방안

을 전하기 전에, 현재 일을 하면서 어떤 상태인지 구성원의 이야기를 먼저 들어보는 것이 좋습니다. 동료와의 관계에서 문제 행동을 자주 보이는 구성원과의 면담이라면, 최근에 리더가 관찰한 사건을 언급하며 그때 무슨 일이 있었는지 구성원의 입장을 들어보는 시간을 먼저 갖도록 합니다.

구성원의 이야기를 듣기도 전에, 리더가 먼저 구체적인 피드백을 해버리면 어떤 문제가 나타날까요? 가장 큰 문제는 일부 구성원들이 자기 생각을 충분히 말하지 않는다는 것입니다. 게다가 구성원이 리더를 깊이 신뢰하지 못한다면 '리더가 저렇게 생각하고 있으니, 내 생각을 말해봐야 소용이 없겠구나'라고 생각하며 더욱 자기 생각을 표현하지 않겠지요. 리더를 웬만큼 신뢰하는 경우라 해도 상황은 크게 다르지 않습니다. 기본적으로 조직에서 리더가 갖는 힘이 크다 보니, 구성원은 리더의 생각에 반하는 의견을 내기를 주저하는 경향이 있습니다.

• 온전히 듣고 깊이 반응하기

구성원이 이야기하는 동안 스몰 피드백으로 대화를 촉진하고, 구성원이 말하고자 하는 바를 명확히 이해하도록 합니다. 특히 이야기에서 구성원의 감정이 느껴지는 부분은 더 깊이 듣고 반응해야 합니다. 그 과정에서 구성원 스스로 생각을 정리하며, 자기 행동에 대한 성찰을 얻고, 위안을 느끼며, 앞으로의 계획까지 자연스럽게 떠올리기도 합니다. 그리하여 리더가 교정적 피드백을 계획했던 부분이 자연스럽게 대화 중에 다뤄지기도 하지요. 당연히, 그처럼 스스로 고민하며 얻은 결론은 리더가 주입한 것보다 구성원의 행동 변화에 훨씬 더 강력한 영향을 미칩니다. 면담에 시간이 많이 필요한 이유입니다.

구성원의 이야기를 온전히 깊게 들으려면 '구성원이 말하는 내용', '구성원의 마음', '구성원의 말을 들으며 일어나는 내 마음', 이세 가지를 모두 놓치지 않아야 합니다. 첫 번째 요소와 세 번째 요소는 3장에서 스몰 피드백을 소개하며 다루었던 내용입니다. 거기에 두 번째 요소인 '구성원의 마음'에까지 좀 더 깊이 반응하여, 리더의 공감을 전달하도록 합니다.

구성원이 말하는 내용 모두를 요약해야 할 때도 있고, 특정 내용만 요약하여 언급하는 것이 좋을 때도 있습니다. 구성원의 마음을 읽을 때는, 옳고 그름에 대한 판단과 분별을 떠나도록 합니다. '나라면 이렇게 했을 텐데'라는 마음도 떠나봅니다. '그런 일을 겪었다니, 이 친구 입장에서 얼마나 힘들었을까' 하며 그 마음을 읽어주도록 합니다. 그리고 내 마음을 알아차리고 나눌 때는 나의 이야기를 길게 하거나, 성급한 조언으로 바로 빠져들지 않도록 유의합니다.

구성원이 말하는 내용 듣기	그 내용에 담긴 구성원의 마음 듣기	내 마음 듣기
어떻게든 해내고 싶어서 포기하지 않고 몇 차례나 찾아가서, 새로운 방식까지 제안하며 협상을 시도했구나. 그런데도 결국 실패하고, 문전박대까지 당했구나.	얼마나 속상했을까. 그 자리에서 많이 민망하고 좌절도 되고, 참 힘들었겠다.	듣는 내가 다 안타깝다. 나라면 며칠간 아무것도 하고 싶지 않았을 텐데. 그런 일이 있었다고 다른 사람한테 말하기도 쉽지 않았을 것 같아.

'내가 구성원의 마음을 잘못 이해했다면 어떻게 하나?'라며 너무 염려하지 않아도 됩니다. 훌륭한 심리 분석가가 되어 칭찬받고 싶은 마음이 아니라, 구성원의 어려움을 이해하고 도우려는 마음이 필요한 것이지요. 그런 마음을 갖고, 자기 안에 비친 것을 진솔하게 표현해 주면 됩니다. "아, 그래?"라며 무심하게 듣고 넘겨버리거나 "처음엔 다 그래. 다들 그런 일 한두 번씩은 겪지. 그때는 말이야, 이렇게 해봐"라며 섣부른 조언으로 들어가는 것보다, 서툴지라도 상대의 마음을 읽어주려고 노력하는 것이 더 효과적입니다. 그리고 리더의 섬세한 피드백이 거울이 되어, 구성원은 거리를 두고 자기 마음을 보다 명료하게 들여다보고 더욱 솔직하게 표현할 수 있지요. "창피했어요, 정말. 얼굴이 다 화끈거렸다니까요. 그냥 때려치워 버릴까 하는 생각도 들었지만, 지금 보니 좌절감까지 느

긴 건 아니었어요. 팀장님도 아시잖아요, 제가 또 끝장을 보는 사람이라는 거. 며칠 우울했던 건 사실이지만 계속 고민 중입니다, 어떻게 할지."

• 준비한 순서에 매달리지 않고 대화의 흐름을 따라가기

준비한 면담 순서를 지나치게 의식하다 보면 대화의 중요한 흐름을 놓칠 수 있습니다. 준비한 이야기를 모두 늘어놓는 것보다, 구성원과 충분히 소통하는 과정이 더 중요합니다. 구성원 면담은 일회성의 행사가 아니라, 앞으로도 계속될 구성원 커뮤니케이션의 한 지점이니까요. 그렇게 하려면 다음에 무엇을 질문하거나 말해야 하는가를 수시로 점검하기보다, 지금 진행되는 이야기에 온전히 귀를 기울여야 합니다. 다 하지 못한 이야기는 다시 기회를 만들어 전할 수 있지만 '아, 혹시나 했는데 역시 이 사람은 들으려 하질 않는구나', '이미 짜놓은 시나리오가 있었네', '내가 무슨 이야기를 한다 해도 결론은 이미 나 있는 거 아냐?'라는 생각 속에 일어나는 불통의 경험은 다음 커뮤니케이션에 벽이 됩니다.

그렇다고 하여 면담의 초점을 벗어나는 것이 좋다는 말은 아닙니다. 사전에 면담을 안내했고 면담 도입부에서 목적과 진행 방식을 공유했다면, 구성원 역시 불필요한 이야기를 꺼낼 가능성은 적을 테지요. 하지만 면담의 초점을 알고 있음에도 다른 특정한 이

야기가 반복적으로 나온다면, 그만큼 그 이야기가 구성원에게는 중요하다는 의미입니다. 따라서 오늘 계획한 이야기가 아니라고 잘라버리기보다, 잠시 그 이야기에 귀를 기울여 볼 필요가 있습니다.

들어보니 오늘 면담 내용과 전혀 무관한 이야기라면, 다음과 같이 공감하고 다시 면담으로 주의를 돌려주도록 합니다. "그게 요즘 지안 씨가 많이 고민하는 일 중의 하나구나. A 업무를 맡아서 그런 고민까지 하고 있었나 보네. 많은 일을 고민하면서 열심히 해가는 모습이 참 보기 좋다. 다음 금요일에 보고 끝나고 차 한잔하면서 그 얘기 좀 더 해볼까? 자, 오늘 주제로 다시 돌아가면…"

• 두려움 없이 명확하게 피드백하기

구성원의 이야기를 충분히 듣고, 구체적인 요약과 공감의 표현으로 리더가 이해한 바를 말해준 후에, 구성원에게 해주고 싶은 피드백을 합니다. 되도록 긍정적인 피드백을 먼저 한 후에 교정적 피드백으로 들어갑니다. 이때 유의할 점은 교정적 피드백을 위한 목적으로 긍정적 피드백을 사용하지 않는 것입니다. 진심으로 구성원의 긍정적 행동과 그 영향을 보며 칭찬하거나 인정하거나 감사할 때, 긍정적 피드백의 효과가 발생합니다. 그리고 그가 지닌 긍정적 부분이 일터에서 더 발현될 수 있도록 돕고자 하는 마음으로, 평가하거나 비난하거나 가르치고 싶은 마음을 내려놓고, 구성원의 오해나 저항을 두려워하지 않으며, 고요하면서도 단단한 목소리로 개선이 필요한 행동에 대해 피드백합니다.

구성원의 '어떤 행동'이 '어떤 영향'을 미치고 있으므로 '어떤 행동을 해주면 좋겠다'라고 피드백합니다. 행동을 언급할 때 추론이 아닌 구체적 사실에 기반하여 말하고, 행동의 옳고 그름을 판단하지 않고 행동이 미치는 영향을 짚어주며, 행동 변화를 지시하는 것이 아니라 요청할 때 더 효과적으로 메시지를 공유할 수 있습니다. 사안에 따라서는 새로운 행동을 리더가 먼저 요청하기보다, 함께 논의하여 개선 방향을 찾아내는 것이 구성원의 행동 변화에 더 바람직하지요. 리더의 관점에서는 최선이 아니라 차선의 해법으로 보일지라도, 구성원이 자기 의지로 선택하여 실행하게 된다면 그것이 최적의 해법입니다.

해법 찾기에서 리더가 도와야 할 것은 행동 변화를 위한 'A에서 Z까지'의 완벽한 시나리오가 아닙니다. 리더가 도와야 할 일은 '첫 행동' 찾기입니다. 실행에 옮기면서 구성원의 역량이 강화되고 주변 상황도 계속 변해가므로, 처음부터 완벽한 실행계획을 만들 필요는 없습니다. 전체적인 변화의 방향성을 잡고 중요 행동 계획을 세우되, 계획을 수립할 때의 핵심은 고민에 머물지 않고 변화된 행동을 시작하도록 돕는 것이지요. 그 방법은 '구체적'이고, '구성원 스스로 실행 가능'하며, '실행 여부의 측정이 가능'한 주요 행동 계획을 수립하고, 그것을 실행하는 첫 행동을 명확히 하도록 돕는 것입니다.

- 구성원의 반응을 확인하고
  구성원의 저항이 느껴지면 경청 상태로 돌아가기

피드백을 한 후에 구성원의 반응을 확인하도록 합니다. 구성원의 저항이나 불편한 마음이 느껴진다면, 말하기가 아니라 '듣기 모드'로 전환해야 합니다. 같은 내용의 피드백을 기존의 언어와 논리로 반복하는 대신 "내 이야기를 들어보니 어떤 생각이 들어?"라고 질문하여 구성원의 반응을 살핍니다. 그리고 어떤 이야기가 나오더라도 공감합니다. 공감은 동의와 다릅니다. 비록 상대방에게 동의하지 않을지라도, 즉 상대방의 관점이 나와 다르더라도 '지금 이 사람은 그런 이유로 그렇게 생각하고 느끼는구나'라고 이해하고, 그것을 표현해 주는 것이 공감입니다. 리더가 그러한 공감을 시도할 때, 구성원 역시 리더의 자리에서 리더의 피드백을 다시 생각하고 이해해 보려고 노력하게 되지요.

구성원이 흔쾌히 리더의 피드백을 수용할 때는 '쉽지 않은 요청을 했는데, 그렇게 이해하고 수용해 줘서 고맙다'라는 마음을 담아 감사를 표현하도록 합니다. 주의할 점은 너무 쉬운 긍정은 더 강한 저항일 수 있다는 것입니다. 리더가 어려운 이야기를 했는데도 구성원이 별다른 반응 없이 "네, 그렇게 하겠습니다"라는 대답만 할 때가 있지요. 그것은 피드백을 수용한 것이 아니라, 그냥 그 자리를 모면하고 빨리 면담을 끝내려는 행동일 수 있습니다.

그럴 때는 "그렇게 하기에 혹시 어려운 점은 없겠어?", "내가 뭘 도와주면 좋을까?" 등의 표현으로 질문하여, 구성원의 이야기를 구체적으로 들어보도록 합니다. 때로는 "어렵게 꺼낸 이야기인데 그렇게 바로 대답해 주니 고맙기도 하고, 나한테 말하기 불편한 게 있나 싶어서 당황스럽기도 하네. 내 요청에 대해서 지안 씨 생각은 어떤지 좀 구체적으로 들어보고 싶어"라는 솔직한 자기 개방을 통해, 구성원의 마음을 한두 번 이상 두드려 볼 필요도 있습니다.

⑨ 면담 마무리하기

해야 할 이야기를 모두 나눴다면 이제 면담을 마무리합니다. 면담의 마무리는 앞으로의 실천과 관련된 면담의 주요 내용을 재확인하고, 어려운 이야기를 꺼내주고 들어준 서로에게 감사하며 마음을 나누는 시간입니다. 좋은 마무리는 면담의 긍정적 여운을 남기고, 행동이 변화하는 데 동력이 되지요. 그러니 해야 할 이야기를 다 했다고 생각하며 마무리를 생략하는 일은 없도록 합니다. 면담을 효과적으로 마무리하려면 주요 '면담 내용 확인하기', '향후의 실천을 위한 격려와 지원 약속하기', '소감 나누기'를 해보도록 합니다.

- 주요 면담 내용 확인하기

전체 내용을 요약할 필요는 없습니다. 앞으로 무엇을 어떻게 하고자 했는지를 확인하는 것이 중요합니다. 특히 변화를 위한 첫 행동을 재확인하는 일은 구성원이 실행하는 데 많은 도움이 되지요. 리더가 요약하며 확인하되, 혹시 빠진 부분이나 잘못 말한 부분은 없는지 구성원에게 확인을 요청하면 좋습니다.

- 향후의 실천을 위한 격려와 지원 약속하기

구성원의 향후 실천을 위한 격려를 아끼지 않도록 합니다. 이미 잘하고 있는 구성원이거나 아직 자기 역량을 충분히 발휘하지 못하는 구성원이거나, 일터에서 보여준 크고 작은 긍정적 행동들이 있었을 것입니다. 또한 면담 과정에서 드러난 그들 안의 긍정적 특성들도 있었겠지요. 리더의 마음속 거울에 비친 그 긍정적 측면을 조명하며, 잘 해낼 수 있다고 격려해 줍니다.

이 시점에서, 앞선 면담 시간에 미처 해주지 못한 조언이 떠오를 수도 있습니다. 그래도 '지금 이걸 말해주지 않으면, 이 사람한테 큰일이 생기고 말 거야'라고 할 만한 것이 아니라면 가급적 삼가도록 합니다. 격려는 긍정적 피드백으로 충분합니다. 많은 이들이 우려하는 바와 달리, 진심이 담긴 유의미한 긍정 피드백은 아무리 많이 해도 지나치지 않습니다. 꼭 필요한 조언이라고 생각되더라도 다음 기회로 돌리고, 긍정 피드백으로 실행과 성장을 격려하도록 합니다. 뿌리가 물을 빨아들이면 식물의 모든 잎사귀가 싱그러워지는 것처럼, 하나의 큰 변화는 나머지에까지 영향을 미치게 되지요. 그러므로 뒤늦게 떠오른 교정적 피드백은 상당 부분 불필요한 내용이 될 때가 많습니다. 여전히 필요하다면, 다음 후속 면담에서 다루어도 늦지 않고요.

"당신이 필요로 할 때 리더로서 내가 지원을 아끼지 않겠다. 언제든 나에게 찾아와서 이야기해 달라"라는 지원 약속도 잊지 않도록 합니다. 구성원이 스스로 해나가는 힘이 부족하면, 두 차례 이상의 후속 면담을 약속하는 것이 좋습니다. 다음 면담이 있다는 사실만으로, 구성원이 스스로의 행동 변화에 대한 긍정적 긴장을 갖는 데 도움이 되니까요. 나아가 리더 또한 다음 면담을 준비하며, 구성원의 행동 변화를 일터에서 좀 더 주의 깊게 관찰할 수 있습니다.

• 면담 소감 나누기

중요 업무 보고나 회의 등을 마무리할 때도 그 시간에 대한 소감을 나누는 활동이 도움이 됨을 다른 장들에서 다뤘습니다. 일대일 면담 시간은 리더와 구성원 사이에 더 깊은 마음의 교류와 자극이 발생하는 만큼, 다른 커뮤니케이션 장면보다 좀 더 시간을 갖고 소감을 나누며 정리할 필요가 있습니다.

리더는 구성원의 소감을 들으며 면담의 성과를 측정할 수 있습니다. 잘 진행된 면담일수록 구성원의 소감은 구체적이며, 성찰의 깊이가 느껴집니다. 면담 분위기가 좋았더라도 짧거나 상투적인 소감만 나온다면 그 면담은 성공적이지 못했을 가능성이 큽니다. 혹은 구성원이 자기 마음을 표현하지 못하는 것이거나 그 마음을 아직 충분히 보이고 싶지 않은 상황일 수도 있겠지요. '그 면담이 어떤 시간이었는지', '무엇이 가장 기억에 남는지', '무엇이 도움이 되었는지' 등의 질문을 받으며 소감을 말하다 보면, 자연스럽게 전체 면담 시간을 돌아보게 됩니다. 유용했던 면담을 통해 얻은 바를 말로 표현하며 더 오래 기억할 수 있고, 아쉬웠던 면담이었다 할지라도 자신에게 도움이 된 부분을 알아차리며 그 시간을 긍정적으로 마무리할 수 있습니다.

소감을 나누다가 구성원이 중요한 이야기를 꺼내고, 그것이 의미 있는 피드백으로 이어질 때가 종종 있습니다. 시간에 쫓겨 그 기회를 놓치는 일이 없어야 합니다. 그러니 30분 내외의 짧은 면담이라면 종료하기 3~5분 전에, 한 시간 내외의 면담이라면 종료하기 10분 전에 소감을 나누는 시간을 갖도록 합니다.

리더가 먼저 진심을 담아 면담 소감을 말하는 것이 좋습니다. 진심을 담아 말하되 긍정적인 부분에 초점을 맞추도록 합니다. 면담하며 실망스럽거나 답답하거나 불쾌하거나 짜증이 난 부분보다, 구성원과의 면담을 통해 배웠거나 얻었거나 감사하는 부분을 구체적으로 언급합니다. 만약 긍정적인 부분이 떠오르지 않는다면, 부정적 생각이나 정서 아래에 있는 '정말 바라는 것'을 알아차리고 표현하도록 합니다.

예를 들면, 면담을 하며 구성원이 구체적으로 속마음을 이야기해 주지 않아서 실망스럽고 괜히 시간만 버린 것 같아 짜증이 날 때가 있습니다. 그 마음속에는 상황을 보다 잘 파악하고, 리더로서의 역할을 해주고 싶은 바람이 있었을 겁니다. 구성원이 리더인 나를 좀 더 신뢰하고 어려운 이야기도 꺼내주길 바라는 마음도 있었을 테고요. 그렇다면 "오늘 지안 씨가 충분히 자기 생각을 이야기해 주지 않아서 실망스럽고 짜증이 나네. 그렇게 말을 하지 않으면 내가 해줄 수 있는 게 없어"라고 표현하기보다, 리더로서 이번 면담에 기대했던 바가 무엇인지를 말해줍니다. 그리고 작은 것이라도 구성원이 면담하며 보여준 바람직한 행동에 대해 긍정 피드백을 하고, 리더가 면담을 통해 얻은 바에 대해 말하며 감사를 표현하는 것이 좋습니다. 비난이나 공격이 아니라, 구성원에 대한 존중과 진심을 담은 마무리가 다음 면담을 위한 자양분이 됩니다.

리더가 나눈 마음의 깊이만큼 구성원도 마음을 나누게 됩니다. 긍정적 의도에 기반한 리더의 자기 개방은, 구성원이 좀 더 진솔하게 자기 소감을 말하도록 돕습니다. 그리고 그 소감을 말하는 시간에, 면담하며 미처 듣지 못한 이야기를 듣게 되기도 합니다. 시간이 된다면, 조금 더 이야기를 나눠보는 것도 좋겠지요. 다음 일정 때문에 면담을 마쳐야 한다면 "그런 일이 있었구나. 말하기 어려웠겠다. 우리 다음 주에 만날 때는 그 이야기부터 나눠볼까? 어떻게 하면 좋을지 각자 좀 더 생각해 보고 같이 이야기해 보자. 이야기 꺼내줘서 고마워"라고 감사를 표현하도록 합니다.

⑩ 면담 후 활동하기

면담을 마무리했다면 이제 중요한 단계가 남았습니다. 면담 후 활동입니다. 면담 후에는 세 가지 활동이 필요합니다. 먼저 자신이 수행한 면담의 프로세스와 스킬을 성찰해 보고, 다음 면담에서 다르게 시도할 부분을 찾아 기록으로 남기는 것입니다. 두 번째는 일터에서 구성원의 행동을 계속 관찰하고 기록을 남겨두는 것입니다. 마지막 하나는 구성원과 약속한 바를 성실히 이행하는 것이지요. 이러한 면담 후 활동을 통해서 리더는 자신의 면담 역량을 강화하고, 구성원의 새로운 행동이 일터에 단단하게 뿌리 내릴 수 있도록 도울 수 있습니다.

- 면담의 프로세스와 스킬 성찰

우리는 반복된 경험이 아니라, 경험에 대한 성찰을 바탕으로 더 깊게 체험하며 성장합니다. 전문적인 훈련을 받은 코치나 상담가도 면담 상황에서 지속적으로 배워갈 부분이 있습니다. 하물며 리더가 단번에 부족함 없이 피드백 면담을 진행할 수는 없습니다. 문제는 부족한 부분이 있는 것이 아니라, 부족한 부분이 있음에도 개선하지 않고 반복하는 것이지요. 면담이 끝나면 열 단계를 돌아보며 잘한 부분과 부족했던 부분을 점검하고, 다음 면담에 무엇을 유지하고 무엇을 다르게 적용할지 기록을 남겨봅니다.

- 구성원의 행동 변화 관찰

피드백 면담의 최종 성과는 면담 후 구성원의 행동 변화 여부로 측정됩니다. 일터에서 구성원의 행동을 주의 깊게 관찰해 봅니다. 실질적 변화만이 아니라, 의미 있는 노력이 보일 때도 그냥 지나치지 말고 피드백을 제공하여 격려하도록 합니다. 후속 면담이 약속되어 있지 않더라도, 향후의 피드백에 도움이 될 수 있으므로 구체적인 기록을 남겨놓습니다. 누군가 응원하는 마음으로 지켜보고 있다는 사실만으로도, 긴 시간이 필요한 변화의 여정에 에너지가 더해집니다. 변화와 성장을 응원하는 따뜻한 시선으로 관찰하고 반응하도록 합니다.

• 구성원과의 약속 이행

면담에서 구성원과 약속한 사항이 있다면, 그것이 무엇이든 바로 이행하도록 합니다. 리더가 그처럼 약속을 이행하는 모습은 구성원에게 모범이 되어 구성원의 행동 변화에 긍정적 영향을 미칩니다. 불가피한 이유로 약속한 바를 이행하지 못하는 상황이 될 때는 구성원에게 그 사실과 이유를 알려주어야 구성원의 신뢰를 쌓아갈 수 있습니다.

후속 면담을 하기로 약속했다면, 그 약속대로 면담을 진행하도록 합니다. 면담 후에 구성원의 행동 변화가 충분히 일어나서, 리더가 보기에는 재면담이 불필요한 듯해도 말이지요. 어떻게 그처럼 빠르게 변화할 수 있었는지, 어떤 노력을 했는지, 변화하려고 노력하는 가운데 무슨 경험을 했는지, 구성원의 이야기를 충분히 듣고 반응하며 구성원이 성찰의 시간을 갖도록 도와줄 수 있습니다. 감탄과 감사의 긍정적 피드백까지 더한다면, 구성원이 앞으로도 의미 있는 행동 변화를 지속하는 데 큰 도움이 되겠지요.

지금까지 피드백 면담 준비 및 실행의 열 단계를 살펴봤습니다.

이 가이드가 리더의 안정적인 면담 역량 축적에, 그리고 구성원 면담의 즐거움과 가치를 온전히 경험하는 데 도움이 되었으면 합니다.

구성원과의 심도 있는 면담을 경험한 리더들에게 종종 이런 이야기를 듣습니다. "구성원들과 술 한잔해야 할 수 있었던 이야기들을 맨정신으로도 하게 되었어요. 긴 시간 면담이 예전에는 어쩔 수 없이 해야 하는 불편한 일이었는데, 이제는 아니에요. 사람을 만나고 대화를 주고받으며 몰랐던 걸 새롭게 알아가는 재미가 있네요. 그동안에는 막연히 알고 있다고만 생각했거든요. 구성원들을 그간 오해했던 게 미안하기도 하고요. 그래서 처음에는 숙제하듯이 시작한 일인데, 앞으로도 계속 구성원들을 만나고 싶어졌어요." 지금 이 글을 읽고 있는 당신에게도 그러한 일들이 일어났으면 합니다.

1. 6장을 읽으며 떠오른 생각이나 기억하고 싶은 메시지는 무엇인가요?

2. 구성원과 피드백 면담을 실시하고, 잘 수행한 부분과 개선이 필요한 부분을 기록해 봅니다.

열 단계에서 잘 수행한 부분은?	열 단계에서 잘 수행하지 못한 부분은?

면담에서 잘한 부분은?	면담에서 부족했던 부분은?
면담에서 가장 기억에 남는 것은? 그 이유는?	면담을 준비하고 진행하며 무엇을 배웠나?

면담을 하며 이 구성원에 대해서 새롭게 알게 된 점은?	면담을 하며 리더인 나 자신에 대해서 새롭게 알게 된 점은?

3. 가장 먼저 실천해 보고 싶은 것은 무엇인가요?

Chapter 7

나의 커뮤니케이션 패턴 깨기

리더들을 만나 효과적인 구성원 피드백을 위한 마인드셋과 스킬을 소개하다 보면, 이런 이야기를 종종 듣습니다. "리더가 해야 하는 게 너무 많네요", "나도 모르게, 내 방식에 잘 따라주는 팀원들을 더 챙기게 되더라고요. 뭘 해도 호응을 안 하는 친구들은 어떻게 대해야 할지 어려워서, 나도 점점 더 이야기를 하지 않게 돼요. 그 친구들과 소통하는 데 이런 게 도움이 될까요?", "나는 나중에 내 상사처럼 구성원들을 대하지 않겠다고 마음먹었거든요. 그런데 어느새 나도 상사처럼 하고 있더라고요", "이런 내용, 우리 상사와 구성원들도 같이 알았으면 좋겠어요."

저는 그런 이야기들 속에서 리더들의 마음을 봅니다. 지금도 애쓰고 있는데 또 뭘 더 해야 하는가 하는 피로감, 해보지 않은 것을 시도하는 것에 대한 주저함, 리더 혼자 한다고 무슨 변화가 있을까 하는 의구심, 거절에 대한 두려움, 지향하는 바와 현실 행동의 불일치에서 겪는 불편함, 그리고 자신 역시 조직의 한 구성원으로서 존중받고 싶은 그들의 마음을요. 그리고 분명 그들이 겪어왔을 숱한 불통의 경험에 마음이 저릿해집니다. 그런 마음들이 그저 생겨났을 리는 없으니까요. 그리고 그 마음들 너머로, 더 나은 소통에 대한 기대감과 자기 역할을 다하고 싶어 하는 마음이 느껴져서 반갑습니다. 그림자 너머에는 그만큼의 빛이 있으니까요.

후속 과정이 있는 리더십 교육이나 코칭 프로그램을 진행하면, 그런 고민에 쌓여 있던 리더들이 변화한 이후의 모습을 목도하는 감사한 시간을 갖게 됩니다. '어디 한번 해볼까?' 하던 마음에만 머물지 않고 실제 행동으로 옮긴 이들은, 책이나 강연에서 접할 때는 먼 곳의 이야기 같기만 하던 커뮤니케이션 사례를 자신의 생생한 경험으로 들고 옵니다.

그리고 그들의 이야기를 듣고 피드백을 나누다 보면, 감동을 주는 사례일수록 그 내용보다 더 인상적인 것이 보입니다. 바로 그들의 모습이지요. 대체로 더 밝아지거나 안정된 기운을 보이는데, 공통점은 이전과 다른 커뮤니케이션 방식을 사용한다는 것입니다. 말이 많고 반응 속도가 빠르던 이들이 좀 더 진지하게 숙고하는 모습으로 말하고 더 자주 멈추어 경청합니다. 자주 침묵하고 짧게 말하던 이들이 좀 더 구체적으로 자기 생각을 표현합니다. 자기 생각에 빠져서 주변에 별로 반응을 보이지 않던 이들이 다른 사람들에게 주의를 기울이며 언어와 비언어로 호응하는 모습을 보이곤 합니다.

그들이 커뮤니케이션 성공 사례를 만들어 낸 것은, 해당 장면에서만 커뮤니케이션을 잘했거나 운이 좋았기 때문이 아닙니다. 자기만의 오래된 커뮤니케이션 패턴을 바꾸려는 노력을 여러 주 이상 계속했기 때문이지요. 평소 말이 많고 말하기 좋아하는 사람이, 상대를 의식하고 배려하며 자기 말을 줄이고 듣고 반응하기에 집중하기란 말처럼 쉬운 일이 아닙니다. 상대의 부족한 점을 먼저 보던 사람이 상대의 노력, 더 나아진 부분, 강점을 발견하고 긍정적 피드백부터 하는 것 역시 쉬운 일이 아닙니다. 오래된 패턴들은 의식하지 않으면, 무의식적으로 작동하기 때문이지요.

오래된 자신의 커뮤니케이션 패턴에서 자유로워지려면 그 필요성을 스스로 인식해야 합니다. 더불어 자신의 패턴을 정직하고 따뜻한 시선으로 알아차려야 하며, 익숙하지 않은 것에 도전해 보겠다는 단단한 결심과 꾸준한 실행이 필요합니다. 그리고 하루하루 시도한 만큼 나아지고 있음을 자기 스스로 확인하며, 긍정적 정서를 경험할 수 있어야 하지요. 그러한 것들 없이는 잠시 한두 번 시도해 볼 수는 있지만 지속하기 어렵고, 애쓰면서 한동안 견뎌볼 수는 있겠지만 즐기면서 해나갈 순 없습니다. 리더도 일터에서 구성원들과 함께 성장하고 행복해야 합니다. 리더 역시 다른 이들처럼 조직의 소중한 한 구성원이며, 자신의 중요한 인생 시기에 지금 이곳에서 자기 삶을 살아가고 있는 귀한 존재이기 때문이지요.

마지막 7장은 커뮤니케이션 패턴과 관련된 세 가지 이야기로 구성되어 있습니다. 먼저, 에니어그램[1]에 기반한 아홉 가지 커뮤니케이

---

1 '가장 강렬하게 추구하는 것이 무엇인가'를 기준으로 인간의 성격을 9가지로 나누는 성격유형론이자 자신의 성격유형을 넘어가는 지혜를 담은 영적 도구로서, 자기 성격의 특징과 강 · 약점을 이해하고 성장과 변성에 대한 통찰을 얻게 한다.

션 패턴을 토대로, 사람들이 커뮤니케이션하는 방식이 서로 어떻게 다른지를 살펴봅니다. 차이에 대한 깊은 이해는 자신과 다른 방식을 가진 사람과의 원활한 커뮤니케이션을 위한 충분조건은 아니지만 필요조건입니다. 자신과 구성원들의 커뮤니케이션 패턴을 찾아보며, 무엇이 어떻게 다른가 비교해 보세요. 둘째, 특정 패턴을 주로 사용하는 이들과 커뮤니케이션을 할 때 유의해야 할 점들을 알아봅니다. 함께 일하는 구성원들의 중심 패턴에 따라 유의해야 할 점들을 찾아서 읽어보시길 바랍니다. 셋째, 리더가 자신의 패턴에서 특히 무엇을 알아차리고 연습해야 패턴 안팎을 자유롭게 오가며 더 건강한 피드백을 할 수 있는지를 다룹니다. 이 알아차림과 조율을 지속하는 만큼 자신의 패턴에서 자유로워지고, 자신과 다른 방식으로 말하고 듣는 이들과도 유연하고 자유롭게 커뮤니케이션할 수 있습니다.

서로 다른 커뮤니케이션 패턴 알아차리기

한 사람이 커뮤니케이션을 할 때 자주 반복하는 방식을 그 사람의 커뮤니케이션 패턴이라고 합니다. 타고난 고유의 성격 패턴과 커뮤니케이션 패턴이 완전히 일치하지는 않습니다. 사회화 과정에서 바람직한 커뮤니케이션 방법을 배우고, 이제까지 사회에서 수행해 온 역할이나 직업의 영향도 받기 때문이지요. 하지만 대개는 자신의 성격 패턴과 일치하는 커뮤니케이션 패턴을 사용합니다. 그리고 성숙해질수록 자기 패턴의 건강한 면들을 더 많이 사용하고, 다양한 상황과 사람에 맞춰 섬세하게 조율하며 커뮤니케이션을 할 수 있습니다.

지금부터 소개하는 아홉 가지 커뮤니케이션 패턴에서 나의 모습을 찾아보세요. 함께 일하고 있는 구성원들의 모습도 찾아보길 바랍니다. 도드라진 한 가지 패턴을 바로 찾아내는 경우도 있고 몇 개의 패턴에서 두루 내 모습이나 구성원들의 모습을 발견하는 경우도 있을 겁니다. 애매한 부분이 많다면 굳이 서둘러 한 가지 패턴을 선택할 필요는 없습니다. 1, 2주 이상 일터에서 자신이 커뮤니케이션하는 모습을 잘 관찰해 보세요. 그리고 가족, 친구, 가까운 구성원들과 7장의 내용을 공유하며 그들이 보는 나의 모습은 어떤지, 그런 모습이 커뮤니케이션에 어떤 영향을 미치고 있는지 피드백을 받아보세요. 구성원들의 패턴을 찾기 어려울 때도, 서두르지 말고 각 구성원의 모습을 잘 관찰해 보길 권합니다. 그리고 그들과도 아홉 가지 패턴 이야기를 공유하며 일터에서 어떻게 커뮤니케이션할 때 더 편안한지(혹은 더 불편한지), 그 이유는 무엇인지, 일터에서 서로의 방식을 어떻게 조율할 수 있을지 이야기를 나눠보세요.

자신의 패턴을 찾아보는 과정에서 다음 네 가지에 유의하도록 합니다.

① 지엽적인 한두 가지 특징이 아니라, 해당 패턴의 전반적인 특징을 중심으로 자신의 중심 패턴을 찾도록 합니다. 한 가지 패턴에 속한 모든 특징을 다 보이거나, 한 가지 패턴에만 국한되는 사람은 드뭅니다. 주로 2~4가지 패턴의 행동을 두루 사용하지요. 하지만 더 자연스럽고 익숙한 중심 패턴에서, 자신의 남다른 강점도 나타나고 삶에서 반복적으로 경험하는 문제도 발생합니다.

② 자신의 모습을 이상화하거나 감추려 하지 말고, 있는 그대로

정직하게 바라보도록 합니다. 성숙해질수록 자신을 있는 그대로 바라보는 힘이 생겨서, 자신의 부족함을 감추지 않고 드러낼 수 있으며 우월감에 빠지지 않습니다.

③ 자기 모습을 보며 비난하는 마음이 일어날 때, 그 마음에 휩싸이지 않고 부드럽고 따뜻하게 자신을 바라보도록 합니다. 자기 비난과 자기 성찰은 다릅니다. 자신의 의도, 행동, 행동의 영향을 있는 그대로 바라보며, 어제보다 성장한 부분을 칭찬하고 노력 중인 모습을 격려하도록 합니다. 자신에게도 하지 못하는 것을 타인에게 적용할 수는 없습니다. 자기를 수용하고 존중할 수 있을 때, 타인 또한 있는 그대로 수용하고 존중할 수 있습니다.

④ 자신의 패턴을 자기 자신과 동일시하지 않고, 현재 자신이 보유한 한 부분, 곧 자신이 주체가 되어 움직여 갈 수 있는 객체로 바라보도록 합니다. 그래야 그것에 휘둘리지 않고 더 높은 차원으로 성장해 갈 수 있습니다.

구성원들의 패턴을 찾아보는 과정에서는 특히 다음 세 가지에 유의하도록 합니다.

① 각 패턴에 대한 설명을 읽을 때 자기도 모르게 일어나는 선호의 감정과 판단을 잘 알아차리도록 합니다. 왜 그것이 좋고 싫은지, 그러한 패턴을 주로 가진 구성원과 커뮤니케이션할 때 자신이 어떻게 반응하는지, 그로 인해 어떤 결과가 자주 발생하는지 바라보면 일터 커뮤니케이션에서 리더로서 개선해야 할 부분을 찾아내는 데 도움이 될 것입니다.

② 패턴을 찾는 과정에서, 구성원에게 '이 사람은 이런 사람'이라는 딱지를 붙이지 않도록 합니다. 어떤 패턴도 우월하거나 열등하지 않습니다. 각 패턴은 상황과 대상에 따른 강점과 취약점을 가지고 있습니다. 그리고 리더가 그러하듯, 구성원도 성장하는 과정에 있는 사람이지요. 지나친 딱지 붙이기로 인하여, 그에게서 새롭게 발현되는 면들을 놓치지 않도록 유의합니다.

③ 구성원의 패턴을 이해해 가는 과정에서 그가 지닌 패턴의 어두운 측면만 보인다면, 지금 나에게는 잘 보이지 않는 밝은 측면 또한 그 패턴에 자리하고 있음을 기억하도록 합니다. 리더가 자기 안의 빛을 밝히는 만큼, 구성원이 지닌 밝은 면을 비추고 북돋워줄 수 있습니다. 일터에서 아직 충분히 드러나지 않은 구성원의 밝은 면들이 드러나도록, 어떻게 커뮤니케이션을 할 수 있을지 생

각해 봅니다.

준비를 모두 마쳤다면, 이제 본격적으로 커뮤니케이션 패턴을 하나하나 살펴볼까요?

에니어그램 8유형 – 커뮤니케이션 패턴: 도전형

추구	전반적 태도	언어	비언어	맹점[2]
통제	주도적	간명함	강인함	공격적

이 유형은 자신의 힘으로 자기 세계를 통제하고 확장해 가려고 하는 사람들입니다. '내가 하면 된다', '해낸다'라는 마음으로 도전하고 거침없이 뻗어나가는 기운을 보입니다. 현실의 도전에 직면하여 즉각적으로 행동하며, 외부 상황과 타인에게 휘둘리지 않고 스스로 주도해 가고자 합니다. "해봤어?", "해보자", "해!"라고 말하며, 생각 속에 머물지 않고 행동하는 사람들이지요. 자기가 하고자 하는 바를 방해받을 때, 통제되지 않는 상황과 대상에 분노를 느끼고 표출

---

2 자기 스스로 그러함을 인식하지 못하거나, 알면서도 피하지 못하고 자주 빠지곤 하는 마음의 구덩이.

하며, 분노를 통제하기를 어려워합니다. 이들은 다음과 같은 모습을 자주 보입니다.

- ✴ 직관적이고 빠르게 핵심을 포착함
- ✴ 빠르게 결정하고 빠르게 실행함
- ✴ 말, 표정, 행동 등으로 무겁고 강한 힘이 드러남
- ✴ 힘든 일이 생길 때 어려움에 굴하지 않고 도전함
- ✴ 일을 되게 만드는 수완이 발달함
- ✴ 큰 그림은 잘 보지만 세부적인 것을 종종 놓침
- ✴ 과업 중심적이고 사람에 대한 섬세함이 부족함
- ✴ 자기 내면의 부드러운 면들을 표현하기 어려워함

이들이 건강하게 기능하면, 커뮤니케이션할 때 다음과 같은 모습을 보입니다.

- ✴ 직관적으로 이해하고 빠르게 결정함
- ✴ 에두름 없이 간명하고 직설적으로 말하여 의사 전달이 명확함
- ✴ 큰 목소리와 흔들리지 않는 시선으로 무게감 있게 말하며 상황을 주도함

※ 신뢰하는 상대에게는 세세하게 관여하지 않고 전적으로 맡김

※ 남의 눈치를 보지 않고 자기가 원하는 바를 강력하게 주장함

이들이 건강하게 기능하지 못하면, 커뮤니케이션할 때 다음과 같은 모습을 보입니다.

※ 다른 사람의 이야기를 잘 듣지 않고 자기 마음대로 함

※ "그래서 결론이 뭐지?", "그래서, 뭐?"라고 다른 사람의 말을 자르며 압박함

※ 무뚝뚝한 톤으로 할 말만 짧게 해서 성의 없게 들림

※ 자기 뜻대로 되지 않을 때 화를 내고 화를 잘 조절하지 못함

※ 트집을 잡으며 거칠게 공격함. 저속하고 모욕적인 언어를 구사하기도 함

이들은 평소 커뮤니케이션을 할 때 다음과 같은 불편함을 스스로 경험합니다.

※ "다른 사람에게 주의를 기울이고 관심을 보이는 게 잘 안 됩니다. 나름대로 관심을 보이더라도 공감을 해주거나 부드럽고 따뜻하게 말하기가 어려워요."

※ "나는 그냥 말하는 건데 '화낸다', '혼낸다'는 이야기를 들어요."

※ "정적이고 긴 대화 상황이 답답합니다. 그냥 말로 보고하면 될 내용, 바로 추진하면

될 일, 이미 다 끝난 일 등에 대해서 구체적으로 보고서를 작성할 때 힘듭니다."

※ "내 뜻대로 되지 않을 때, 그리고 '감히 나한테 저런 말을 해?' 싶을 때 화가 나고 그 화를 조절하기 어렵습니다."

※ "내가 대체로 강하다 보니 사람들이 나는 뭐 상처도 안 받는 줄 아는데, 사실 나도 상처를 받습니다."

에니어그램 9유형 – 커뮤니케이션 패턴: 수용형

추구	전반적 태도	언어	비언어	맹점
조화	적응적	포괄적	느긋함	요지부동

이 유형은 조화로움을 추구하는 사람들입니다. 사람들과 어우러져 갈등 없이 흐르는 물처럼 삶을 살아가고자 하지요. 애써 무엇을 얻기보다 '지금 이대로도 괜찮다'라고 자족하며, 잘 움직이지 않으려 합니다. 주변 상황에 잘 적응하며, 자기 의견을 주장하지 않고, 대개 전체 흐름을 따라갑니다. 하지만 실제로는 고집이 매우 강하여, 자기에게 정말 중요한 것에서는 결코 남의 말을 듣지 않는 요지부동의 모습이 있습니다. 자신의 분노를 잘 의식하지 못하다가, 과도한 압박을 받거나 무시당한다고 느끼면 드물게 분노를 폭발하기도 하지요. 그들은 다음과 같은 모습을 자주 보입니다.

※ 쉽고 편안한 방법을 찾아 주변 상황에 잘 적응함

※ 여러 관점들을 잘 수용하여 다양한 사람들과 원만하게 어울림

※ 부드럽고 낙관적이고 묵직하고 겸손하고 느긋함

※ 자기 생각을 앞서 표현하지 않고, 타인의 이야기를 잘 경청하고 공감함

※ 일을 잘 벌이지 않으나, 스스로 작심한 일은 인내하며 끝까지 묵묵히 해냄

※ 우선순위를 정하는 것, 빠르게 결행하는 것, 주장하는 것을 어려워함

※ 갈등을 회피하고, 굳이 하지 않아도 되는 일은 최대한 미룸

※ '내가 뭐라고', '난 대단한 사람이 아닌걸'이라는 생각으로 겸손을 넘어 자기 비하의 모습을 보이며, 사람들 속에서 자신을 드러내지 않음

이들이 건강하게 기능하면, 커뮤니케이션할 때 다음과 같은 모습을 보입니다.

※ 상대의 말을 자르지 않고 잘 경청함

※ 상대를 배려하며 부드럽게 반응하여 말하는 사람을 편안하게 함

※ 다양한 관점을 이해하고 수용하는 힘을 바탕으로 좋은 중재자가 됨

※ 직관과 오랜 사유를 통해 창의적인 아이디어를 제시함

※ 생각할 수 있는 시간이 주어질 때 설득력 있는 비유를 잘 사용하여 말함

이들이 건강하게 기능하지 못하면, 커뮤니케이션할 때 다음과 같은 모습을 보입니다.

* 톤이 단조롭고 문장 끝을 흐리며 두루뭉술하고 반복적 표현을 많이 사용하여 핵심을 전달하기 어려움

* 불편한 상황을 회피하고 싶을 때 자주 멍때리기를 함

* 화, 불쾌함 등을 억누르고 잘 표현하지 못함

* 분명히 거절하지 못하고, 때로 마음에 들지 않으면 동의해 놓고도 행동하지 않음

* 정말 원치 않는 일에 대해서는 남이 뭐라고 해도 흘려버리고 꿈쩍하지 않음

이들은 평소 커뮤니케이션을 할 때 다음과 같은 불편함을 스스로 경험합니다.

* "다른 사람들 이야기를 들으면 다들 일리가 있다 싶어서, 내 주장을 하기 힘들어요."

* "생각을 빠르게 정리하기가 어려워, 즉석에서 말해야 하는 상황이 불편합니다."

* "간결하게 결론부터 말하라고 하는데, 나는 그게 무척 어렵습니다."

* "사람들 속에서 전체 분위기를 따라가며 잘 맞춰줄 수는 있어요. 하지만 내가 상황을 주도해야 하거나 앞에 나가서 주목받으며 발표해야 하는 상황은 어렵습니다."

* "내가 내 주장을 잘 하지 않고 웬만하면 맞춰주니까, 때로 사람들이 내 의견을 아예 묻지도 않고 없는 사람 취급하는 것 같아요."

에니어그램 1유형 - 커뮤니케이션 패턴: 원칙형

추구	전반적 태도	언어	비언어	맹점
완벽	이성적	구체적	꼿꼿함	불통

이들은 완벽함, 즉 결함 없이 올바른 상태를 추구합니다. 자기가 세운 목표나 스스로 약속한 것에 대한 책임감 및 그것을 달성하고자 하는 의지가 강하지요. '아니다/맞다'처럼 판단하는 언어, '~해야만 해'와 같은 책무성 언어를 자주 사용하며, 이성적이고 흐트러짐이 없이 꼿꼿한 모습을 보입니다. 올바른 자기 원칙에 기반하여 빠르게 판단하고 '이것이 옳다'고 일단 결정한 것은 쉽게 바꾸지 않습니다. 제대로 되어 있지 않은 상황과 마땅히 해야 하는 일을 하지 않는 사람들에게 자주 화가 나지만, 화를 자제하려고 노력하지요. 이들은 다음과 같은 모습을 자주 보입니다.

※ 잘못된 부분을 곧잘 발견하고, 그것을 바로잡으려고 함

※ 원리 원칙과 규정은 마땅히 지켜야 한다고 생각하고 공사 구분이 분명함

※ 누가 보지 않아도 100% 완벽하게 일하려 애쓰고, 솔선수범하며 책임감이 강함

※ 일관성이 있고 세밀한 부분까지 신경을 씀

※ '~해야만 한다', '마땅히 그래야 한다'는 생각이 많고, 진지하고 질서정연함

※ 생각이 많으나 판단이 빠르고, 한번 내린 결정은 쉽게 바꾸지 않아서 남의 말을 경청하기 어려움

※ 유연함이 부족하고 자신에게 엄격하며 언어와 비언어에 긴장이 있음

※ 세부적인 부분에 집중하다가 전체를 놓치기도 함

이들이 건강하게 기능하면, 커뮤니케이션할 때 다음과 같은 모습을 보입니다.

※ 내면과 외면이 일치함. 지킬 수 없는 약속을 하지 않고 약속한 것은 지킴

※ 직접적이고 구체적이며 명확하게 자기 생각을 표현함

※ 분명한 기준을 가지고 일관성 있게 말하여 신뢰를 줌

※ 진지하고 예의 있게 말함

※ 개선이 필요한 부분을 잘 찾아내고 명확히 알려줌

이들이 건강하게 기능하지 못하면, 커뮤니케이션할 때 다음과 같은 모습을 보입니다.

※ 비판이나 지적은 많이 하면서, 칭찬이나 인정하는 말은 거의 하지 못함

※ 설교하거나 가르치는 것처럼 말해서 상대를 불쾌하게 만듦. 여러 차례 시도 후에 '이렇게까지 말해줘도 소용없는 사람'이라는 생각이 들면 칼같이 잘라냄

※ 주고받는 대화가 아니라 일방통행식으로 듣고 말함

※ 지엽적인 설명에 치중함

※ 자기가 옳다는 생각이 지나쳐서 독단이나 독선으로 치우침

이들은 평소 커뮤니케이션을 할 때 자주 다음과 같은 불편함을 스스로 경험합니다.

※ "보지 않으려 해도 잘못된 부분들이 눈에 너무 잘 들어와요. 나도 불편하다고요."

※ "잘한 일이 내 눈에는 잘 보이지 않아서 칭찬하기가 어려워요."

※ "사람들이 나한테 편하게 말하는 걸 어려워하는 것 같아요."

※ "내 방식과는 다른 방식을 인정하고 수용하기가 쉽지 않아요."

※ "부족한 부분을 개선해야 사람이 성장한다고 생각하기 때문에 교정적 피드백을 중요하게 여겨요. 아예 포기한 사람한테는 지적도 해주지 않아요. 더 나아지길 바라는 마음으로 진심으로 조언해 주는데, 그걸 잔소리로 여기면 마음이 불편합니다."

에니어그램 2유형 – 커뮤니케이션 패턴: 우호형

추구	전반적 태도	언어	비언어	맹점
관계	반응적	간접적	따뜻함	감정 조작[3]

이들은 친밀한 관계를 추구합니다. 같이 있는 공간에서 자기가 먼저 다가가고, 도움이 필요한 이를 잘 발견하며, 그가 원하는 바를 파악하여 힘껏 도와주려고 합니다. 타인의 행동과 이야기에 잘 반응하고, 느낌이 오면 즉각적으로 움직이지요. 타인부터 챙기고 감성적이며 말을 많이 하지만, 정작 진짜 자기 마음은 잘 드러내지 못합니다. 다른 이들을 돕고 그들을 기쁘게 함으로써 모두의 호감을 얻고 싶어 합니다. 이타적인 사람, 먼저 베푸는 좋은 사람이 됨으로써 부끄럽지 않은 삶을 살고자 하지요. 이들은 다음과 같은 모습을 자주 보입니다.

※ 다른 사람에게 필요한 것을 잘 파악함

※ 베풀고 도움으로써, 다른 사람을 기쁘게 하며 자신도 기쁨을 느낌

※ 다른 사람의 변화를 잘 알아차리고 긍정적으로 반응함

---

3 원하는 바를 상대에게 얻기 위해, 자신이 원하는 감정을 다른 사람이 갖게 하려고 함.

- ※ 사교적이고 밝고 낙천적이고 따뜻하며, 사람들과 교류하며 에너지를 얻음

- ※ 다른 사람을 헌신적으로 보살피는 것만큼 자기 자신을 보살피지 않음

- ※ 대화하기를 좋아하고 남의 이야기를 많이 하지만, 정작 자기 이야기는 잘 하지 않음

- ※ 타인의 반응에 영향을 많이 받고, 홀로 있기를 어려워함

- ※ 나 자신과 타인의 경계가 흐릿하여, 때로 타인에게 지나치게 관여함

이들이 건강하게 기능하면, 커뮤니케이션할 때 다음과 같은 모습을 보입니다.

- ※ 상대방의 이야기에 잘 반응하여, 일상적 대화를 편안하게 이끌어 감

- ※ 밝고 따뜻한 대화 분위기를 만듦

- ※ 상대를 기분 좋게 만드는 긍정적 피드백을 잘함

- ※ 상대에게 도움이 되는 정보나 아이디어를 잘 찾아내어 전달함

- ※ 사람들의 의견을 잘 듣고 반영하며 일을 진행함

이들이 건강하게 기능하지 못하면, 커뮤니케이션할 때 다음과 같은 모습을 보입니다.

- ※ 상대를 돕고자 하는 마음이 지나쳐서, 무리하게 조언하거나 간섭함

- ※ 남의 부탁은 거절하지 못하면서, 자기가 필요할 때 도움 요청하기를 어려워함

※ 불편한 이야기는 간접적이고 완곡하게 말하여, 상대방이 그 진의를 이해하기 어려움

※ 밝은 미소와 사교적 대화 뒤로 자기 내면의 이야기, 자신의 진솔한 감정을 잘 감춤

※ 자기를 희생하며 도움을 제공했음에도 상대가 충분히 감사하지 않을 때 서운해함

이들은 평소 커뮤니케이션을 할 때 다음과 같은 불편함을 스스로 경험합니다.

※ "말할 때 앞에 있는 사람들을 많이 의식하고 그들의 반응에 영향을 많이 받아요."

※ "말은 잘하는데, 간결하고 논리적인 보고서를 작성하는 게 어려워서 스트레스를 받아요."

※ "거절하기가 어려워요. 바쁜데도 남들이 부탁한 일을 해주다가, 결국 나는 야근을 합니다."

※ "칭찬해 주는 건 쉬운데, 지적하거나 화를 내기는 어려워요. 그래도 나름 간접적으로 표현하긴 하는데, 사람들이 내 진의를 잘 이해하지 못하는 것 같아요."

※ "정작 내가 바쁠 때 도와달라는 말을 하기가 어려워요. 남들도 나처럼 좀 알아서 도와주면 얼마나 좋을까요."

에니어그램 3유형 - 커뮤니케이션 패턴: 성취형

추구	전반적 태도	언어	비언어	맹점
성취, 성공	효율적	활용적	상황별 연출	자기과시

이들은 자신이 속한 세상이 가치 있게 여기는 것을 성취하며 주목받고 인정받으면서 성공하고자 합니다. 탁월한 성과에 도달하는 효율적인 방법을 잘 찾아내지요. 그리고 '또 뭘 해볼까?', '이건 어디에 활용할 수 있을까?'라는 생각으로 끊임없이 성취 목표를 찾고, 자기 역량을 개발하고, 자원을 집중하여 이뤄냅니다. 특정 상황에 가장 어울리는 자기 모습을 잘 만들어 내고, 자신이 이룬 성취를 자랑스러워하며 세상에 보여주고자 하지요. 탁월한 성취를 이뤄낸 유능한 사람, 성공한 사람이 됨으로써 부끄럽지 않은 삶을 살고자 합니다. 그들은 다음과 같은 모습을 자주 보입니다.

※ 가시적이며 달성 가능한 목표를 수립하고, 전력을 다해 성취함

※ 최적의 추진 방법을 찾고 우선순위를 분명히 하여, 일을 신속하고 효율적으로 수행함

※ 할 수 있다는 자신감과 성취욕을 바탕으로 스스로 동기를 유발함

※ 끊임없이 자신의 역량을 갈고 닦음

※ 당당하고 빠르고 과업 중심적임

- 성취하고 싶은 것을 잘 찾아내고 많은 일을 추진하며 경쟁적인 모습을 보임
- 일이 없으면 공허함이나 무가치감을 느끼고, 일로 도피하여 일중독에 빠지기 쉬움
- 겉으로 보이는 이미지를 중시함

이들이 건강하게 기능하면, 커뮤니케이션할 때 다음과 같은 모습을 보입니다.

- 꼭 필요한 이야기를 감각적·논리적으로 간명하고도 자신감 있게 말함
- 상대가 필요로 하는 내용을 신속하게 갖추어 빠르게 피드백함(에너지나 시간을 낭비하지 않고 효율적으로 커뮤니케이션함)
- 자신과 자신이 책임지고 있는 조직의 성과를 잘 알림
- 일에 대한 열정을 다른 이에게도 퍼뜨리며 동기유발을 잘함
- 공적인 자리에서 감정을 잘 조절함

이들이 건강하게 기능하지 못하면, 커뮤니케이션할 때 다음과 같은 모습을 보입니다.

- 중요하지 않은 인물과의 대화, 중요도가 낮은 대화 등에 정성을 기울이지 않음
- 구성원의 입장을 대변하거나 자기 입장을 갖기보다, 상사의 입장과 요구에 맞추려 함
- 기대치가 높아서 구성원들을 칭찬하는 데 인색함

※ 상대를 배려하지 않고 자기 이익 중심으로 대화를 주도함

※ 바쁘고 조급하여 여유를 갖지 못하며, 높은 과업 지향성으로 사람(의 감정)을 놓침

이들은 평소 커뮤니케이션을 할 때 다음과 같은 불편함을 스스로 경험합니다.

※ "최선을 다해 이뤄낸 일들에 대해서 말했을 뿐인데, 남들은 제가 겸손하지 않다고 하네요."

※ "비효율적으로 진행되는 대화나 회의 상황이 답답하고 이해하기 어렵습니다."

※ "역량이 안 되는 사람들과 같이 대화하며 일해야 할 때, 그들과 속도를 맞추기가 어려워요."

※ "공감하는 게 힘듭니다. 그 입장과 마음은 알겠어요. 그런데 성인이라면 자기 감정은 자기가 해결해야지 싶어서, 솔직히 공감해 주고 싶은 마음이 들지 않습니다."

※ "한곳에 초점을 맞추면 그 일에 매진하느라 다른 데 신경을 쓸 여유가 없습니다. 그래서 평소에 주변 사람들한테 연락을 잘 하지 못하거든요. 그러다 일이 있어서 한 번씩 연락할 때 "너는 꼭 일이 있을 때만 연락하더라"라는 말을 들으면 정말 서운합니다."

에니어그램 4유형 – 커뮤니케이션 패턴: 감성형

추구	전반적 태도	언어	비언어	맹점
의미, 자기다움	감성적	주관적	섬세함	과민함

이 유형은 의미와 자기다움을 추구하는 사람들입니다. 스스로 의미를 느끼는 일에 매우 열정적이고, 자기 내면에 몰입하며, 자신만의 고유한 세계를 창조하고 싶어 합니다. 섬세한 감성을 갖고 있고, 자기 느낌에 잘 빠져들며, 평범하고 일상적인 것보다 남다르고 특별한 것에 끌리지요. 온전히 이해받고 소통하고 싶은 마음에 자기 내면을 표현할 수 있는 자기만의 언어를 사용할 때가 있고, '나'에 대한 이야기를 많이 합니다. 의미 있고 나답게 살아감으로써, 부끄럽지 않은 삶을 살고자 하지요. 그들은 다음과 같은 모습을 자주 보입니다.

※ 세상의 기준에 맞추는 것이 아니라, 스스로 의미를 찾는 방식으로 살아감

※ 자기 삶의 의미와 진실을 추구하며, 독창적인 관점을 제시함

※ 섬세한 감성으로 남들이 잘 보지 못하는 아름다움을 발견하고, 자기 방식으로 표현함

※ 독특하고 개성 있는 표현을 자주 함

※ 의미를 느끼는 일에는 매우 열정적으로 몰입하고, 그렇지 못한 일에는 무심해짐

※ 타인과 자신을 비교하며, 자신에게 없는 것을 바라보고 선망함

※ 작은 것에도 과민하게 반응하고 기분의 변화가 심함

※ 감정에 몰두하고 자기 탐닉에 빠지기 쉬움

이들이 건강하게 기능하면, 커뮤니케이션할 때 다음과 같은 모습을 보입니다.

※ 말하는 바와 내면이 일치되어, 매우 흡인력 있게 메시지를 전달함

※ 개성이 있고 사람들의 시선을 끌어당김

※ 자기 마음을 진정성 있게 표현하며, 다른 이들과 깊이 교감하고 소통함

※ 다른 이들이 미처 눈여겨보지 않는 평범한 것의 의미를 발견하고 비범하게 표현함

※ 자기 이야기에 빠지지 않고, 다른 이들의 이야기에 귀 기울임

이들이 건강하게 기능하지 못하면, 커뮤니케이션할 때 다음과 같은 모습을 보입니다.

※ 사람을 빨리 판단하고 구분하고 차단함

※ 사람에게 먼저 다가가지 않고 그들이 다가오기를 기다림

※ 추상적 · 비현실적 · 이상적인 자기만의 언어를 사용하여, 상대가 이해하기가 어려움

※ 감정 기복이 심하고 과민하게 반응함

※ 자기 자신에 몰두하여, 어떤 화제가 나오더라도 자기 이야기로 끌고 감

이들은 평소 커뮤니케이션을 할 때 다음과 같은 불편함을 스스로 경험합니다.

※ "내 생각과 느낌을 충분히 표현할 만한 단어를 찾기 힘들어요."

※ "나와 마음의 결이 다른 사람, 특히 무례하고 속물적인 사람과 대화하기가 어렵습니다."

※ "격식에 맞춰서 의례적인 이야기나 해야 하는 상황을 오래 견디지 못해요."

※ "때로 사람들이 내 마음을 잘 이해하지 못하는 것 같아요."

※ "감정이 혼란스러울 때는 이성적으로 생각을 정리해서 말하기가 어렵습니다. 내 마음을 충분히 표현하려고 하면 시간도 걸리고 상대방이 부담스러워하는 것 같기도 해서, 아예 말을 안 하게 될 때도 있어요."

에니어그램 5유형 – 커뮤니케이션 패턴: 탐구형

추구	전반적 태도	언어	비언어	맹점
탐구, 통찰	지성적	객관적	초연함	건조함

이들은 관심 있는 주제를 깊이 탐구하여, 그 본질을 통찰하고자 하는 사람들입니다. '왜 그렇지?', '이것이 사실인가?', '그것이 진리인가?' 질문하며, 탐구하는 대상에 깊고도 세밀하게 접근하여 완전히 이해하고 싶어 하지요. 객관적 사실을 수집, 관찰, 분류하여 자신의 지적 이해를 바탕으로 체계화하길 즐기며, 생각 속에서 안전함을 느끼고 충분히 준비되기 전까지는 실행하려 들지 않습니다. 그리고 전문가가 됨으로써 깊이 내재한 불안과 두려움을 극복하고자 하지요. 그들은 다음과 같은 모습을 자주 보입니다.

- ※ 사실, 정보, 객관성, 논리, 체계를 중시함

- ※ 지적 호기심이 많고, 관심을 둔 대상에 대한 집중력과 관찰력이 뛰어남

- ※ 깊은 사유의 과정을 거쳐 통찰력 있는 질문을 잘함

- ※ 다른 이들과의 관계에서 초연하고 서로의 경계를 존중함

- ※ 스스로 부족하다고 생각하여 '준비 모드'에서 벗어나기 어려움

- ※ 안전한 생각 속으로 자주 도피하여, 인간관계에서 고립되고 실행력이 부족해짐

- ※ 지나치게 절제하고 가진 것을 나누지 않으며 인색해지는 경향이 있음

＊　감정을 억압하거나 주지화[4]하여 건조하고 냉정한 인상을 풍김

이들이 건강하게 기능하면, 커뮤니케이션할 때 다음과 같은 모습을 보입니다.

＊　객관적 사실에 기초하여, 과장하지 않고 논리적으로 잘 구조화하여 말함

＊　개인적 이해관계나 친분, 타인의 시선에 연연하지 않고 있는 그대로 말함

＊　꼭 필요하다고 생각하는 말만 간결하게 표현함

＊　다른 사람이 말할 때, 그 의미를 헤아리며 조용하게 잘 들음

＊　주제가 있는 대화에 진지하게 잘 참여함

이들이 건강하게 기능하지 못하면, 커뮤니케이션할 때 다음과 같은 모습을 보입니다.

＊　사람에 주의를 기울이지 못하고, 자기 생각에 빠져 있어서 메마른 인상을 풍김

＊　자연스럽게 말을 주고받지 못하고 수시로 자기 생각에 빠짐

＊　세밀한 부분까지 생각하며 말하고 목소리의 높낮이가 없어서 지루하게 들림

4　주지화(主知化, Intellectualization): 감정에서 자신을 분리하고, 이성적인 접근으로 문제에 대처하려는 방어기제.

* 제대로 알고 싶어서 이유, 본질, 근거 등을 확인하기 위한 질문을 하는데, 사람을 놓치고 자기 생각에 집중하며 말하다 보니 예의 없이 따지는 것처럼 보임

* 사람들과 사회적 네트워크를 형성하는 데 관심이 없거나 잘하지 못함

이들은 평소 커뮤니케이션을 할 때 다음과 같은 불편함을 스스로 경험합니다.

* "주제가 없는 일상적인 대화에 참여해야 할 때, 이런 이야기를 왜 하나 싶은 마음에 피곤합니다."

* "아직 친하지 않은데 너무 다가오는 사람은 부담스럽고, 자연스럽게 대화하기 어려워요."

* "생각이 정리되지 않으면 말을 못하고, 준비한 말도 긴장한 탓에 제대로 전달하지 못해요."

* "정보 욕심에 자료 수집을 멈추지 못해서, 정리하고 문서를 작성하는 데 시간이 들어요."

* "내 감정을 알아차리고 표현하는 것도 어렵고, 다른 사람의 감정을 알아차리고 공감하는 것도 어렵습니다. 공감을 할 때도 이런 감정일 거라고 머리로 이해하는 거지 사실 마음으로 잘 느껴지지는 않아요."

에니어그램 6유형 - 커뮤니케이션 패턴: 신중형

추구	전반적 태도	언어	비언어	맹점
안전, 확신	양가적5	회의적	예의 바름	불신함

이들은 위험을 예측하고 대비하여 안전을 추구합니다. '정말 확실한 걸까?', '믿어도 될까?', '만약 ~한 일이 생기면 어떻게 대처하지?' 하고 생각하며, 다양한 각도로 탐색하고 확인하여 확신에 도달하지요. 위험한 세상 속에서 신뢰할 만한 대상과 연대하고, 자기 역할을 다함으로써 하나의 일원으로 보호받고자 합니다. 사람을 배려하고 예의 있게 대하고 성실하게 협력합니다. 좀처럼 믿지 못하며 최악의 상황까지 떠올려 보고 충분히 준비함으로써, 깊이 내재한 불안과 두려움을 극복하려고 하지요. 이들은 다음과 같은 모습을 자주 보입니다.

※ 객관적 정보 수집 및 분석, 위험 요인 파악, 대응 방안 마련을 통해 통합적으로 문제를 해결함

※ 확실한 것을 찾고 선례를 존중함

※ 여러 의견을 듣고 심사숙고하여 결정함

---

5 안전과 확신을 위해 탐색하며 '신뢰/불신', '용기/비겁', '예/아니오'를 오가는 모습.

※ 위험 요인들을 잘 찾아내고, 문제가 발생하지 않도록 성실하게 대비함

※ 고민을 많이 하지만, 일단 결정한 일이나 오랫동안 익숙하게 해온 일에는 높은 실행력을 보임

※ 일단 신뢰하면 관계를 오래 지속할 수 있지만, 신뢰하기까지 시간이 오래 걸림

※ 자신, 타인, 세상에 대한 신뢰가 부족하여, 미리 지나치게 걱정을 많이 함

※ 의사 결정에 시간을 너무 많이 사용하여 기회를 놓치기도 하고 스트레스가 높음

이들이 건강하게 기능하면, 커뮤니케이션할 때 다음과 같은 모습을 보입니다.

※ 즉흥적으로 말하지 않고 사전에 잘 준비하여 신중하게 말함

※ 상대를 배려하여 예의 바르고 겸손하게 말함

※ 상대가 말하는 동안 말을 자르지 않고 진지하게 경청함

※ 있을 법한 문제와 위험을 세세히 잘 예측하고, 확인하기 위한 질문을 잘함

※ 개인적인 호오를 잘 드러내지 않고, 협력적이고도 책임감 있게 커뮤니케이션을 함

이들이 건강하게 기능하지 못하면, 커뮤니케이션할 때 다음과 같은 모습을 보입니다.

※ '만약에', '혹시' 등의 언어를 자주 사용하여 비관적이고 회의적으로 보임

* 쿠션 언어(대화 내용을 부드럽게 전달하기 위해 사용하는 말)를 너무 많이 사용하여 자신감 없이 말하는 것처럼 보임

* 상부의 지시를 문제의식 없이 순응하여 받아들이거나 기존의 틀에 맞추려 함

* 근거 없는 염려와 걱정이 꼬리를 물고 일어나서 의사 결정 하기를 어려워함

* 사람을 온전히 신뢰하고 마음을 나누기까지 시간이 너무 오래 걸림

이들은 평소 커뮤니케이션을 할 때 다음과 같은 불편함을 스스로 경험합니다.

* "내 생각도 확신하기가 어려운걸요. 그래서 생각을 점검하다가 말할 기회를 자주 놓칩니다."

* "진의를 짐작하느라 그 사람이 하는 말을 있는 그대로 믿고 받아들이기 힘들어요."

* "상대의 반응을 예측하고 준비하며 말하느라 대화에 신경이 많이 쓰입니다."

* "구체적 지침, 양식이나 예시 같은 것 없이 알아서 하라고 할 때 오히려 더 어렵습니다."

* "사실 내가 회의적인 반응을 할 때는 확신을 갖고 싶어서 여러 가지를 확인하느라 그런 건데, 그런 내 모습을 보고 사람들이 부정적이라고 여기는 것 같아서 불편해요."

에니어그램 7유형 - 커뮤니케이션 패턴: 엔터테이너형

추구	전반적 태도	언어	비언어	맹점
즐거움	열정적	즉흥적, 유창함	자유로움	피상적

이 유형은 현재의 즐거움을 추구하는 사람들입니다. 지금 자신을 자극하는 새롭고 다양한 것들을 열정적으로 경험하며, 삶을 풍요롭게 채우며 누리고 싶어 하지요. '이건 뭐지?', '이것은 또 얼마나 재미있을까?'라고 호기심을 갖고 상상하고 격양됩니다. 자유롭고 유쾌하고 사교적이며 즉흥적이고 매우 낙천적입니다. 계속하여 더 많은 즐거운 경험들을 외부 세계에서 찾고 탐닉함으로써, 깊숙이 자리한 내면의 불안과 두려움을 극복하고자 하지요. 이들은 다음과 같은 모습을 자주 보입니다.

※ 틀에 매이지 않는 자유로움과 유연한 사고로 창의적 발상을 잘함

※ 새로운 것에 호기심이 많고, 관심을 자극하는 일에 즉각적으로 뛰어듦

※ 다양한 것들을 추구하고 빨리 배움으로써 세상을 풍요롭게 경험함

※ 외부 자극에 빠르게 반응함

※ 동시에 여러 가지 작업을 잘 수행함

※ 일을 잘 벌이는 반면 뒷심이 약함

※ 금세 지루함을 느끼고 다음 경험으로 넘어가서, 한곳을 깊이 파고드는 힘이 약함

※ 부정적 소식을 잘 전하지 않으며 부정적 정서를 회피함

이들이 건강하게 기능하면, 커뮤니케이션할 때 다음과 같은 모습을 보입니다.

※ 유머러스하고 밝고 경쾌한 에너지로 분위기를 밝게 함

※ 풍부한 화제와 순발력 있는 언변으로 대화를 즐김

※ 대화하면서 자기 생각을 발전시킬 수 있기에, 준비하지 않고도 유창하게 이야기함

※ 자기가 아는 것을 다른 사람에게 재미있게 이야기해 주는 것을 좋아함

※ 대화 분위기를 잘 알아차리고 화제를 재치 있게 잘 전환함

이들이 건강하게 기능하지 못하면, 커뮤니케이션할 때 다음과 같은 모습을 보입니다.

※ 침묵하기가 어렵고, 남의 이야기를 듣기보다 자기 이야기를 많이 함

※ 화제를 자주 전환하고 이야기에 비약이 있어서 신중하지 않게 보임

※ 이해와 판단이 빨라서 다른 사람의 이야기를 잘 듣지 못함

※ 피드백을 받을 때 너무 즉각적으로 반응하여, 숙고하지 않고 변명하는 듯이 들림

※ 준비를 잘 하지 않는 탓에 서론은 길고 거창한데 이야기의 알맹이는 없음

이들은 평소 커뮤니케이션을 할 때 자주 다음과 같은 불편함을 스스로 경험합니다.

* "모임에서 분위기가 가라앉으면 분위기를 밝게 만들어야 할 것 같은 부담을 느껴요."

* "권위적인 사람, 너무 따지고 드는 사람, 매사 진지한 사람과 대화하기 어려워요."

* "말로 하면 금방 잘할 수 있는 것들을 한참 앉아서 문서로 작성해야 할 때 힘이 듭니다."

* "무슨 말인지 바로 이해되는 이야기를 한참 동안 듣고 있어야만 하는 상황이 고역이에요."

* "사실 나도 나름 진지하고 생각이 많거든요. 그런데 사람들이 나를 웃기는 사람, 생각 없이 말하는 사람으로 오해할 때 불편해요. 후배들이 내 앞에서는 진지한 이야기를 하지 않더라고요."

구성원의 커뮤니케이션 패턴 존중하기

　구성원의 커뮤니케이션 패턴을 존중하라는 말은 구성원이 소중하게 여기는 것들을 깎아내리지 말고 인정하라는 뜻입니다. 커뮤니케이션 패턴에는 그 사람이 소중하게 여기는 것이 나타납니다. 일례로 탐구형이라면 객관성, 깊이 있는 지식과 정보의 논리적 구조화, 그것에서 뽑아올린 자신의 통찰 등을 중요하게 여기지요. 이 유형은 말할 때 객관적 정보와 분석에 기초하여 깊이 설명하고, 자신의 통찰이 스며든 메시지를 담아내기를 좋아합니다.

　만약 리더가 탐구형 구성원의 보고서를 읽고 피드백한다면 "복잡하고 많은 내용을 한눈에 들어오게 정리했네요. 구성이 체계적이고 핵심이 한눈에 들어와요. 각 페이지의 요약 메시지만 봐도 무슨 이야기를 전달하려는 건지 알겠어요"라고 말함으로써, 그에 대한 존중을 전할 수 있습니다. 그 구성원에게 더 요구하고 싶은 것이 있다면, 그런 후에 덧붙여도 충분합니다. "이 분석을 바탕으로 우리가 이 일을 실제로 어떻게 추진할 것인지 구체적인 아이디어를 내봤으면 좋겠네요." 그런데 미처 구성원의 패턴을 알지 못하거나 존중하지 못하는 리더는 다음과 같이 말함으로써, 탐구형과 갈등을 유발하거나 탐구형의 업무 동기를 꺾어버립니다. "지금 이렇게 세세하게 분석이나 하고 있을 때가 아니잖아요? 그래서 어떻게 추진할 거지요?"

가능하다면 구성원이 선호하는 커뮤니케이션 방식을 같이 사용하면 좋습니다. 다시 탐구형을 예로 들어볼까요. 그들과 대화할 때는 나 역시 객관적 근거를 들어가며 말하고, 갑자기 예고도 없이 불쑥 찾아가거나 따로 불러서 의견을 묻지 않습니다. 회의의 목적과 안건을 사전에 분명히 안내하여, 자기 생각을 정리할 수 있는 시간을 주도록 합니다. 그러지 않으면 탐구형은 상대가 자신을 존중하지 않는다고 느끼기 쉽고, 자기 안에 있는 바를 충분히 표현하지 못하기 때문이지요.

그처럼 구성원에 맞춰 조율해 갈 때, 리더의 존중하는 마음을 전할 수 있습니다. 서로 다른 방식에 대한 무지에서 유발되는 소모적인 오해와 갈등도 줄여갈 수 있고요. 도전형을 예로 들어봅시다. 그들은 종종 강한 목소리와 눈매로 회의 중에 다른 사람의 말을 자르듯이 치고 들어와서는 "그래서 결론이 뭐지요?"라며 거침없이 말하곤 합니다. 그들로서는 지지부진한 대화의 상황을 목적에 맞게 풀어가려는 과업 지향적 패턴에서 나오는 반응입니다. 상대에 대한 배려까지 마음이 미치지 못했을 뿐, 의도적으로 상대를 무시하거나 공격하려는 행동은 아닌 것이지요.

탐구형이라면 무표정한 채 논리적이고도 직접적인 방식으로 질문하곤 합니다. 제대로 알고 싶은 마음에서 비롯된 반응이고 심지어 그 이야기에 집중하고 있음을 보여주는 징표임에도 불구하고, 상대의 논리적 허점을 의도적으로 파고들거나 예의를 갖추지 않은 행동으로 오해받을 수 있지요. 자신과 다른 패턴들을 깊게 이해하게 되면, 그처럼 커뮤니케이션에 부정적 영향을 미치는 오해를 최소화할 수 있습니다. 그리고 그 방식이 아니라, 그 안에 담긴 내용에 좀 더 집중하게 되지요.

이제 '존중'이라는 키워드를 기억하며, 특정 커뮤니케이션 패턴을 중심 패턴으로 가진 이들과 커뮤니케이션할 때 유의할 점들을 살펴보겠습니다. 아홉 가지 패턴별 유의점을 모두 읽고 기억할 필요는 없습니다. 앞서 함께 일하고 있는 구성원들의 커뮤니케이션 중심 패턴을 찾아보았지요? 해당 패턴들을 중심으로 읽어보기 바랍니다.

> 상대방을 잘 관찰하여
>
> 그가 소중하게 여기는 것을 파악하고 있는 그대로 존중하라.
>
> 그것이 곧 그 사람에 대한 존중이다.
>
> 우리는 모두 자기 모습 그대로 수용되고 존중받고 싶어 한다.

온전히 수용되고 존중받을 때

자기 안의 밝은 빛을 깨우며 건강하게 기능할 수 있다.

건강하게 기능할 때

모든 사람은 자신이 도달할 수 있는 가장 아름다운 모습으로 피어나며

자신이 상대에게 받은 것들을 세상에 더 빛나게 되돌려준다.

에니어그램 8유형 – 커뮤니케이션 패턴: 도전형

추구	전반적 태도	언어	비언어	맹점
통제	주도적	간명함	강인함	공격적

※ 이들의 거침없는 주장성, 간명함, 빠른 결단, 솔직함, 추진력을 존중하기

※ 이들의 커뮤니케이션 방식을 대하며, 나를 의도적으로 무시하거나 공격한다고 오해하지 않기

※ 추상적이거나 완곡한 표현, 긴 배경 설명을 피하고 결론부터 간결하고 명확하게 말하기

※ 이들이 굳이 요청하지 않는다면, 세세하게 설명하기보다 큰 그림을 중심으로 말하기

※ '왜 해야 하는가'는 짧게 말하고 '무엇을 어떻게 해야 하는가'에 집중하여 말하기

※ 이들의 요구를 신속하게 들어줄 수 없을 때는 변명하지 말고 솔직하게 말해주기

※ 이들이 말할 기회를 많이 주기

※ 문서로 소통하기보다 직접 말로 소통하기

※ 이들이 반론을 제기하면, 먼저 충분히 인정한 후 내 의견을 합리적이고 힘 있게 말하기

※ 이들이 화를 내면 맞대응하지 말고, 일단 들어보고 잠시 시간을 가진 후 다시 만나기

에니어그램 9유형 – 커뮤니케이션 패턴: 수용형

추구	전반적 태도	언어	비언어	맹점
조화	적응적	포괄적	느긋함	요지부동

※ 이들이 지닌 경청, 수용, 여유로움, 겸손, 여러 관점을 보는 힘을 존중하기

※ 이들은 불편한 기운을 예민하게 감지하므로, 편안한 대화 분위기를 조성하기

※ 꼭 해야 한다고 생각하지 않으면 새로 시작하는 일을 좋아하지 않는 사람들이므로, 그 필요성을 분명히 말해주기

※ 이들의 속도에 맞추어 조금 천천히, 신중하게 잘 경청하고 공감하며 말하기

※ 이들이 자기 의견을 좀 더 구체적으로 개진할 수 있도록 촉진하기

※ 이들이 말하는 바가 잘 파악되지 않아도 다그치며 압박하지 말고, 그 말의 핵심이 무엇인지 부드럽게 물어보고, 비유를 들어 설명해 달라고 요청하기

※ 이들은 결론을 뒤에 말하므로, 말이 길어지더라도 도중에 자르지 말고 끝까지 경청하기

※ 생각을 정리하는 데 시간이 필요한 사람들이므로, 미리 생각할 시간을 주기

※ 대화가 끝난 후, 같이 논의하고 결정한 내용을 서로 명확하게 확인하기

※ 이들의 침묵을 동의로, 혹은 생각이 없는 것으로 오해하지 말고, 이들의 거절과 동의를 명확히 확인하기

에니어그램 1유형 - 커뮤니케이션 패턴: 원칙형

추구	전반적 태도	언어	비언어	맹점
완벽	이성적	구체적	꼿꼿함	불통

※ 이들의 확고함, 진지함, 구체성, 분명함, 일관성을 존중하기

※ 이들의 말이 딱딱하게 지적하거나 가르치는 것처럼 들려도, 나를 비난하거나 잔소리하려는 것이라고 오해하지 않기

※ 자기의 실수와 결함, 비판 등에 매우 민감하게 반응하는 사람들이므로 '그것은 옳지 않다', '네가 틀렸다' 등처럼 지적하는 표현을 삼가기

※ 이들은 100% 완성을 지향하므로, '대충'이라는 말이나 '그 정도면 됐다' 등의 표현 삼가기

※ 원칙과 기준을 중요하게 여기는 사람들이므로 이들의 원칙과 기준에 맞춰 말하거

나, 이들이 이해할 만한 이유를 들어 나의 원칙과 기준을 제시하며 말하기

※ 변명하거나 에두르지 말고 직접적이고 구체적으로 말하기

※ 이들은 세부를 중요하게 여기므로, 포괄적으로 말하지 말고 작은 부분까지 섬세하게 다루기

※ 이들의 권위를 존중하고 예의를 지키기

※ 기본을 중요하게 여기는 사람들이므로, 약속을 지키고 오탈자 등에도 신경 쓰기

※ 어떤 일을 미완의 상태로 두는 것을 싫어하므로, 이들이 요청할 때 따로 기한이 없다면 빠르게 반응해 주기

에니어그램 2유형 – 커뮤니케이션 패턴: 우호형

추구	전반적 태도	언어	비언어	맹점
관계	반응적	간접적	따뜻함	감정 조작

※ 이들의 인간 중심적 태도, 배려하고 돕는 행동, 정서적 반응을 존중하기

※ 이들의 먼저 다가서는 행동, 미소, 완곡한 표현, 칭찬 등에서 좋은 관계를 형성하고 싶은 마음 알아차리기

※ 가능하다면 시간을 할애하여, 공적인 대화를 나누기 전후에 사적이고 인간적인 대화도 나누어 이들에 대한 나의 관심을 표현하기

※ 이들에게 무엇을 해보자고 설득할 때, 그것이 '다른 사람들에게 미치는 영향'과 왜

'당신의 도움'이 필요한지 강조하기

⁕ 이들의 도움과 헌신을 당연하다 지나치지 말고, 그런 모습이 보일 때마다 진심으로
감사하기

⁕ 자신을 대하는 태도에 영향을 많이 받는 사람들이므로, 부드러운 표정과 목소리로
말하기

⁕ 이들의 이야기를 들을 때 언어와 비언어로 자주 반응해 주기

⁕ 이들이 말하는 내용만이 아니라 감정에 자주 반응하고 공감하기

⁕ 이들의 완곡한 표현 속에 들어 있는 진짜 메시지를 잘 파악하기

⁕ 이들이 바빠 보이면, 먼저 다가가서 도와줄 일이 없는지 물어보기

에니어그램 3유형 – 커뮤니케이션 패턴: 성취형

추구	전반적 태도	언어	비언어	맹점
성취, 성공	효율적	활용적	상황별 연출	자기과시

⁕ 이들의 결과에 대한 집중력, 효율적 접근, 선택과 집중, 몰입, 속도를 존중하기

⁕ 이들이 결과를 얻는 데 집중하느라 빠르고 일방적으로 커뮤니케이션하는 모습을
볼 때, 그로 인한 문제를 찾기 전에 그들이 무엇을 중요하게 여기는가를 보기

⁕ 일의 방식과 납기 및 결과물 등을 사전에 잘 협의하고, 100%가 아닌 80%의 완성
도로 납기보다 빨리 신속하게 반응하기

※ 간결하고 효율적으로 말하여 이들의 시간을 아껴주기

※ 개념적 설명보다 구체적인 사례와 눈에 잘 띄는 예시로 설명하기

※ 이들이 자신의 성취를 이야기할 때, 귀 기울여 듣고 긍정적으로 피드백하기

※ 이들이 성취해 낸 결과만이 아니라 그 과정에서 나타난 강점과 미덕을 인정해 주기

※ 이들은 감정에 반응하는 것을 어려워하므로, 업무 대화를 하며 과한 감정적 표현은
자제하기

※ 공적인 공간에서 이들의 평판이나 이미지를 보호해 주기

※ 이들은 고급스럽고 세련된 외관도 중요하게 여기므로, 대화 공간을 준비할 때 유의
하기

에니어그램 4유형 – 커뮤니케이션 패턴: 감성형

추구	전반적 태도	언어	비언어	맹점
의미, 자기다움	감성적	주관적	섬세함	과민함

※ 이들의 의미 추구, 풍부한 감성, 개성 있는 언어, 섬세한 자기표현을 존중하기

※ 소음이나 어지러운 주변 환경 등 외부 자극에 영향을 잘 받는 사람들이므로, 집중
할 수 있는 대화 공간을 마련하기

※ 이들은 거친 표현이나 현실적인 타협안을 제시하는 일 등에 거부감을 느끼므로, 품
위 있는 언어를 사용하기

※ 이들은 평범한 아이디어와 표현에 매력을 느끼지 못하므로, 설득할 일이 있으면 그 안에 담긴 의미를 새로운 시각으로 해석하여 기존과 다르게 표현하기

※ 진정성을 갖고 소통하기를 원하고 상대의 상태를 잘 느끼는 사람들이므로, 이들에게 온전히 집중하여 진솔하게 대화하기

※ 이들이 특별한 표현이나 이해되지 않는 단어를 사용할 때 '무슨 말인지 이해할 수가 없다'고 반응하지 말고, 그것이 어떤 의미인지 좀 더 들어보고 싶다고 요청하기

※ 이들은 함께 일하는 사람들이 어떤 삶의 방식과 지향성을 지녔는가를 중요하게 여기므로, 개인적 유대감을 형성할 수 있는 대화의 시간을 가지기

※ 이들이 예민하게 반응할 때 당황하지 말고 지금 생각이 어떤지 듣고 싶다고 말하며, 이들의 감성에 섬세하게 반응하고 공감하며 오래 경청하기

※ 어떤 일에 대해 이들의 동기를 자극해야 할 때는, 왜 그 일이 이들에게 중요한지 그 의미에 대해 충분히 대화하기

에니어그램 5유형 - 커뮤니케이션 패턴: 탐구형

추구	전반적 태도	언어	비언어	맹점
탐구, 통찰	지성적	객관적	초연함	건조함

※ 이들의 지식과 통찰에 대한 추구, 지성, 객관성, 자기 공간과 적정한 거리를 존중하기

※ 이들은 정확히 파악한 후 일을 추진하고 싶을 때 대강 이해하지 않고 세세하게 따

지거나 날카롭게 질문하므로, 그런 행동을 상대에 대한 공격으로 오해하지 않기

* 이들은 경청할 때 팔짱을 끼고 반응 없이 집중하며 듣는 경향이 있으므로, 이들의 침묵을 무관심으로 오해하지 않기

* '무엇을 어떻게 하자'고 설득하기 전에 '왜 해야 하는지'를 명확히 이야기하기

* 객관적인 근거나 이론적인 배경을 가지고 말하기

* 이들은 정리되지 않은 생각을 말하기 어려워하므로, 바로 의견을 말해달라고 다그치지 말고 사전에 준비할 시간을 주기. 또 스스로 부족하다는 생각이 많아서 자기 의견을 잘 내놓으려 하지 않는 사람들이므로, 적극적으로 이들의 의견을 묻기

* 이들은 말보다 글로 소통하기를 선호하므로, 꼭 만나서 이야기해야 하는 것이 아니라면 이메일이나 메신저 등을 이용하기

* 주제 없는 대화, 주제를 벗어난 대화를 힘들어하는 사람들이므로 주제에 집중하기

* 이들은 혈연, 지연, 학연 등의 관계에 큰 의미를 두지 않으므로, 그러한 것을 기반으로 다가서거나 설득하지 않기

* 이들은 정보를 탐색하고 자기 관점을 정리하는 데 시간이 오래 걸려 시한을 지키기 어려울 수 있으므로, 초안 검토 및 점검 일자를 당겨 잡기

에니어그램 6유형 – 커뮤니케이션 패턴: 신중형

추구	전반적 태도	언어	비언어	맹점
안전, 확신	양가적	회의적	예의 바름	불신함

※ 이들의 안전에 대한 추구, 탐색적 질문, 확인하는 언어, 신중함을 존중하기

※ 이들이 만약의 상황과 위험을 질문해 오면 '하지 않으려는 마음'이 아니라 '가장 확실하고 안전한 방법을 찾아 실행하려는 마음'을 보기

※ 이들이 걱정과 불안을 내비칠 때 무엇을 염려하는지, 그 이유와 근거는 무엇인지 질문해 보기

※ 이들이 불안해하고 걱정하는 마음에 공감해 주기

※ "괜찮을 거다", "잘될 거다"라고 근거 없이 격려하거나 "쓸데없는 걱정을 다 한다"라고 무시하며 넘어가지 말고, 객관적이고 구체적인 이유를 들어 이들의 걱정을 잠재우기

※ 이들은 누구를 온전히 믿기까지 시간이 걸리므로, 언행에 믿음을 주어 이들의 신뢰를 얻어내기

※ 이들은 확신이 필요할수록 다른 사람들의 의견을 많이 구하므로, 더 많이 지지하고 격려하기

※ 중요한 회의나 면담을 하기 전에 커뮤니케이션과 관련된 지침이나 틀을 제시해 주기

※ 이들은 자기 확신이 부족하고 조심성이 많아 겸손하게 이야기하는 경향이 있으므

로, 이들이 이야기하는 방식을 보지 말고 그 안에 담긴 내용과 실제로 해낸 것을 보기

※ 이들을 설득해야 할 때는 어떤 일을 했을 때 얻을 수 있는 도전과 기회만이 아니라, 어떤 일을 하지 않을 때 입을 수 있는 피해나 위험까지 말해주기

에니어그램 7유형 – 커뮤니케이션 패턴: 엔터테이너형

추구	전반적 태도	언어	비언어	맹점
즐거움	열정적	즉흥적, 유창함	자유로움	피상적

※ 이들의 다양한 경험과 즐거움에 대한 추구, 호기심과 열정, 유연성, 자유로움을 존중하기

※ 이들은 무겁거나 지나치게 진지한 분위기를 경계하므로, 가볍고 편안한 대화 분위기를 만들기

※ 대화를 통해 생각을 발전시켜 가는 유형이므로, 가능하다면 글보다는 말로 이야기를 나누기

※ 이들은 생각의 변화가 많으므로, 다음 업무 단계로 가기 전에 합의하고 결정한 사항을 재확인하기

※ 이들은 지나간 것을 다시 들여다보는 것을 좋아하지 않고 쉽게 잊기도 하므로, 교정적 피드백은 즉각적이고도 짧게 반복적으로 해주기

※ 낙천적이고 타인에게 부정적 정보를 전하는 일을 잘 하지 않는 유형이므로, 이야기

나눌 사항은 없는지, 문제없이 진척되고 있는지 정기적으로 확인하기

⁕ 대화가 길어지면 쉽게 산만해지는 유형이므로, 질문을 건네거나 이들이 말하게 하는 등 관심을 집중시킬 수 있는 장치를 마련하기

⁕ 이들은 완벽이나 최고를 추구하기보다 '이 정도면 된다'는 자기 기준에서 멈추려고 하고 그 기준이 일반적으로 높지 않으므로, 최종 결과물과 기한에 대해 미리 구체적으로 합의하기

⁕ 이들은 막바지에 이르러 일을 몰아서 하는 경향이 있으므로, 납기와 품질이 모두 중요한 사안이라면 중간 점검 일자를 두 번 이상 잡기

⁕ 이들을 설득해야 할 때는 이 일이 얼마나 새롭고 흥미로운 경험이 될지, 그리고 또 다른 경험을 위한 풍요로운 발판이 될지를 말하여 이들의 호기심을 자극하기

나의 커뮤니케이션 패턴에서 자유로워지기

커뮤니케이션을 하면서 불편한 상황이 생기면 어떻게 풀어가고 있나요? 불편한 상황을 만날 때 당신이 가장 먼저 보이는 반응은 무엇인가요? 일반적으로 외부를 향해 부정적인 반응을 하게 되지요. '예의 없이 함부로 말하는 상대방', '준비도 없이 회의에 참석한 무책임한 구성원', '말귀도 못 알아먹는 상대방'이나 '하필이면 이런 사람을 만난 상황', '애써봐야 별로 나아질 것 같지 않은 상황'에 비난이나 불평, 포기가 일어나기 쉽습니다. 이때 외부로 향하는 부정적 에너지를 알아차리고, 자기 내면을 먼저 부드럽게 들여다봐야 상황을 풀어갈 방법이 보입니다.

자신의 내면을 들여다보면 그러한 비난이나 불평, 포기보다 더 깊은 층에 있는 생각과 느낌을 발견하게 됩니다. 일이 잘 안 풀릴까 하는 걱정, 제시간에 끝내지 못하면 어쩌나 하는 염려, 내가 옳고 상대가 틀렸다는 판단, 무시당하고 있다는 느낌, 나를 대접해 주지 않는 상대에 대한 서운함, 상대를 설득하지 못할까 하는 두려움, 어떻게 하면 상대의 마음을 움직일까 하는 조바심, 혹은 원인을 명확히 알수 없는 어떤 답답함 등을 마주하게 되지요.

그 마음을 있는 그대로 알아차리며 조금 더 깊이 들어가 보면, 자신이 커뮤니케이션에서 기대한 것이나 자기도 모르게 추구한 것이 무엇이었는지 발견하게 됩니다. 그리고 비난하거나 불평하거나 포기하는 대신에, 자신이 추구하는 바를 건강하게 이루는 데 도움이 되는 행동을 선택할 수 있는 마음의 공간이 생깁니다.

이제 리더가 자신의 커뮤니케이션 패턴에서 스스로 알아차리고 조율해야 할 부분들을 패턴별로 살펴보도록 하겠습니다. 다른 이들과 커뮤니케이션을 하며 자기도 모르게 추구하는 것이 무엇인지, 전반적인 태도가 어떤지, 어떤 언어와 비언어를 사용하는지, 스스로 보지 못하거나 알고도 자주 놓치고 빠져버리는 맹점은 무엇인지를 확인하며 아래 내용을 살펴보도록 합시다. 이미 실천하고 있는데 효과가 없다면 실천 방법을 점검해 봅니다. 가령 말하기보다 좀 더 경청해야 한다는 사실을 이미 알고 실천하고도 있지만 변화가 보이지 않는다면, 제대로 경청하고 있는지 점검이 필요하겠지요. 모든 것을 빠짐없이 완벽하게 실천하기 위해 애쓰지 않아도 됩니다. 지금 가장 필요하거나 도움이 되리라고 생각하는 것부터 하나씩 실행해 보세요. 하나가 풀리면 자연스럽게 나머지가 풀려가기도 합니다.

에니어그램 8유형 - 커뮤니케이션 패턴: 도전형

추구	전반적 태도	언어	비언어	맹점
통제	주도적	간명함	강인함	공격적

에니어그램 8유형의 도전형 커뮤니케이션 패턴을 중심 패턴으로 사용하고 있나요? 그렇다면 당신은 날카로운 직관과 강인함과 도전시키는 힘으로, 구성원들이 자기 생각에만 머물지 않고 용기 있게 실행하고 성과를 내며 성장할 수 있도록, 주도적이고 강력하게 커뮤니케이션할 수 있는 사람입니다.

당신의 통제력을 타인이 아니라 자신의 분노와 속도를 조절하는 데 사용하고, 당신이 그러하듯 구성원에게도 주도적으로 일할 기회를 부여하며, 당신의 뜻을 구성원에게 전달할 때 좀 더 부드럽고 친절해진다면 더 건강한 피드백을 할 수 있을 것입니다. 일상에서 다음과 같이 당신의 패턴이 부적절하게 움직일 때를 알아차리고 멈추며 조율해 보세요.

※ 내 앞에 있는 사람이나 상황을 통제하고 싶은 마음이 일어날 때, 나도 모르는 사이에 목소리가 커지거나 제압하려는 시선이 나갈 때를 알아차린다.

※ 나의 취약함이나 부드러운 면, 감정을 밖으로 드러내는 것은 약해지는 일이라고 여기며, 스스로를 더 강하게 만들려는 모습을 알아차린다. 진정으로 강인한 사람들은

자신의 취약함을 강한 외양으로 감추려 하지 않는다.

⁜ 사람이 아니라 일에 집중하며 정색하고 있을 때, 나의 강한 기운이 상대방을 압도할 때를 알아차린다. 가벼운 이야기로 분위기를 이완시킨 후에 본론에 들어가고, 커뮤니케이션을 하면서도 과제뿐이 아니라 앞에 있는 사람에게 계속 주의를 둔다.

⁜ 내 뜻대로 움직이지 않는 사람이나 상황에 화가 올라올 때를 알아차린다. 몸에서 올라오는 화를 있는 그대로 알아차리고, 그 화가 몸과 마음에서 사라질 때까지 지켜본다. 날것의 감정을 그대로 표출할 때, 상대에게 오래 남는 큰 상처를 주게 됨을 기억한다.

⁜ 지금 해야 할 업무를 즉각 지시하여 일을 추진하려는 마음을 알아차린다. 좀 답답하더라도 먼저 다른 이들에게 묻고 그 의견을 들어본다. 다른 이의 말허리를 자르지 말고 끝까지 듣고, 그가 말한 내용만이 아니라 그의 마음에 반응하는 연습을 해본다.

⁜ 지나치게 간명하게 말할 때를 알아차린다. 꼭 필요한 내용만 담은 나의 간명한 표현이 때로는 듣는 이를 배려하지 않거나 성의가 없거나 거만한 태도로 오해를 받을 수 있다. 조금 더 친절하고 구체적으로 이야기한다.

에니어그램 9유형 - 커뮤니케이션 패턴: 수용형

추구	전반적 태도	언어	비언어	맹점
조화	적응적	포괄적	느긋함	요지부동

에니어그램 9유형의 수용형 커뮤니케이션 패턴을 주로 사용하고

있나요? 그렇다면 당신은 넓은 이해와 수용, 포용의 힘으로 서로 다른 구성원 개개인과 누구보다 잘 어우러지고, 그들의 의견을 잘 듣고 부드럽게 공감하여, 그들이 자기만의 방법으로 일해갈 수 있도록 허용하고 기다려 주며 뒤에서 지원하는 커뮤니케이션을 할 수 있는 사람입니다.

구성원들과의 커뮤니케이션에서 당신이 해줄 수 있는 이야기의 중요성을 알고, 갈등을 회피하지 않고 자기 의견을 분명히 드러내며, 구체적이고 직접적인 언어로 간명하고 힘 있게 말하는 연습을 한다면, 당신은 더 건강한 피드백을 할 수 있을 것입니다. 일상에서 다음과 같이 당신의 패턴이 부적절하게 움직일 때를 알아차리고 멈추며 조율해 보세요.

※ 사람들 속에서 자주 아무것도 하지 않으며 침묵하는 자신을 알아차리고 나의 목소리를 내본다. 다른 이들의 의견을 수용하는 것만이 아니라 자기 의견을 내놓는 것 역시 내가 바라는 다양한 관점과 조화로움을 세상에 더하는 일이다.

※ 여러 가지 이야기를 떠오르는 대로 강조점 없이 풀어놓고 있을 때를 알아차린다. '결론부터 말하기', '세 가지로 요약하여 말하기'를 연습한다. '내가 생각하는 과정'과 '내가 생각한 바를 다른 이에게 전달하는 과정'은 다름을 기억한다. 문장이 길어지고 문장을 완성하지 못한 채 끝을 흐리는 경향이 있음을 기억하며, 짧은 문장으로 끝까지 분명하게 표현하기를 연습한다.

※ 다수와 대화하며 멍때리기하는 때를 알아차린다. 멍때리기를 하며 내 삶의 시계를

멈춰버리지 말고, 멍때리기를 일으킨 계기를 인식하고 나의 의사를 표현하며, 현실로 돌아와서 커뮤니케이션에 참여한다.

※ 상대의 무시나 압박을 느낄 때 수동 공격을 하는 내 모습을 알아차린다. '침묵', '실행지연' 등으로 공격하지 말고 거절과 동의를 분명히 하여, 상대방이 나의 생각과 입장을 명확히 파악할 수 있게 한다. 구체적이고 직접적이고 즉각적으로 표현하는 훈련을 해본다.

※ 일상적인 관계에서 주변 사람들과 조화롭게 어우러지고 그들에게 맞춰주지만, 정말 하고 싶지 않은 일에는 누구의 말도 듣지 않고 자기 세계에서 요지부동하는 내 모습을 알아차린다.

※ 갈등을 회피할 때를 알아차린다. 갈등을 해결하면 더 큰 평화를 얻을 수 있음을 기억하고, 내가 동의할 수 없는 의견이나 내 마음에 일어나는 불편함을 용기 있게 표현한다.

에니어그램 1유형 - 커뮤니케이션 패턴: 원칙형

추구	전반적 태도	언어	비언어	맹점
완벽	이성적	구체적	꼿꼿함	불통

에니어그램 1유형의 원칙형 커뮤니케이션 패턴을 주로 사용하고 있나요? 그렇다면 당신은 분명한 원칙과 책임감으로 그 누구보다 구성원들과 구체적이고 분명하게 소통하고, 그들이 자기 책임을 다하며 조직과 함께 성장해 갈 수 있도록, 그들의 어떤 점을 개선하고 발

전시켜야 하는지를 찾을 수 있도록 커뮤니케이션할 수 있는 사람입니다.

구성원들을 만날 때 자신이 항상 옳은 것은 아님을 알고 판단을 보류하며, 성인 대 성인의 수평적인 위치에서 이해시키기 전에 먼저 이해하고, 긍정적 부분에 더 초점을 맞추고, 가르치기보다 경청하여 불통의 벽을 깬다면 당신은 더 건강한 피드백을 하게 될 것입니다. 일상에서 다음과 같이 당신의 패턴이 부적절하게 움직일 때를 알아차리고 멈추며 조율해 보세요.

※ 나의 원칙에 기반한 견고한 생각의 틀을 알아차리고, 다른 이들과의 대화 속에서 수시로 점검한다.

※ 나의 원칙과 기준을 고수하고 싶은 마음이 들 때, 즉 '그건 너무나 당연한 일이라 더 설명할 필요도 없다'라고 여겨지는 일을 다른 이들이 이해하지 못하거나 위반하는 행동을 할 때, 그 원칙과 기준에 대해 다른 이들은 어떻게 생각하는지 마음을 열고 들어본다.

※ 자기도 모르게 단호한 말투와 꼿꼿한 표정과 날카로운 어조로 차근차근 세밀하게 가르치는 듯이 말할 때를 알아차린다. 그리고 그때 상대방의 저항이 올라오는 것을 알아차린다. 진지함과 엄격함을 덜어내고 좀 더 부드럽고도 유연하게 커뮤니케이션한다.

※ 시시비비를 가리고 싶은 마음을 알아차린다. 나 자신과 타인의 실수에 대해 좀 더 관대해지는 연습을 해본다.

＊ 나의 원칙을 사람보다 더 높이 두는 것을 알아차린다. 원칙과 기준이 아니라 사람에게 먼저 초점을 맞추고, 그들의 생각만이 아니라 그들의 마음을 듣고 반응해 본다. 그들의 생각과 느낌을 궁금해하며 존중을 담아 질문해 본다.

＊ 많이 생각하되 빠르게 판단해 버리고, 좀처럼 바꾸려 들지 않는 나의 경향을 알아차린다. 일단 판단을 내리고 나면 누가 어떤 말을 해도 잘 듣지 못하므로, 판단하기 전에 다른 이들의 의견을 충분히 들어본다.

＊ 항상 결함부터 발견하는 나의 시선을 알아차리며 의도적으로 다른 사람의 좋은 점을 발견하고, 교정적 피드백을 하기 전에 긍정적 피드백을 먼저 하는 연습을 해본다.

＊ 틀린 것을 바로잡아야 한다는 의무감을 알아차린다. 내가 느끼는 불편함을 해소하기 위해서가 아니라, 진정으로 다른 이들을 돕고자 하는 마음으로 교정적 피드백을 해본다.

에니어그램 2유형 – 커뮤니케이션 패턴: 우호형

추구	전반적 태도	언어	비언어	맹점
관계	반응적	간접적	따뜻함	감정 조작

에니어그램 2유형의 우호형 커뮤니케이션 패턴을 주로 사용하고 있나요? 그렇다면 당신은 사람들에게 먼저 다가서며, 그들의 필요에 반응하고 배려하는 힘으로 누구보다 구성원 개개인과 친밀한 관계를 맺고, 그들이 원하는 바를 조직에서 이뤄갈 수 있도록 도우며, 따

뜻하고 인간미 넘치는 일터를 구축해 가는 커뮤니케이션을 할 수 있는 사람입니다.

구성원들과의 커뮤니케이션에서 자기 자신을 감추지 않고 솔직하게 드러내고, 그들을 보살피는 만큼 자신도 보살피며, 감정을 조절하고, 더 직접적인 화법으로 표현하고, 칭찬만큼 거절과 요청도 자유롭게 한다면 당신은 더 건강한 피드백을 할 수 있을 것입니다. 일상에서 다음과 같이 당신의 패턴이 부적절하게 움직일 때를 알아차리고 멈추며 조율해 보세요.

※ 나를 향한 타인의 반응에 자기도 모르게 지나치게 영향을 받을 때를 알아차린다. 타인의 욕구와 반응을 살피기 전에, 자신의 욕구와 반응을 먼저 살피고 보살핀다. 내가 하고자 했던 말을 타인의 반응을 보며 감추지 말고 표현하는 연습을 해본다.

※ 모든 사람에게 좋은 사람이 되고 싶은 마음을 알아차린다. 밝은 미소와 반응으로 나의 진짜 감정을 감출 때를 알아차린다. 진솔한 나의 모습을 보여주지 않으면 누구와도 온전한 관계를 맺을 수 없음을 기억한다.

※ 다른 사람에게 거부당하는 것에 대한 두려움이 일어날 때를 알아차린다. 다른 이의 부탁을 들어주기 어려울 때, 그 일로 인해 관계가 불편해지는 것을 걱정하지 말고 거절하기를 연습해 본다. 또한 다른 이의 도움이 필요할 때 거절당하는 것을 염려하지 말고 적극적으로 부탁하기를 연습해 본다.

※ 커뮤니케이션의 내용보다 감정에 집중하는 경향을 알아차린다. 감정만이 아니라 내용에 더 집중하여 듣고 말하는 연습을 해본다.

※ 다른 이를 도우려는 마음이 들 때, 그것이 자신을 위한 것인지 상대방을 위한 것인지 알아차려 본다. 나의 마음이 불편해서가 아니라, 상대에게 정말 도움이 필요할 때 다가가서 도와준다. 기쁜 마음으로 돕되 보답을 바라지 않는다.

※ 제삼자를 통하거나 남의 사례에 빗대어서 나의 의사를 간접적으로 말할 때를 알아차린다. 직접 표현하여 나의 마음을 좀 더 명확하게 전달한다.

※ 다른 사람을 기쁘게 하고 좋은 관계를 형성하기 위해, 다소 지나치게 긍정적으로 반응할 때를 알아차린다. 그리고 관계가 나빠질까 염려하여 잘 하지 않았던 교정적 피드백을 피하지 말고 실행해 본다.

에니어그램 3유형 - 커뮤니케이션 패턴: 성취형

추구	전반적 태도	언어	비언어	맹점
성취, 성공	효율적	활용적	상황별 연출	자기과시

에니어그램 3유형의 성취형 커뮤니케이션 패턴을 주로 사용하고 있나요? 그렇다면 당신은 높은 성취욕과 성과를 만들어 내는 유능함으로 누구보다 구성원들의 성장 동기를 자극하고, 스스로 성장의 모델이 되며, 효율적인 목표 달성 방안을 코칭함으로써, 구성원 개인과 조직이 함께 성장해 갈 수 있도록 커뮤니케이션할 수 있는 사람입니다.

구성원들과 커뮤니케이션하며 그들을 성과 달성의 수단이 아니라 목적으로 대하고, 결과만이 아니라 과정을 의미 있게 관리하며, 조금 더 느긋하게 공감하며 대화하고, 있는 그대로의 당신을 진정성 있게 보여준다면 더 건강한 피드백을 할 수 있을 것입니다. 일상에서 다음과 같이 당신의 패턴이 부적절하게 움직일 때를 알아차리고 멈추며 조율해 보세요.

※ 자신의 성과를 부각하여 말할 때, 자신의 성과를 더 매력적으로 가공하여 표현할 때를 알아차린다. 나의 성과 달성을 가능하게 한 주변의 도움과 지원을 인식하고 그들을 빛나게 한다. 타인의 인정과 주목을 받고자 하는 마음을 내려놓을 때, 나의 존재와 노력과 성취는 그 자체로 더 가치 있게 빛남을 기억한다.

※ 늘 서두르며 바로 핵심 사안으로 들어가서 신속하고 효율적으로 과제 해결형 커뮤니케이션을 하는 모습을 알아차린다. 속도를 조절하여 커뮤니케이션의 결과만이 아니라 과정에도, 커뮤니케이션의 내용만이 아니라 사람에게도 집중해 본다.

※ 지금의 목표 달성에 중요한 사람에게만 주의를 기울일 때를 알아차린다. 꼭 어떤 결과물을 얻어야 한다는 마음 없이 내 주변의 소중한 사람들과 진솔하게 대화를 나누는 시간을 더 자주, 더 길게 가져본다.

※ 성취에 대해 높은 기준을 가지고 있고 일하는 속도가 빠름을 기억하며, 그런 모습이 자주 나타남을 알아차린다. 내가 보기에 비록 탁월한 수준이 아니라 하더라도, 상대의 장점이나 기여를 찾아 긍정적인 피드백을 하는 연습을 의식적으로 해본다.

※ 자신의 감정을 알아차리고 진정성을 담아 표현하는 연습을 해본다. 스스로 감정을 돌보지 않으면 타인의 감정에 공감할 수 없다. 자신의 감정을 돌보려면, 주의를 외부

가 아닌 내면으로 돌리고 아무 일도 하지 않은 채 잠시 고요히 멈추는 시간이 필요하다.

에니어그램 4유형 - 커뮤니케이션 패턴: 감성형

추구	전반적 태도	언어	비언어	맹점
의미, 자기다움	감성적	주관적	섬세함	과민함

에니어그램 4유형의 감성형 커뮤니케이션 패턴을 주로 사용하고 있나요? 그렇다면 당신은 깊고 섬세한 공감력으로 누구보다 구성원 개개인과 깊이 소통하고, 그들이 가진 평범한 자질들에서 비범한 잠재력을 끌어내며, 자기 일에 대한 의미와 동기를 찾도록 커뮤니케이션할 수 있는 사람입니다.

모든 이들과의 커뮤니케이션이 의미 있고 특별하다는 사실을 알고, 구성원들에게 먼저 다가가고, 자신의 감정에 빠지지 않고, 조금만 덜 진지하고, 현실적이고 객관적이며 구체적인 언어를 사용한다면, 당신은 더 건강한 피드백을 할 수 있을 것입니다. 일상에서 다음과 같이 당신의 패턴이 부적절하게 움직일 때를 알아차리고 멈추며 조율해 보세요.

※ 사람들을 빠르게 분별하고 마음의 차단벽을 세우는 내 모습을 알아차린다. 마음의

결이 달라서 소통하기 어렵다고 느끼거나 소통하고 싶은 느낌이 들지 않는 사람에게도, 좀 더 오래 마음의 문을 열어놓고 소통하려는 노력을 지속할 때 더 의미 있게 소통할 수 있음을 기억한다.

※ 어떤 이야기가 나와도 결국은 나 자신의 이야기로 빠져들어 말이 길어질 때를 알아차린다. 온전히 이해받고자 하는 마음을 들여다보고, 주의를 상대방과 상대방의 이야기로 돌린다.

※ 깊고 의미 있게 소통하고 싶은 마음을 알아차린다. 모두가 나처럼 깊게 속마음 나누기를 좋아하는 것이 아님을 기억한다. 나의 감정에 빠져서 상대방을 놓치고, 자기 내면의 이야기를 일방적으로 쏟아내는 때를 알아차리고 멈추는 연습을 해본다.

※ 주관적이고 추상적인 표현으로 말할 때를 알아차리고, 보다 객관적이고 구체적으로 말하는 연습을 해본다. 나의 언어에 구체적인 표현과 예시로 현실감을 더한다.

※ 소통을 원하면서도 다른 사람에게 먼저 다가가지 않는 나의 모습을 알아차린다. 다가오기를 기다리지 말고 먼저 다가가는 연습을 해본다. 특히 자신과 다르다고 느껴지는 사람들과 더 많이 대화해 본다. 사실 커뮤니케이션이란 커뮤니케이션이 잘 되지 않는 사람들과 더 많이 필요한 것이다.

에니어그램 5유형 – 커뮤니케이션 패턴: 탐구형

추구	전반적 태도	언어	비언어	맹점
탐구, 통찰	지성적	객관적	초연함	건조함

에니어그램 5유형의 탐구형 커뮤니케이션 패턴을 주로 사용하고

있나요? 그렇다면 당신은 깊은 지성과 객관성으로 누구보다 구성원들을 있는 그대로 관찰하고, 그 행동과 영향을 거울처럼 비춰주어서 그들이 현재 상황과 자신을 명확히 인식하고, 보다 본질적인 것에 집중하여 일함으로써 자기 분야에서 전문가로 성장하도록 커뮤니케이션할 수 있는 사람입니다.

끝없이 통찰을 추구하고, 생각의 미로에 갇히지 않으며, 다른 사람과의 대화에서도 통찰을 구하고, 지성을 넘어 감성의 가치를 발견하고, 자기의 생각이 아니라 자기 앞에 있는 사람을 바라보며 공감적 커뮤니케이션을 한다면, 당신은 더 건강한 피드백을 할 수 있을 것입니다. 일상에서 다음과 같이 당신의 패턴이 부적절하게 움직일 때를 알아차리고 멈추며 조율해 보세요.

※ 지식에 대한 통찰을 추구하는 나의 모습을 알아차린다. '저런 이야기를 왜 할까' 하고 생각하며 대화 중에 뒤로 물러설 때를 알아차리고, 조금만 더 의식적으로 참여해 본다. 나의 귀한 통찰이 공허하게 사라지지 않고 세상에 펼쳐지게 하려면, 다른 사람들과 원활하게 커뮤니케이션하는 힘이 필요하다.

※ 앞에 있는 사람이 아니라 자기 머릿속의 생각과 대화하고 있는 나를 알아차린다. 생각에 빠질 때를 알아차리고 상대에게 주의를 집중한다. 말하는 사람의 마음을 놓치고 내용만 들을 때 무심코 팔짱을 낀 채 자기도 모르게 표정과 목소리가 딱딱해지고 건조해지는 경향이 있다. 사람을 바라보고 반응함으로써, 나의 표정과 어투에 부드러움을 더해본다.

※ '아직은 부족하다', '정리가 덜 되었다'라는 나의 생각을 알아차리고 현재의 의견이나 정보를 다른 사람과 나눠본다. 홀로 완성하는 작업도 의미가 있지만, 내가 세상에 내놓은 미완의 조각들이 다른 이의 생각과 활동을 자극하여 더 의미 있는 결과물로 돌아올 수 있다.

※ 대화를 하면서도 자기의 생각을 정리하느라 자주 침묵하거나 반응의 속도가 늦어짐을 알아차린다. 커뮤니케이션 장면에 따라서 침묵이 너무 길어지면 신중함을 넘어서서 무례함이 되고 대화의 흐름이 끊어진다. 말하며 생각을 정리하는 훈련을 하며 좀 더 빨리 반응해 본다.

※ 아이디어나 정보를 혼자 보유하려는 경향을 알아차린다. 공유하는 가운데 더 발전한다는 사실을 알고, 함께 일하는 사람들과 적극적으로 공유한다. 나의 통찰이 담긴 전문지식이나 양질의 정보를 사람들과 나누는 것은, 나의 사회적 네트워크를 넓혀갈 때 잘 활용할 수 있는 훌륭한 방법이다.

※ 함께 있을 때 다른 이들보다 훨씬 더 적게 말하는 내 모습을 알아차린다. 대화의 빈도와 양을 의식적으로 늘리고, 생각이나 정보만이 아니라 자신이 느끼는 것도 표현해 본다. 타인의 이야기를 듣는 동안에도, 그 내용만이 아니라 그 사람과 그 사람의 감정에도 주의를 기울인다.

※ 소소한 일상 대화의 가치를 놓치고 있음을 알아차린다. 그러한 대화를 잘하는 사람들은 어떻게 하는지 관찰하고, 그들의 의도를 헤아려 보고, 그들의 말과 행동이 미치는 긍정적 영향을 찾아본다. 그리고 내 안의 따뜻함과 지적 유머를 드러내며 가볍게 참여하며 즐겨본다.

※ 너무 세부적인 범위까지 사고를 확산하고, 많은 전문지식을 쏟아내어 상대를 지적으로 압도할 때를 알아차린다. 생각 속으로 질주하지 말고, 앞에 있는 사람과 주고받으며 대화해 본다.

에니어그램 6유형 – 커뮤니케이션 패턴: 신중형

추구	전반적 태도	언어	비언어	맹점
안전, 확신	양가적	회의적	예의 바름	불신함

에니어그램 6유형의 신중형 커뮤니케이션 패턴을 주로 사용하고 있나요? 그렇다면 당신은 사려 깊은 탐색과 통합적 문제해결 역량으로 누구보다 구성원들을 동료로서 존중하고, 미래에 펼쳐질 수 있는 여러 측면을 예측하고 준비하고 행동할 수 있도록 질문함으로써, 그들이 자신과 리더를 신뢰하며 용기 내어 한 걸음을 내딛을 수 있도록 커뮤니케이션할 수 있는 사람입니다.

구성원들과 커뮤니케이션하며 자신도 모르게 떠오르는 부정적 가능성만큼 긍정적 가능성을 의식적으로 탐색해 보고, 자신을 신뢰하고, 구성원들을 신뢰하고, 회의적 언어보다 긍정적 언어를 더 많이 사용한다면, 당신은 더 건강한 피드백을 할 수 있을 것입니다. 일상에서 다음과 같이 당신의 패턴이 부적절하게 움직일 때를 알아차리고 멈추며 조율해 보세요.

※ 마음속에서 '혹시나', '만약에'라는 생각과 함께 의심이 올라올 때를 알아차린다. 아직 신뢰의 단계에 이르지 못한 사람과 대화를 나누다가, 그가 말하는 내용 이면에 숨겨진 의제가 있는지 탐색하는 마음을 알아차리고 있는 그대로 들어본다.

❋ 예의 바르게 경청하고는 있지만, 수많은 생각을 일으키고 있으며 그러한 자기 속내를 정작 상대방에게 잘 드러내지 않는 내 모습을 알아차린다.

❋ 걱정이나 염려가 담긴 표현을 할 때를 알아차리고 긍정의 언어를 좀 더 사용한다. 예를 들면 "전원의 동의가 필요한 일인데, 한 명이라도 동의하지 않는 사람이 있으면 이 짧은 일정 안에 어떻게 이 일을 추진하지요?"라고 말하는 대신에 "추진 일정에 차질이 없도록 모두의 동의를 빠르게 얻어내려면, 우리가 뭘 어떻게 해야 할까요?"라고 표현해 본다.

❋ 어떤 일에서 문제가 될 만한 부분을 찾아내고 위험을 탐색하는 자신의 화법을 알아차린다. 그것은 종종 회의적이거나 수동적인 자세로 오해를 받는다. 나에게 그 일을 하고자 하는 의지가 있음을 먼저 밝히고, 내가 예측하는 문제나 확인이 필요한 사항을 말해본다.

❋ 지나친 겸양의 표현이나 조심스럽게 의견을 내놓는 과정에서 머뭇거리는 말투를 알아차린다. 그러한 말투로 인해 나를 잘 모르는 사람들은 내 강점을 잘 보지 못한다. 자신감을 담아 좀 더 당당하고 강약 있는 목소리로 표현한다.

❋ 실수 없이 말하려다가 말할 기회를 놓치는 때가 잦음을 알아차린다. 실수하면 수정하여 다시 말하면 된다. 저지를 수 있는 작은 실수를 미리 헤아리다가 큰 기회를 놓치는 일이 없도록 한다.

에니어그램 7유형 – 커뮤니케이션 패턴: 엔터테이너형

추구	전반적 태도	언어	비언어	맹점
즐거움	열정적	즉흥적, 유창함	자유로움	피상적

에니어그램 7유형의 엔터테이너형 커뮤니케이션 패턴을 주로 사용하고 있나요? 그렇다면 당신은 틀을 벗어나는 창의성과 유쾌한 열정으로, 누구보다 구성원들과 격의 없이 대화하고 상상력을 자극하며 그들 안의 열정과 긍정적 에너지를 끌어내어, 그들이 자신의 틀을 깨고 더 자유롭고 즐겁게 일할 수 있도록 커뮤니케이션할 수 있는 사람입니다.

구성원들과의 커뮤니케이션에 온전히 집중하고, 그들의 속도와 조율하고, 말하기보다 듣고 질문하고, 침묵까지도 고요히 경청하고, 부정적 정보도 회피하지 않고, 진심으로 공감하기 위한 노력을 지속한다면, 당신은 더 건강한 피드백을 할 수 있을 것입니다. 일상에서 다음과 같이 당신의 패턴이 부적절하게 움직일 때를 알아차리고 멈추며 조율해 보길 바랍니다.

※ 앞에 있는 사람과 커뮤니케이션하며 쉽사리 지루함을 느끼고 이리저리로 주의가 흩어지며 산만해지는 모습을 알아차리고, 지금 내 앞에 있는 사람에게 오롯이 집중해 본다.

※ 상대의 말을 빠르게 간파하고 끝까지 듣지 않는 경향을 알아차린다. 내가 이미 알고 있는 이야기라도, 말하는 이의 의도와 마음 상태를 알아차리며 온전히 듣고 반응해 본다. 피상적인 이해를 넘어 깊숙이 들어가야, 내가 어려워하는 진심 어린 공감이 가능하다.

※ 나의 생각과 말의 속도가 빠름을 알아차린다. 상대의 속도에 맞추어, 말하고 반응

하는 속도를 조절해 본다. 특히 질문이나 피드백을 받은 후에 상대의 말꼬리를 무는 것과 같이 빠른 속도로 반응하면, 내가 생각도 하지 않고 가볍게 답변하거나 변명하거나 저항하는 것처럼 오해받을 수 있음을 기억한다.

※ 알고 있는 것을 말하고 싶은 내 마음을 알아차리고, 말하기와 듣기의 균형을 잘 맞춰본다. 대화하는 가운데 침묵이 생기면 재빨리 그 공백을 채우려 들지 말고 침묵마저 가만히 경청해 보고, 다른 사람들이 말할 수 있도록 충분히 기다려 준다. 그리고 말하기보다 질문을 하여 다른 사람들이 이야기하도록 촉진해 본다.

※ 분위기가 가라앉거나 진지해질 때 그 분위기를 전환하는 역할을 맡아야 한다는 내 안의 의무감을 알아차린다. 원하지 않는다면 먼저 나서서 그 역할을 맡지 않아도 된다. 진지한 가운데 그 자리에서 꼭 짚고 넘어가야 하는 이야기가 나올 수도 있고, 무엇보다 나에게는 스스로 불편해하는 분위기를 지긋이 견뎌내며 성장하는 경험이 될 수 있다.

지금까지 리더가 자신의 커뮤니케이션 패턴에서 스스로 알아차리고 조율해야 하는 부분들을 살펴보았습니다. 패턴별 유의점은 2장에서 다룬 건강한 피드백을 위한 리더의 마인드셋과 스킬에 우선하지 않습니다. 건강한 피드백을 위해 어떤 행동이 더 바람직한가를 가늠해야 할 때는 2장의 내용을 우선해 주세요. 7장에서 다룬 패턴의 내용은 구성원들과 나의 차이를 이해하고, 구성원들의 패턴을 존중하며, 리더로서 자신이 가진 경계를 더 넓힘으로써 어떤 사람과도 자유롭게 커뮤니케이션하는 데 참고하면 유용할 것입니다.

1. 7장을 읽으며 떠오른 생각이나 기억하고 싶은 메시지는 무엇인가요?

2. 우리 구성원들의 커뮤니케이션 중심 패턴과 그들이 보이는 주요 특징은 무엇인가요?

	중심 패턴	주요 특징
구성원 1		
구성원 2		
구성원 3		
구성원 4		
구성원 5		

3. 나의 커뮤니케이션 패턴에서 자유로워지기 위해 주의 깊게 알아차리고, 유지하고 멈추고 의식적으로 실천해 보아야 할 것은 무엇인가요?

나의 패턴	
유지할 것	
멈출 것	
의식적으로 실천해야 할 것	

맺으며

이 책으로 만난 당신에게

일곱 장에 걸친 이야기를 마무리하며, 마지막으로 한 가지 더 좋은 소식을 전합니다. 한 개인의 선택이 자신의 바람에 그치지 않고 다른 사람들의 바람과 연결될 때, 그 선택의 결과는 생각보다 더 빠르게 나타난다는 것입니다. 이 세상에는 자기가 먼저 깃발을 들어 누군가의 초점이 되려는 사람은 그리 많지 않지만, 자기 마음에 품고 있던 깃발을 들고 앞서 나아가는 누군가를 따르려는 이들이, 아무것도 하지 않으려는 이들보다 더 많기 때문입니다.

그리고 리더와 구성원의 바람이 더할 나위 없이 아주 잘 연결되는 지점이 있습니다. 바로 긍정적인 에너지가 흐르는 일터입니다. 그래서 만약 당신이 일터에서 건강한 피드백을 시작하고 멈추지 않는다면, 당신이 생각하는 것보다 더 빠르고 더 크게 그것이 일으키는 긍정적 반향들을 보게 될 것입니다.

그간의 현장 경험을 정리하며 이 책을 쓰는 내내, 그동안 만난 리더들, 그리고 그들과 같은 고민을 품은 채 애쓰고 있을 또 다른 리더들과 이야기를 나누는 마음이었습니다. 그래서일까요. 이 책으로 당신을 만난 느낌입니다. 지금 이 마지막 페이지를 읽고 있는 당신은 아마도 이 책에서 나눈 우리의 이야기에 공명하고 있는 분이겠지요?

우리는 앞서 왜 리더의 피드백이 필요한지, 어떤 마음과 어떤 방법으로 피드백을 해야 하는지, 어떤 장면에 어떻게 적용할 수 있는지에 대한 내용을 충분히 살펴보았습니다. 이제 당신이 공명한 것들이 당신의 일터에 구현되도록, 바로 지금 당신 앞에 있는 그 사람에게 한 걸음 다가가 건강한 피드백을 시작해 보길 응원합니다.

혹시 아직 당신 안에 조금이라도 실행을 주저하는 마음이 남아 있나요? 할까 말까 고심하던 일을 실행해 본 경험이 있는 사람은 압니다. 하면 안 되는 이유들이 모두 사라져야 할 수 있는 게 아니라는 것을. '그래도 하고 싶다', '일단 해보자!'라는 마음에 불이 켜지고 그 마음에 초점을 맞추면, 삶의 전경을 온통 어지럽게 차지하고 있던 그처럼 많은 하지 못할 이유가 빛을 잃고 삶의 배경으로 흐릿하게 물러난다는 것을. 그리고 새로운 길로 접어들면 풍경이 달라지듯, 새로운 선택이 어제까지 없었던 삶의 환경을 만들어 낸다는 것을. 선택이 주는 집중과 몰입이 삶을 생생하게 만든다는 것을. 설령 애초의 목적지에 도달하지 못해도, 그 여정에서 경험한 모든 것들이 오롯이 내 삶에 선물로 남는다는 것을. 그 여정이 '나'라는 좁은 경계를 벗어나, '너'와 '우리'의 행복 그리고 우리의 삶터에 선한 영향을 미칠 때 그 선물은 더욱 커진다는 것을.

당신의 '마음을 움직이는 피드백' 실행의 여정도 그러하길 빕니다.

마음을 움직이는 피드백

2024년 7월 10일 1판 1쇄 펴냄

지은이 | 정은실
펴낸이 | 김철종

펴낸곳 | (주)한언
출판등록 | 1983년 9월 30일 제1-128호
주소 | 서울시 종로구 삼일대로 453(경운동) 2층
전화번호 | 02)701-6911 팩스번호 | 02)701-4449
전자우편 | haneon@haneon.com

ISBN 978-89-5596-963-4 (03320)

만든 사람들
기획 · 총괄 | 손성문
편집 | 한재희
디자인 | 이화선

한언의 사명선언문

Since 3rd day of January, 1998

Our Mission　－ 우리는 새로운 지식을 창출, 전파하여 전 인류가 이를 공유케 함으로써 인류 문화의 발전과 행복에 이바지한다.

－ 우리는 끊임없이 학습하는 조직으로서 자신과 조직의 발전을 위해 쉼 없이 노력하며, 궁극적으로는 세계적 콘텐츠 그룹을 지향한다.

－ 우리는 정신적·물질적으로 최고 수준의 복지를 실현하기 위해 노력하며, 명실공히 초일류 사원들의 집합체로서 부끄럼 없이 행동한다.

Our Vision　한언은 콘텐츠 기업의 선도적 성공 모델이 된다.

저희 한언인들은 위와 같은 사명을 항상 가슴속에 간직하고
좋은 책을 만들기 위해 최선을 다하고 있습니다.
독자 여러분의 아낌없는 충고와 격려를 부탁드립니다.
· 한언 가족 ·

HanEon's Mission statement

Our Mission　－ We create and broadcast new knowledge for the advancement and happiness of the whole human race.

－ We do our best to improve ourselves and the organization, with the ultimate goal of striving to be the best content group in the world.

－ We try to realize the highest quality of welfare system in both mental and physical ways and we behave in a manner that reflects our mission as proud members of HanEon Community.

Our Vision　HanEon will be the leading Success Model of the content group.